天下麒麟榜

那些年的那些謀士們

《商周・春秋・戰國篇》

前言

日本前首相吉田茂在《激盪的百年史》一書中曾說，中華民族「是東方最優秀的民族」。中華民族之所以優秀，不僅僅在於她勤勞、勇敢，而且在於她的智慧。這種智慧在歷代謀士身上得到了典型的體現。

這裡所說的謀士，不是指會耍點小聰明的人，而是指為上司出謀劃策、能謀善斷，成就了一番大事業的謀略家。本書所選取的都是歷代謀士中有代表性的人物。書中所述事蹟都有史實根據，沒有無中生有的編造。為了便於廣大讀者閱讀，本書一改學術論文式的寫作形式，力求通俗易懂，行文生動形象，不大段引用艱澀的古文，而在使用時譯為白話。書中儘可能少加注釋或不加注釋，對所據主要文獻在文後一併列出。

每篇都以時間為經，以人物事蹟為緯，既簡要交代出人物生活的大背景，又儘量突出謀士個人的活動。尤其是對於能影響事件進程的主要謀略多著筆墨，力求寫出其謀略的主要影響和特徵。

在一個競爭激烈的時代，謀略比知識顯得更重要。謀略和知識是有區別的：知識是對已經存在的事物的瞭解，謀略則是對尚未發生的事件的預測和判斷；講知識是為了求知，講謀略是為了致用。謀略是對知識的綜合運用，但又不完全受知識的制約，而更主要的是謀士個人的敏銳和隨機應變。從書中可以看出，有的謀士並不是學富五車的飽學之士，但卻往往能料事如神，出奇制勝。

中國自古以來就十分重視謀略，視謀略為國家興亡、事業成敗的關鍵。《孫子兵法》實際上就是講謀略的軍事教科書。書中提到：「上兵伐謀，其次伐交，其次伐兵。」這裡所說的「上兵伐謀」，就是要達到「不戰而屈人之兵」的目的，自然是「善之善者也」。有一句流行的俗語說：「狹路相逢勇者勝，勢均力敵謀者成。」這都強調了謀略的重要。

謀略與通常的道德觀念是格格不入的。道德觀念溫情脈脈，而謀略則顯得嚴酷和冷峻。這是因為，謀略面對的是敵對營壘，而不是親朋好友，所以總是「策劃於密室」，唯恐讓外人知道。從這個意義上來說，就是「陰謀」。洩謀歷來為兵家之大忌。但是，這裡所說的謀略，要比一般陰險小人的陰謀詭計高明和博大，而且面對的主要是敵對營壘，故能為大家所接受和欣賞，視之為制勝的必要手段。

中國歷史上存在著發達的謀略文化。它是中國大文化的一部分，文化蘊含十分深厚。看一下春秋戰國時期的歷史舞台就不難發現，活躍於舞台上的主要就是一些謀士。他們四處遊說，兜售自己富國強兵、克敵制勝的謀略，希求一用。當他們不能被任用時，就顯得淒淒惶惶、就苦惱、就「孤憤」。中國的謀略文化與西方的宗教文化不同，強調的是人事，是「治國安邦平天下」，強國富民。正因如此，一些謀略家對推動中國歷史的發展起到有益的作用。

謀士們都有幾個共同的特點。一是功利性，或稱之為實用性。他們設謀都是以利害為出發點，目標是奪取勝利。為了實現這種目標，他們對天、地、人及各種事物的考察都帶有功利化的色彩。二是競爭性。謀士最活躍的時期就是競爭最激烈的時期。為了進取，為了克敵制勝，謀士的謀略就閃爍起耀眼的光彩。三是靈活性，或稱之為隨機性。對於謀士來說，任何理論和經驗都只具有相對的、有限的意義。他們更主要的是依靠對形勢的瞭解和直覺，在錯綜複雜和瞬息萬變的情況下獻計獻策，以出奇制勝。四是保密性。謀士們都是密謀策劃，洩密就意味著失敗。

由於謀士個人接受的教育和信仰不同，其謀略也表現出不同的特色。例如，儒家以攻心為上，實際上就是將道德功利化。法家則較為嚴苛和冷酷，像吳起為了贏得魯國信任而「殺妻求將」，這在儒家士人中就難以找到。道家更講究以靜制動，以柔克剛。魏晉時期崇尚黃老，王導和謝安都持之以靜，緩和了南北士族和新舊士族之間的矛盾，使東晉政權獲得百餘年的安寧。信奉佛道學說的謀士不貪圖祿位，像李泌、劉秉忠和明代的姚廣孝，他們平時以皇帝的賓友自居，事急則前來獻謀，事成則遊於名山或退居寺觀，官位如同虛授。縱橫家的謀略則主要表現在遊說和辯難上，例如張儀、蘇秦即是其典型代表。

歷代謀士所表現出來的謀略和智慧，對中國社會產生了極其深刻的影響，成為中國人民文化生活的重要內容。不要說一般讀書人對他們的事蹟知之甚詳，即使目不識丁的鄉間老農，也能神采飛揚地說上幾段出奇制勝的智謀。像「明修棧道，暗度陳倉」、「聲東擊西」、「知彼知己，百戰不殆」等俗語，更是婦孺皆知。

今天，全國上下都在為實現現代化而奮鬥，市場經濟中所表現出來的競爭性越來越激烈，人們越來越了解到知識和人才的重要。歷代謀士為我們提供了巨大的智慧寶庫，人們至今仍可以從中得到有益的啟發和借鑑。我們同時希望，對於尊重知識、尊重人才社會風氣的形成，本書能起到某些積極的推動作用。

謀略可以治國安邦，但為心術不正者所利用也會禍國殃民。就謀士本人來看，也有缺點，也有失算的時候。有的謀士在功成名就之後變得昏昏然，結果自身不保，即是明證。如果一個人過分地倚重計謀，就會變得詭詐和自私，不利於維護社會正義和公平。謀略文化像其他的古代文化一樣，也存在著精華和糟粕。因此，今天我們在吸收其精華的同時，也應剔除其糟粕部分。正是出於這種考慮，書中所選都是對歷史進步或多或少有所貢獻的人物，而對那些雖有計謀但屬於奸邪之徒的人物則不予收錄。

本書收錄範圍上起先秦，下至近代，現代人物未收。在收錄時既考慮到人物的代表性，又考慮到時代性，即每一個大的朝代都有人入選。細心的讀者或許可以看出，受時代的影響，不同時代的謀士也表現出了不同的特色。

由於篇幅所限，有些頗為出名的謀士也沒有選入。有的謀士雖然很出名，但因事蹟太少，難以成篇，也未入選。對於書中入選的謀士，書中的分析和評述也難保十分準確和恰當。對此，尚祈讀者指正。

書稿成於多人之手，雖經主編反覆修訂，但行文風格仍不盡一致，請讀者見諒。本書最初由山東人民出版社於一九九七年出版，今經修訂，得以在遼寧人民出版社再版，我感到十分高興。

其間，梁由之先生極力推薦，話語中充滿著對文化事業的執著和虔誠，令人感動。遼寧人民出版社的艾明秋女士精心籌劃，為本書的出版付出了大量的心血，謹在此一併致以誠摯的謝意。

晁中辰

目錄

半生潦倒垂釣渭濱　得遇明主大展宏圖

姜太公傳

周玉山

提起姜太公這個名字，在中國可謂家喻戶曉。歇後語有「姜太公釣魚，願者上鉤」，舊時門神常有「姜太公在此百無禁忌」的字樣。不過人們對他的瞭解，大多來自明人許仲琳所著的《封神演義》。在《封神演義》中，姜子牙乃闡教傳人，修仙得道，神通廣大，奉師下山，興周滅商，降服諸路妖魔，儼然一個通天貫地的半仙。《封神演義》畢竟是一部神魔小說，歷史上的姜太公沒有這樣的神通，但卻是一位沉穩持重、善於思考的智者。人們歷來將運籌帷幄、決勝千里的用兵藝術稱為「韜略」。其實，「韜略」本來是指古代兩部重要的軍事著作。「韜」是指《太公六韜》，傳說為姜太公所著，其實是後人託姜太公之名寫成，分「文、武、龍、虎、豹、犬」六韜，記錄了姜太公大量的謀略言行，是戰國秦漢時期廣為流傳的一部兵書。「略」是指《黃石公三略》，即漢初謀士張良受之於圮上老人的那部書，傳說亦為姜太公所撰。古人造偽書多願借名人自重，以售其說。《六韜》前面赫然寫著姜太公的名字，正說明他的智謀有過人之處。漢代以後，人們常將「韜略」

一詞掛在嘴邊，姜太公實際上也就成了謀略家的鼻祖。他受到周文王的重用後，大展宏圖，在興周滅商的過程中發揮了重大作用。周朝建立後，他被封在齊（今山東東部），為齊國始祖，並把齊國建成一時大國。

一、半生潦倒，冷眼閱世情

姜太公，本名尚，字子牙，又名呂尚。他是炎帝的後裔，祖先為貴族，在堯、舜時期曾做過四岳（四方氏族部落的首領），協助大禹治理洪水，立下功勞，被禹封於呂（今河南南陽一帶），所以此後又以封地呂為氏。投奔周文王後，人們又叫他「太公望」。因此姜太公的名字見於載籍的共有七、八個，這在歷史上可謂絕無僅有：姜太公、姜子牙、姜尚、姜望、呂尚、呂望、呂牙、太公望等。

姜太公的身世和前半生事蹟，史籍記載零散，撲朔迷離，且頗有幾分傳奇色彩。夏禹之時，姜太公的祖先是受封的貴族，但隨著時間的推移，子孫繁衍，一部分人仍保留了貴族的地位，更多的旁支庶出則淪為平民。姜太公就屬於後一種情況。到了商朝末年，姜氏家族更加衰微，姜太公已是出身微賤的庶民。那麼姜太公是哪裡出生的呢？《呂氏春秋》中提到他是「東夷之士」，《史記》說他是「東海上人」。其實「東夷」、「東海」大概指的都是一個地方，大約相當於今山東東部沿海地區，上古這一帶的居民被通稱為「東夷」。另一種說法是，姜太公是河內汲人（今河南汲縣一帶），他早年也主要活動於這一地帶，東海是他後來隱居的地方。這兩種說法各有道理，究竟哪一個正確則不得而知。

從我們掌握的姜太公的生平資料看，他的前半生很不得志，生不逢時，命運乖蹇，長年為衣食而奔波，飽歷世事滄桑，從事過多種職業，帶有濃厚的傳奇色彩。應當說，這些記述大多出自戰國秦漢文士說客之手，多誇誕不實之詞，只能大略地看出他早年活動的輪廓。

姜太公年少時，家裡很貧窮，養不活更多的人口，年齡稍長，就不得不到別人家做了贅婿。他做過農夫，但種田的本領實在不高，收成的糧食居然連種子也收不回來。他又去打魚，結果更糟，打魚的收穫還抵償不了漁網的消耗。姜太公缺乏謀生的本領，家境每況愈下。久而久之，引起了岳家的反感。姜太公不是那種自甘平庸的人，但胸懷大志之人往往疏於細務。姜太公的岳家當然沒有周文王那樣的慧眼，他們看到這位女婿難遂人意，最後乾脆就將他趕出了家門。姜太公的岳家是齊人，於是後來有人就笑話他是「齊之逐夫」、「故老婦之出夫」。姜太公流落在外，落得逍遙自在。他輾轉來到了作為殷王朝統治中心的中原地區，藉以觀察朝野動態，以謀進身之路。但此時的姜太公兩手空空，困於生計，不得不做點小生意以維持生活。他先是在一個叫棘津的黃河渡口（今河南延津東北）開過食攤，同時又替別人幫工幹活，以補不足。後來他又到一家旅店當過迎送客人的夥計。據說此時的姜太公已是五十多歲的人了，還這樣拚命勞動，足見他日子過得何等艱難。為維持生計，他又往來於商朝都城朝歌販賣貨物，後來又到朝歌的屠宰市肆中幹起了殺牛賣肉的營生。由於不善經營，他賣的肉經常腐爛變臭。據說此時姜太公已有七十歲了，習庖丁之技，鼓刀列肆，對他來說已是勉為其難了。作為一個被趕出家門的男人，姜太公此時仍是孤身一人，艱難度日。家中的妻兒已多年不通音訊，故後人說他「屠牛於朝歌，利不及妻子」。

儘管生活艱難，但姜太公從來沒有放棄讀書和鑽研學問。長期在中原一帶活動，使他對當時的社會狀況有了深刻地瞭解。來到朝歌後，與商朝的上層社會也有初步的接觸，遂萌生了做官的念頭。在這段時間內，他與周文王有了最初的交往。據《史記》記載，姜太公滿腹經綸，有強烈的政治抱負，曾出仕商紂王。商紂暴虐無道，耽於聲色，不善用人，他失望而去。又遊歷於諸侯列國之間，希望能得到賞識和重用，結果仍不能如願。有一次他來到艮國（今江蘇邳縣北）遊說，艮國的君主給他安排了一個小職位。姜太公空負雄才而曲高和寡，最終還是被趕走了，故後人說他是「子良之逐臣」。姜太公連遭挫折，失望已極。他認識到商朝政治腐敗，已不可挽救，加上此時商與東夷間矛盾激化，姜太公身為東夷人中之一員，自然難以在商境內立足。幾十年的奔波勞累，年歲已大，他只得回到他的老家東海隱居起來，靜觀世變。

二、渭水垂釣，終為霸王輔

周人原是活動在渭水流域的一個古老的姬姓部落，據說其始祖是后稷，其歷史可以追溯至三皇五帝時期。夏商之時，周一直處於屬國的地位。商代後期，周人必須定期向商朝貢。周文王的父親季歷還親自去朝見過商王。但到了商朝末年，周人內修國政，外結諸侯，實力開始增強。至姬昌時，已經成為「西伯」，也就是成了商朝西方諸侯部落的總管。周國力的壯大，引起了商紂王的疑懼和不安。為了阻止周人的進一步發展，商紂王下令將西伯姬昌抓了起來，並投進了商都附近羑里的監獄。文王被囚期間，正值姜太公在朝歌活動。姜太公仰慕西伯之賢，他們之間有了最初的接觸。這期間，姜太公收了三個學生，即散宜生、閎夭、南宮适，都是當世聞名的賢士。一次，姜太公置酒招待他們，席間喟然長嘆：「西伯姬昌真是亙古無雙的大賢人啊，倘有這樣的大賢君臨天下，豈不是我們士人的福分？今西伯無端被囚，遭此大難，我們不去營救，還有誰去營救呢？」四人遂定營救之謀，並當即秘密至羑里拜見了周文王。姜太公深知商紂王性喜玩樂，尤好女色，便讓散宜生等人千方百計覓得莘國美女，以及駿馬奇物等，進獻給紂王。紂王喜出望外，不僅赦免了周文王，而且還賜給弓矢斧鉞，授權周文王討伐違命的諸侯。

姜太公歸隱東海後，終日以釣魚為事，閒適自得，實際上隨時在注視著天下大勢。獲釋而歸的文王正積極振作，內修政務，外睦鄰邦，整軍練兵，國勢蒸蒸日上。太公對此已略有所聞，逍遙餘生的初衷也漸漸動搖，遂決意出山，輔佐文王以成大業。但他又不想讓周圍的人知道自己的底蘊，臨行時乾脆就對別人說：「我已上了年紀，不中用了，久聞文王善待老者，不如且去投奔他，聊度餘生。」太公晝行夜宿，不一日來到周人管轄的地界。有意思的是，他並不急於求見文王，而是在渭水岸邊尋了一塊安靜的地方，搭了一間簡陋的茅屋，悠哉悠哉地釣起魚來。那麼姜太公為什麼不直接求見文王呢？況且他與文王有相知相識之誼，不愁文王不加重用。其實此時姜太公考慮得更加深遠周密，他知道，要想進入周人的最高決策層，事先必須進行必要的鋪墊和充分的準備。太公欲參與周政，還需面對幾個不利因素。首先，姜太公身為外姓，雖受文王賞識，但周人統治階層的大部分人對他不甚知悉，能否取得他們的信任尚屬未知；其次，周室勳臣戚舊如雲，一旦凌駕於他們之上，會不會招致反感？在這樣的背景下，若貿然晉見文王以求重用，會使文王左右為難，恐怕效果適得其反。考慮再三，他才決定靜觀周室動靜，垂釣渭濱，「以漁釣奸西伯」。這期間他很可能通過散宜生等人與文王取得了秘密聯繫（此時散宜生、南宮适等人已歸周），文王為了讓姜太公名正言順地進入周室最高決策層，也進行了周密的布置。

原來文王料理國事之餘，喜歡外出打獵，以求一日之閒。每次打獵之前，他都讓史官占卜，預知順利與否，所獲何物。這一天文王又要出獵，但除了文王等少數幾個人外，沒有人知道這是一次非同尋常的出獵。照例又讓史官占卜，史官會意，卜畢，出卦辭云：「所獲非龍非螭，非虎非羆，所獲乃霸王之輔佐。」周人頗信鬼神之說，朝中上下對此極為重視。文王帶著出獵隨從，直奔渭水而去。這邊姜翁正垂竿掛餌，悠然獨釣，等著「來者上鉤」呢。忽見遠處一彪車馬疾馳而來，就中一人翻身下車，走至姜太公跟前。姜太公知為文王，卻不動聲色，依然專注著自己的釣竿。看著姜太公專心致志的樣子，文王笑問道：「看來先生很樂於釣魚吧？」姜太公道：「君子樂於實現遠大的志向，小人樂於眼前的瑣事。我並不是喜歡釣魚，而是借垂釣來寄託自己的抱負。」文王道：「奇哉此言。請先生細細道來。」姜太公答道：「釣魚事雖瑣細，其實裡面也有權術。以餌釣魚，好比以祿取人：釣線細弱而餌小，只能釣到小魚；線密實而餌香，則能釣到中魚；線堅粗而餌食豐厚，就能釣到大魚。魚吃了餌食，只能受魚鉤的擺佈；人得了俸祿，只能受君王的役使。由此觀之，食餌之魚可殺而烹，食祿之士可誓死為君。只要善於用人，以一家之力，可以取一國；以一國之力，可以取天下。」一席話說得文王大喜過望，說：「怪道我先君太公曾說過：『將來會有聖賢之人到我們周國來，幫助我們周族興旺發達。』您就是這位聖人。我太公盼望您已經很久了。」故此後姜太公又被周人稱作「太公望」，姜太公一名亦由此而來。文王高興地請姜太公上車，載回歧都，並順理成章地立姜太公為國師，從而開始了輔佐文王興周滅商的大業。

三、安內攘外，謀如貫珠

姜太公歸周以後，君臣開始精心策劃，積蓄國力。在內政上，姜太公從增強周的國力出發，向文王提出了許多有價值的建議。有一次，文王問他如何治理天下，他回答：「要成為一統四海的王國，就必須讓普通民眾都富起來；要成為統治一方的霸主，就必須讓有知識的人富裕安適；若只做一個苟延殘喘的小國，就讓做官的人富起來；若做一個行將滅亡的國家，那就只讓國家的倉庫充足即可。上面聚斂多，就意味著下面所得寡。故治國之道，在於愛民。」文王問：「如何愛民呢？」姜太公答：「重生命而少殺戮，多給予而少索取。具體地說，須使民有所務，使農不失時，慎刑罰而薄賦斂，輕徭役而惜民力。這才是統治民眾的根本原則。」

在法令治國方面，姜太公也提出了自己的主張。他認為刑罰並非是用來懲罰民眾的，而是為了儆一勸百，因德立威，從而達到教化民眾的目的。在興復周室的過程中，文王充分地採用了姜太公的這些治國思想，國勢很快強大起來。

正當周人悄悄壯大自己力量的時候，商朝的統治卻一天天腐朽、沒落。紂王只聽信讒奸之言，疏遠比干、微子一班忠臣；只對美女、歌舞、犬馬感興趣，而把朝政大事置於一邊；只對征伐、酷刑感興趣，而喪失了民心。姜太公根據這些動向，抓住時機，向文王提出了「陰謀修德，以傾商政」的方針，削弱商的政治影響，擴展周室的政治號召力，向商王朝發起無形的挑戰。

首先，根據當時商強周弱的形勢，表面上率諸侯奉紂為共主，以麻痺商紂王的注意力。為此，在姜太公的策劃下，周向商獻出了洛西的土地，以示誠意，並建議紂王廢除酷刑，從而贏得商朝臣民和四方諸侯的好感。這樣，表面上是共尊紂王，實際上以自己的威德贏得諸侯的信賴，分化瓦解了商王朝的盟邦。虞（今山西平陸東北）、芮（今陝西潼關西北）本是商的屬國，兩國之間發生了領土糾紛，但兩國國君並沒有到他們的宗主國商去解決爭端，而是慕名前來晉見周文王，求他審斷。二人來到周境，所見到的都是「耕者讓畔（田界），行者讓路」，「士讓為大夫，大夫讓為卿」，一派互諒互讓的君子之風。二君深受感動，回國之後便議定將所爭土地定為閒田，不再紛爭。後來這塊地方就叫「閒原」。周文王不費唇舌，自動化解虞、芮二國矛盾的事在諸侯中傳為佳話，威望大增，自動依附的諸侯有四十餘國。

在致力文治的同時，姜太公還協助文王積極整軍練兵，征伐周圍一些不聽命的邦國，以壯國威。在軍事征伐的過程中，姜太公成功地扮演了軍師的角色，貢獻了大量的計謀。可以說，周人的每一個勝利，都凝結著姜太公過人的膽識和智慧。值得注意的是，姜太公並不一味強調武力，他曾向文王提出了一套「文伐」的策略。文伐的策略共有十二條：（一）因其所喜，順其所好，使其驕而輕敵；（二）親其所愛之人，分其威權，分化其內部力量；（三）暗中收買其臣下，為我提供情報；（四）以珠玉美女厚賂對方，縱其淫樂，使其走上自取滅亡之途，同時表面上對其平和恭順，以懈其戒心；（五）對下面的忠臣，可暗中設計，阻其成事，使其逐漸喪失國君的信任，然後我方再親近他，並促其國君再起用他，則可為我所用；（六）收買其國內的人才，搞壞其盟國間的關係，以促其人才外流而敵國內侵；（七）籠絡利誘其近身寵臣，縱其揮霍，造成國庫空虛；（八）為其出謀劃策，使其嘗到甜頭，則對方就會言聽計從，任我擺佈；（九）盡奉承之能事，使其自詡虛名而妄自尊大，疏遠聖賢之士；（十）通過曲意奉承以博其信任，使其視我為知己，而在不知不覺中傾其權柄；（十一）暗中收攬其豪傑，並將我方智勇之士推薦給對方，使其周圍盡為我之黨徒；（十二）收買其亂臣以迷之，進獻美女淫聲以惑之，贈送珍寶良馬以使其玩物喪志，時機一到，則可與天下諸侯共謀伐之。十二條計策，是姜太公和周文王對付商王朝的軟刀子，但它與真正的利劍一樣寒光逼人。這些計謀與兵聖孫武的「不戰而屈人之兵」有著異曲同工之妙。文伐十二條的內容出自後人追記，免不了有附益的成分，但大都能與姜太公的用計史實相互印證。

在姜太公和周文王精心策劃對商進行「文伐」的同時，又緊鑼密鼓地開始對商的一些屬國進行征討，以逐步翦除商王朝的羽翼。第一步先對周的西方和北方幾個威脅比較大的部族進行軍事打擊，逐走犺，又派兵攻打西方的犬戎族。犬戎族人馬剽悍，對周人威脅極大。姜太公指揮得當，大敗犬戎，隨後又擊滅了涇水上游的阮、共等小國。

初戰告捷，文王又開始選擇下一個打擊的目標，於是徵詢姜太公的意見。姜太公說：「密須國（今甘肅靈台東南）對我三心二意，可先對它下手。」當時，密須是商的屬國中力量較強、較難對付的一個。姜太公的意見也遭到一些人的反對，其中文王的兒子管叔持議尤左：「聽說密須國內政治穩定，君主賢明，討伐它恐怕不合適吧！」姜太公反駁說：「我聽說先王討伐臨國，先對付不聽話的，不去欺負恭順聽命的。首先要敢於對強大的、跋扈的敵國下手，把囂張的、抗命不臣的強敵打敗了，就可以殺一儆百，其他諸侯就會俯首聽命。」文王對姜太公的意見深表贊同，遂起兵伐密須，包圍了密須國都。密須人走投無路，遂將其國君抓了起來，向文王獻降。接著，周人又趁勢揮兵東進，滅掉了黎國（今山西黎城一帶）和邦國（今河南沁陽西北），逼近了商王朝統治的中心地帶。據說這一帶是商紂王經常巡獵的地方，商紂王也日益感受到周人咄咄逼人的氣勢。

周人在經歷了一連串勝利後，在姜太公的策劃下，又把打擊目標對準了商王朝西方最大的一個屬國——崇國。崇國位於今陝西西安一帶，它占據著關中平原地區最肥沃的土地，國勢頗強。其國君崇侯虎是商朝統治集團中的實力派人物，它是商朝阻止周人挺進中原的最大也是最後一個據點。崇國城牆堅固，防守嚴密。周人為攻崇進行了多年的精心準備，集中優勢兵力攻城，並動用了大量登城器械。崇君自恃城堅濠深，猝不及防，軍無鬥志，苦戰月餘，終為周兵攻陷。崇國的敗滅，大幅地震動了商王朝，不僅其西邊的門戶洞開，而且使更多的諸侯邦國懾於形勢，投入了周的陣營中。文王滅崇後，為了進一步營建自己的反商基地，便將都城從偏僻的岐都遷到人稱地肥的豐邑（今陝西戶縣東北）。此時的形勢已是「天下三分，其二歸周」，滅商的前期準備工作已大體就緒。

在這一系列的勝利中，姜太公十分成功地扮演了智囊的角色，從內政到外交，從文治到武功，姜太公的謀略智慧都起了重要的作用。司馬遷在回顧周人崛起的歷程時，認為「太公之謀計居多」，並且「多兵權與奇計」，這絕非誇飾之詞。

四、滅商建周，功業凌絕頂

滅崇遷都之後，文王不幸病逝，太子姬發即位，這就是周武王。周武王繼承乃父遺志，繼續完成其父未竟的滅商大業。姜太公作為先朝老臣，作為興周滅商戰略的主要制定者，愈加受到周統治階層的倚重。武王破例地尊稱姜太公為「師尚父」，拜他為國師，使他擁有統率全國軍隊的大權。此時的姜太公，已不僅僅擔任襄佐參謀的角色，而名副其實地成了整個國家的柱石。這時，他已是年近八旬的老翁。

武王即位後，經常向姜太公請教一些軍事策略問題。有一次武王問：「用兵之道的關鍵是什麼？」姜太公回答說：「用兵之道貴在專一，不為其他無關因素所左右，只有這樣才能把握勝機。」又說：「兵為不祥之器，應有為而發，不能輕易動用。現在商王窮兵黷武，虛耗國力，應當引為鑑戒。」武王又問道：「攻伐敵國的要領是什麼？」太公回答：「要善於根據敵方的細微變化尋找並抓住戰機。敵我陣壘之間的態勢隨時都在發生變化，根據這些變化相應地採取奇、正之計。用兵之要，貴在決斷，兵無常形，倏而往，忽而來，若遇到新情況而猶豫不定，狐疑不決，則極易陷於危局。故善用兵者應當機立斷，行動起來迅雷不及掩耳，打起仗來如狂飆席捲，擋我者破，近我者亡，這樣才能常勝不敗。」

又有一次，武王請教姜太公：「我想讓三軍兵士敬服其將如父母一樣，攻城能爭先登城，野戰則爭先赴敵，聞鳴金聲而怒，聞戰鼓聲而喜，如何才能做到？」太公說：「一個合格的將領，應與士卒同甘共苦，冬天不穿衣裘，夏天不用扇子，雨天不撐幔蓋，路難走時率先下地步行，先把士卒安頓好了自己再休息，先讓士卒吃飽後自己再吃飯。士卒也是人，他們也不情願去送死和負傷，但如果善於體恤他們，他們就會冒死不辭。」姜太公就是這樣憑藉自己高超的治軍手段，使周的軍事力量更加強大。不久武王又接受姜太公的建議，在灃水東岸營建新的國都，名為鎬京，其規模超過豐都，整個西周時期一直是全國的政治中心。鎬京的建成是周人對商王朝的又一次無聲的示威，表明其國力已經上升到一個新的高度。

反觀此時的商王朝，已是日薄西山。紂王比以前更加荒淫殘暴，國內民心盡失，社會矛盾空前激化。連年對東夷用兵，國力已趨衰竭。周、商的力量對比已經發生了根本的變化，可以說滅商的各種條件已經走向成熟。但周武王和姜太公並不急於向商攤牌，而是精心策劃了一次規模空前的軍事會盟。這一年正當武王即位的第十一年。實際上這是一次以滅商為目標的軍事總演習。姜太公作為國師，擔任這次演習的軍事總指揮。由周武王號召天下諸侯，約期會集於黃河的一個重要渡口——孟津。大軍出發前，姜太公身披帥袍，傲然立於中軍的帥車之上，左手持著象徵軍事統帥權的黃鉞，右手拿著指揮三軍的白旄，莊嚴地對天發誓：「蒼兕啊蒼兕！集合好你們的隊伍，隨同你們的舟船一起出發吧！遲到者斬！」大軍浩蕩東進，不日抵達孟津。其實，此次會盟的主要目的是試探一下天下人心和各諸國的態度，驗證一下周在各諸侯民眾中的政治號召力。結果正如姜太公、周武王預料的那樣，天下諸侯群起響應，據說有八百多個諸侯如期來會。

「孟津觀兵」標誌著反商陣營已正式形成。當時來會的八百諸侯一致建議乘勢擊滅商紂，但武王和太公並不急於向商紂開戰。他們認為，商的滅亡只是時間問題，目前尚不是滅商的最佳時機，應當讓商沿著腐朽衰敗的軌道繼續滑下去，等到其內部自耗到一定程度，再全面出擊，可不費力而一舉定乾坤。

果不出姜太公等人所料，孟津會盟之後的兩年內，紂王的昏虐愈加嚴重，商的上層統治集團開始分裂。箕子看到商危在旦夕，勸諫紂王，紂不理睬，箕子為避禍而裝瘋為奴。商的另一位忠臣微子啟也多次在紂王跟前進諫，紂王頗不耐煩。微子啟見大勢已去，不敢久留，遠逃他方。比干仍不死心，在紂王跟前連續進諫三天不離去，紂王大怒，殺比干，並開膛破肚，掏心挖肝。上述三個人都是當世有名的賢臣，遭遇如此悲慘，大臣們深感商紂王已不可救藥，人人自危，許多大臣叛紂而去。太師疵、少師疆投奔周，緊接著內史摯也帶著圖籍典冊逃奔到周。

武王眼見商已陷絕境，於是詢問姜太公道：「商朝的三位賢臣死的死，逃的逃，是不是可以討伐商紂了？」姜太公認為滅商的時機已經成熟，加之周境內糧食歉收，民眾爭欲外出作戰，以獲取敵國糧秣，遂回答武王說：「我聽說，明於天道者不怨天，善於自知者不怨人，先謀劃而後行動者就會走向興盛，先行動而後謀劃者就會走向滅亡。蒼天授予而不取，反受天譴；時機成熟而不行動，反遭禍殃！機會難得而易失，到了該行動的時候了。」於是武王傳檄各諸侯國，宣布紂王罪狀，秣馬厲兵，準備伐商。

西元前一〇四六年，武王動員兵車三百乘，虎賁三千人，甲士近五萬人，並聯合庸、蜀、羌、微、盧、彭、濮等諸侯部落，大軍浩浩蕩蕩向商都進發。用兵是國家大事，起兵前由太史鄭重進行占卜，然而鑽灼出龜兆卻呈不吉之象。這時大臣魚辛出來反對說：「太歲現居北方，不宜向北方征商。」周人篤信鬼神，君臣頓時疑慮重重。正好臨出兵時下了一場大雨，淋壞了輜重車，更給人們心中抹上了濃重的陰影。一些大臣如散宜生等人也想打退堂鼓。姜太公歷來對偏信占卜而不觀事理的做法持反對意見，尤其是在這種箭已上弦、後退半步都會帶來嚴重後果的關鍵時刻。於是他堅決地反對說：「乾枯的龜甲和腐朽的蓍草都是無生命的東西，在祭祀儀式上使用是可以的，但在軍國大事上應以事理為重，不能因為卜兆凶就是不吉利。況且天道鬼神都是些虛無縹緲的東西，只有愚人才會相信那些枯骨朽草！至於天降大雨，正好洗淨我們的兵器，好讓我們順利殺敵！」一席話重新喚回了武王及群臣伐商的信心，大軍又堅定地向商都進發。

周軍於陰曆的十二月從孟津渡過了黃河，轉而北進，直指朝歌，一路上沒有遇到什麼抵抗。武王十三年正月甲子日黎明時分（據推算，相當於西元前一〇四六年三月七日），周軍及其盟軍抵達距離商都朝歌七十里的牧野安營，並舉行了莊嚴的誓師大會。武王當眾宣布商紂王禍國殃民的罪狀，號召諸侯們替天行道，同仇敵愾，誓滅商朝！

此時商軍主力正在東方與東夷族鏖戰。龜縮於朝歌的商紂王眼見大兵壓城，只得拼湊起十七萬老弱殘兵和囚徒出城迎戰。兩軍在牧野擺開陣勢，大戰一觸即發。當時武王坐鎮中軍，姜太公為前敵總指揮。他建議以奇兵衝擊紂之要害，武王即命姜太公親率敢死士百人，向商陣衝去。只見姜太公站在檀車上，如奮擊長空的雄鷹，年逾八十而絲毫不見老態。馬蹄得得，殺聲震天，商營頓時陣腳大亂。武王乘勢率精銳虎賁軍及兵車三百五十乘掩殺過去。紂王面對周軍凌厲的攻勢不堪一擊，商軍士兵不僅不抵抗，反而在陣前紛紛起義，掉轉矛頭，向紂王殺去。紂王帶著少數人馬狼狽退往朝歌，周軍和倒戈的商軍一起將朝歌團團圍困，紂王知大勢已去，絕望地登上鹿台，一把火把自己燒死了。在牧野之戰中姜太公厥功至偉，後人有詩讚頌道：「牧野洋洋，檀車煌煌，駟騵彭彭。維師尚父，時維鷹揚。」

周取得全國政權後，為處理滅商的善後事宜和鞏固政權，姜太公也提出了許多寶貴的建議。在太公的謀劃下，首先把鹿台所積的金錢和鉅橋糧倉的糧食散發給貧窮飢餓的民眾。其次，將因勸諫紂王而遭囚禁的箕子釋放出來，修葺了商朝賢人商容的故居，封修了比干的陵墓。其三，殺掉寵妃妲己，釋放後宮宮女，並遷九鼎於周，以示王權更替。通過這些措施，安定了人心，籠絡了故商的貴族階層，周的統治初步得以鞏固。

五、賞功封齊，韜略傳千古

周朝建立後，周武王論功行賞，認為姜太公功勞最大，出謀最多，故首封呂尚於營丘（今山東淄博市臨淄區），建立齊國（一說，姜太公受封在成王時，滅商之後的第二年，武王病逝，太子誦即位，是為成王）。時天下初定，百廢俱興，姜太公留在鎬京幫助治理了一段時間，然後才東行就國，因路途遙遠，途中鞍馬勞頓，免不了延誤些時日。一位同住旅舍的人看見姜太公這樣不緊不慢，提醒道：「俗謂『機不可失，時不再來』，看您這悠哉悠哉、平安無事的樣子，哪像是去赴國就任？」一席話說得姜太公膽戰心驚，他不敢再睡了，赴國如赴難！當即整衣命駕，往齊國急進。剛趕到齊地，就碰上萊侯（今山東黃縣東南）起兵入侵，與齊爭營丘。幸虧姜太公人馬及時趕到，殺退萊侯，才保住營丘。

齊國的局勢穩定之後，姜太公開始制定治理齊國的大政方針。他的尚變、尚功思想得到淋漓盡致的體現。尚變就是崇尚變通，尚功就是提倡功利，崇尚武功。

首先，齊國瀕海，地域廣闊，物產豐富而開發尚不充分，利用這些自然條件，積極發展生產，開放工商各業，興漁鹽之利，使齊國很快強大起來。

其次，他根據齊國社會文化傳統不同於中原地區的具體情況，採取「因其俗，簡其禮」的社會制度，尊重當地人的社會風俗和觀念，而不是生搬周原有的社會制度，使社會很快得以穩定。

第三，在用人思想上，姜太公完全拋棄了在西周原有的宗法制度上建立「親親上恩」的用人制度，建立了「尊賢上功」的用人之道，限制宗室貴族的特權，提拔重用有才能、有功勞的人。這種提倡「靠本事吃飯」的人事制度造就了齊人重實幹，進取向上的文化傳統。在這方面齊和魯截然不同，周公的兒子伯禽治理魯國，事事皆嚴格遵循周禮。耐人尋味的是，當姜太公得知魯的立國方針後，感慨地說：「魯自此將日漸衰落。」周公則反駁道：「齊雖強，後必有篡殺之憂。」兩人說得都對。但當我們重新翻看這頁歷史時，卻發現齊雖被田氏篡代，但從春秋五霸到戰國七雄，齊始終是一個強國；反觀魯，東周列國五百年間，始終是一個受人欺負的弱者，雖無篡國之事，而其內部的「三桓之亂」，亦不亞於田氏篡齊。由此看來，姜太公治齊與伯禽治魯，其大政方針孰優孰劣，不言自明。

更值得注意的是，在齊國八百餘年的風雨歷程中，其政治制度和文化特色基本上是按照姜太公設計的模式延續下來的。他的思想和韜略智慧在齊國歷史中得到充分的延續和體現，以至出現了這樣一個獨特的歷史現象，即齊人的尚武、求變思想成為齊文化中固有的特色。先秦的許多軍事家和謀略家出自齊國，從謀略家管仲到兵聖孫武，從軍事謀略家孫臏到軍事家田穰苴（即司馬穰苴）、尉繚子，從權謀家鬼谷子到天才戰將田單，從多謀善辯的晏嬰到戰國稷下的智慧群。這一連串接踵而出的才俊，不禁使人們想到，這些智士的產生和姜太公治齊的方略是密不可分的。應當說，是姜太公親手營造出的肥厚的社會文化土壤，才為齊國養育出這麼多傑出的軍事家、謀略家，他們的身上都或多或少地折射著姜太公的影子。

姜太公的晚年同他的前半生一樣撲朔迷離，但可以肯定是在齊國平靜地度過的。他的真正卒年今已無考。古本《竹書紀年》載，其卒年為周康王六年。若根據「呂尚年七十二為文王師」這一通行的說法推算，則呂尚死時當有一百二十餘歲，這顯然不合情理。但在歷代姜太公的崇拜者心目中，他們寧願相信這是事實。在他們心中，姜太公已經由人漸漸變成一尊白髮蒼蒼而又精神矍鑠的老神，他活多大歲數都是正常的。

本文主要資料來源：《史記》卷三二，《齊太公世家》；卷四，《周本紀》；（漢）劉向：《說苑》；房中立編：《姜太公全書》。

治國安邦平天下　周公勝過孔聖人

周公傳

郭首濤

中國古代流行著這麼一句俗語：「治國安邦平天下，自有周公孔聖人。」但孔子主要是個教育家和思想家，在治國安邦方面並沒有什麼大的作為。周公則的的確確做成了一番大事業。他不僅協助周武王滅掉了殷朝，而且「周公輔成王」，徹底平定了殷商殘餘勢力的反抗，出現了「成康之治」，將中國奴隸制社會經濟推向鼎盛。他「制禮作樂」，建立起一整套統治方法和統治規則，對以後歷代都產生了極為深遠的影響。在那重大的歷史轉折關頭，周公充分展示了他政治家和謀略家的傑出才能。

一、助武王滅殷

周公姓姬，名字叫姬旦。他是周文王的第四子，周武王的弟弟，周成王的叔父。他也是位於山東西部的魯國的始祖。由於他原來的封地在「周」（今陝西岐山南），所以歷史上稱他為周公。再加上後人經常將周公和孔子並稱，以至於人們只知周公，不知姬旦，正像孔子比他的原名孔丘更為人們熟悉一樣。周公的生卒年今已難詳考，大約生於西元前十二世紀中期，活了六十多歲。他的第一件大事就是協助周武王滅掉了殷。

殷朝也稱商朝，有時也合稱殷商。原建都於商（也稱亳，今河南商丘），後遷都到殷（今河南安陽），便先後以商、殷為朝代名。殷朝大約延續了五個世紀，最後一個皇帝是殷紂王。殷紂王是中國歷史上出名的暴君，他用刑苛重，剝削殘酷，再加上連年東征西討，故不斷引起平民和奴隸的起義。這時，位於陝西岐山一帶的周族日益強大起來。起初，周族為了對付西邊的鬼方，所以就臣服於殷，成為殷的屬國。周公的父親周文王是個極有作為的政治家，在位五十餘年，在姜太公等謀臣的協助下，滅掉了周邊的許多小國，勢力逐漸強大起來。當時殷紂王正全力征伐東方各族，無暇西顧，周文王便趁機擴大自己的地盤，不僅控制了陝、甘一帶，而且向殷朝的統治中心河南步步逼進。當周文王死去的時候，殷商大約三分之二的疆域已屬周所有。由於文王的長子早死，故由次子武王姬發繼位，繼續領導滅殷的鬥爭。在這個過程中，周公成了武王最得力的助手。

兩年後，周公陪同武王去盟津（今河南孟津），與聯合伐殷的各諸侯會盟。這時殷的首都已遷至朝歌（今河南淇縣）。盟津離朝歌不遠，在這裡會盟無疑帶有向殷紂王示威的性質。另外，按照武王和周公的原意，想通過會盟檢閱一下反殷的力量，也試探一下殷的反應，看殷的實力如何，伐殷的時機是否成熟。據史書記載，當時有八百諸侯背叛了殷朝，都趕來盟津會盟。很多諸侯主張，應立即大舉伐殷。他們認為，紂王已荒淫暴虐到極點，可一舉將殷滅掉。武王和周公商議後認為，還有不少諸侯聽命於殷，其力量不可低估，還需要再等一段時間，等沒有人再願意為紂王出力的時候，就可以一舉將殷滅掉了。為了說服那些主張立即伐殷的諸侯，周武王便說他們不懂天命，按照天命，還不是殷滅亡的時候。古人迷信，殷商時的人尤其喜談鬼神、信天命，所以用天命來勸說往往能收到立竿見影的效果。於是，在盟津會盟後，武王沒有立即伐殷，而是和周公一起回到周的都城。

在此後的一段時間，殷朝的腐敗日甚一日。比干是著名的正直敢諫的大臣，因進諫惹得紂王大怒，竟下令將比干的心挖了出來，要看看聖人的心有沒有「七竅」。箕子也是著名的賢士，進諫不納，大失所望，便假裝瘋癲，離開了朝廷。紂王後來發現他是假裝的，還是把箕子關進了監獄。有的大臣看紂王實在不可救藥，便背棄殷朝，而投奔到周。殷朝眾叛親離，周公感到伐殷的時機成熟了，於是便建議武王加緊準備，大舉伐殷。

在盟津會盟的第二年，伐殷的準備已大抵就緒。碰巧這一年周地遇到饑荒，武王和周公便想通過伐殷奪得殷朝積聚的財富，從而解決自己的困難。於是，武王便由周公和姜太公陪同，率兵車三百乘，士卒近五萬人，再加上南方一些小諸侯國前來助戰的兵士，組成了一支浩浩蕩蕩的伐殷大軍，徑直向殷的都城朝歌殺來。

周公認為，儘管紂王十分暴虐，眾叛親離，但殷商的統治畢竟已維持了五個多世紀，東方的許多諸侯仍服從殷的統治，紂王仍有相當大的號召力。如果要使滅殷的戰爭順利進行，必須爭取民心，使天下人都認識到，紂王是應該被推翻的，周舉兵是正義行動。於是，當周兵到達牧野（今河南汲縣）時，舉行了一個伐殷的誓師大會。這裡距殷的都城朝歌只有七十里路，一場決戰近在眼前。周公代武王起草了一篇誓師辭，這就是保存在《尚書》中的〈牧誓〉，流傳至今。在這篇〈牧誓〉中，周公列舉了紂王的四大罪狀：第一，紂王寵信妃子妲己，危害朝政，殘害忠良；第二，紂王不按時祭祀自己的祖宗，酒池肉林，揮霍錢財；第三，紂王對自己的同祖兄弟也不信任，甚至加以迫害；第四，紂王招集各地的逃奴和罪人。

周公揭露紂王的這四條罪狀極有說服力，很能博得各諸侯的支持。殷人十分迷信，認為不按時祭祖的人一定會受到上天的懲罰。當時，奴隸是主要的社會生產力，誰擁有的奴隸多，誰的勢力就大。紂王將其他小國的奴隸招誘到自己這裡來，嚴重損害了小國的利益，自然引起了小諸侯國的不滿和怨恨。起初，周文王為了爭取各小國的支持，曾制定過一條法律，即所謂「有亡荒閱」。這裡的「有亡」，指有奴隸逃亡，「荒閱」即大舉搜索之意。這條法律的意思是，如果奴隸逃跑，就要聯合大搜捕，誰的奴隸仍歸還給誰，不得隱藏。這時，周公將紂王招誘別國的奴隸列為一大罪狀，自然就激起了各小國的仇恨。於是，各小諸侯國紛紛表示效忠周，共同反抗紂王。通過這篇〈牧誓〉，使各小國都覺得，周兵是正義之師，伐紂合於天意，名正言順，從而有力地瓦解了殷的統治基礎。

正當周公協助武王大舉伐殷的時候，紂王正在討伐東方各族，其精銳的主力一時抽調不回來。為了迎擊武王的聯軍，紂王將大批奴隸和俘虜組織起來，發給他們兵器，要他們到牧野迎敵。由於周公廣泛宣傳紂王的罪過，這些人本來就對紂王一肚子怨恨，這時就更加痛恨紂王，恨不得讓紂王馬上滅亡，於是一到牧野便倒戈起義，和周軍一起向朝歌進擊。武王順利地占領了朝歌，殷朝滅亡，紂王兵敗自殺。從此，中國歷史上又出現了一個新王朝——周朝。

武王和周公進入朝歌後，打開監獄，釋放了被紂王無辜關押的犯人。打開倉庫，把糧食分發給窮人，社會秩序很快安定下來。周公又幫助武王制定了一些有利於經濟發展的措施，使周朝實現了更大範圍的統一，促進了社會生產力的發展，進一步促進了我國多民族國家的形成。

二、周公東征

牧野之戰後，周朝雖然建立起來了，但並未能很快在全國建立起穩定的統治。殷朝的許多舊屬國並未馬上承認周朝是它們的共主，殷朝的傳統勢力和影響還很大，其殘餘勢力還時刻打算復辟。東部是殷朝統治的中心區域，這裡反抗周朝統治的勢力也最大。由於這裡的一些部族頑固對抗周朝的統治，所以歷史上就將這些人稱之為「殷之頑民」。為了有效地統治這些「頑民」，武王採取了「以殷制殷」的辦法，將殷朝原來直接控制的領地一分為三，北部地區封給紂王的兒子武庚，東部和西部地區分別封給自己的弟弟管叔和蔡叔，由管叔和蔡叔協助統治殷民，並對武庚進行監視。

周朝建立後的第二年，武王就得了一場大病，長時間不能上朝理事。武王深知周公有謀略，辦事細心，就委託周公代為處理政務。周公深知創業的艱難，這時周的統治尚立足未穩，武王的兒子尚年幼，萬一武王病死，說不定會發生什麼樣的動亂。因此，周公心裡比別人都更為著急。於是，周公專門設壇禱告，希望先人在冥冥中保佑武王，讓武王恢復健康。周公向曾祖古公亶父、祖父季歷、父親文王禱告道：「你們的宗嗣武王因勤政染病。如果你們三王要召武王前去，請不要召他，就把我召去好了。武王不善於奉事鬼神，但他能秉承天命，布道四方，使你們的子孫永遠安處樂土，使四方之民無不敬畏周朝。他能長享社稷，先王們也可以久享宗廟血食。」周公禱告後，又卜了一卦，得了個吉利之卦。周公將禱詞收藏在金縢櫃中，自己入宮向武王祝賀，說得到了先王的旨意，他不久就可以恢復健康，一定能長享王位。古人都有程度不同的迷信心理，武王聽了後，精神果然為之一振，吃的飯食也比往日多了一些。但是，這類的祈禱和占卜充其量只能給人一種暫時的精神安慰，絕不能使人起死回生，所以不久武王還是死去了。這對一個新建的王朝來說，無疑是一個重大的政治危機。鑑於武王的兒子成王太年幼，周公在立他繼承王位後，全面擔當起執掌國家政事的重任，成為周朝實際上的最高統治者。

不久出現了一場災害。一場大颶風將許多大樹颳倒，莊稼幾乎全部倒伏，風後又有暴雨，不少老百姓死於非命。一些大臣便認為是不祥之兆，一些有關周公的流言也傳播開來，說周公有野心，處理政事不當，所以才惹得上天發怒，降災示警。這種流言的迷惑作用很大，連成王也對周公產生了懷疑。於是，成王便領著幾個大臣打開金縢櫃，想借鑑前事，以應付災變。令成王沒有想到的是，竟發現了周公願意代武王死去的禱詞。這使成王大受感動，對周公的疑慮頓時全消，認為周公是完全可以信賴的好叔父。因此，各種政事便盡交周公處置。

從在王室中的地位來看，封在東方的管叔和蔡叔與周公不分上下。他們都是弟兄，只因長兄死得早，所以排行老二的武王繼承了王位。管叔排行第三，蔡叔排行第五，周公排行第四。周公在朝中總攝朝政，管叔和蔡叔分封在外。二人對周公極為不滿，他們散布流言，說周公攝政「將不利於孺子」，周公要謀害成王，篡奪王位。他們二人本來是要監督武庚的，這時卻和武庚暗中勾結，打算借助殷的殘餘勢力共同反對周公。管叔自恃是周公的哥哥，認為要攝政的話也應首先由自己來攝政。這種政治野心促使他和蔡叔、武庚勾結在一起。

管叔和蔡叔想借助殷的力量來打倒周公。武庚的野心更大，他想乘周內亂之機，徹底推翻周朝，恢復殷商的統治。東方的許多諸侯國對周的統治一直不滿，也想恢復殷商的統治，時刻在蠢蠢欲動。周王室的內部分裂被他們視為千載難逢的良機，故極力慫恿武庚舉兵起事。這更加堅定了武庚的決心。於是，以管叔、蔡叔和武庚為首的大規模叛亂就開始了，歷史上稱這次叛亂為「管蔡以武庚叛」。

這次聯合叛亂聲勢頗大，不僅東方各國大都捲入了這場叛亂，而且朝內還有不少人與管叔、蔡叔遙相呼應。在這些人當中，有的原來就是管、蔡的舊人，有的則是出於對周公的不信任。從當時的情況來看，這場聯合叛亂的力量明顯占有優勢，而且內外矛盾錯綜複雜。周公的處境一時十分困難。

在危急關頭，周公表現出了一個政治家和謀略家的沉著和堅定。他首先採取措施穩定內部，這是制勝的根本。當時，朝內除周公外，地位最高的就是姜太公和召公奭，這二人的影響力都很大。

周公對二人做了懇切的解釋：自己代成王執掌國事，完全是因為成王年幼，等他年齡稍長就還政於他。自己的所作所為完全是為了周朝的根本大業，沒有半點私心。經過周公推心置腹的解釋，使二人對周公的疑慮完全消失。他們又利用自己的巨大影響說服了眾多的臣下，戳穿了有關周公要篡位的謠言，從而堅定地站在周公這一邊，鞏固了內部的團結。

為了堅定大家平叛的信心，周公又借助鬼神，通過占卜來傳達「上帝」的旨意，說上帝會幫助周朝，一定能平定東方的叛亂，周朝一定會取得徹底的勝利。周公是否真的信鬼神，今已難詳考，但周公巧妙地利用了古人的迷信心理，使鬼神為自己的政治目的服務，卻不止一次地取得成功。許多人得知神靈也在幫助周朝，信心大增，內部的團結更為鞏固，為平叛奠定了良好的基礎。

周公又千方百計地瓦解敵人，分化叛亂集團。當時，各諸侯國都有相當大的獨立性，有的是被裹挾參加了叛亂，周公派人對一些這樣的小諸侯國進行勸說，有的則用優厚的條件加以收買，而對那些死硬的叛亂分子，則堅決予以武力鎮壓。這種做法頗為奏效，使一些小諸侯國改變了態度，有的甚至幫助周公進行平叛。這就大大削弱了叛亂集團的力量。

周公心裡很清楚，朝內還有一些人並沒有完全接受自己的意見，甚至暗中破壞。對這些人，周公為了使他們在自己東征時不至於在後方鬧事，就強迫他們跟隨自己一起東征，以便於控制。在大規模出師東征前，周公發布了一篇動員令，即保存在《尚書》中的〈大誥〉。這篇動員令的大意是說：「殷人想重新把周變成他們的屬國，這是做白日夢。不少殷人也在暗中幫助我們，我們一定能取得平叛的勝利，保住文王和武王開創的基業。周朝是靠上天的保佑才興盛起來的。這次出征，我又占卜了一次，上天又要來幫助我們了。這是天命，誰也不能違抗。你們大家要順從天意，幫助我完成這個偉大的事業。」在這裡，周公又一次搬出了天命，使隨征的人堅定了勝利的信心。

周公東征是一場十分艱苦的戰爭，它實質上是武王伐紂的繼續。武王伐紂的勝利使周朝得以建立，周公東征的勝利則使周朝得到真正的鞏固。在這場大規模東征中，周公巧施謀略，使一些隨從叛亂的小國不戰自降，而集中兵力攻打管叔、蔡叔和武庚。經過三年的艱苦戰爭，周公終於徹底平定了這場叛亂。武庚和管叔被殺，蔡叔被流放。周公還一舉消滅了跟隨叛亂的東方十七個小國。於是，周公徹底粉碎了殷商復辟的圖謀，使周朝的統治真正延伸到東部沿海地區。

周公吸取了這次叛亂的教訓，想方設法加強對東方的控制。關於如何處置「殷之頑民」，周朝內部存在著不同意見。著名的大臣姜太公主張趕盡殺絕，使其永遠無力反叛。召公奭則主張有罪的殺掉，無罪的留著。周公認為這兩種辦法都不妥。實行屠殺政策，不僅斬不盡、殺不絕，而且會樹立更多的敵人，引起更激烈的反抗。殺一部分、留一部分的主張也不好，因為當地人大都捲入了叛亂，難以區分，而且還可能逼反另一部分人。周公採取的策略是：威德並施，分化利用，以殷制殷，武力監視。實施這一策略的核心是營建東都洛邑（今河南洛陽）。

周朝的都城在鎬京（今陝西西安），稱為宗周。由於這裡遠離中原，難以對東方實施有效的控制。營建洛邑，使其成為一個新的政治、軍事中心，可以就近對東方各諸侯國進行監視，如有反抗，可及時鎮壓。從此以後，洛邑（洛陽）就成為中國的重要都城之一。

周公心裡很清楚，殷人貴族是反叛的核心，普通百姓則大都是被裹挾而參加造反。於是，周公就將這些貴族遷徙到洛邑，以便就近進行監視和控制。起初，周公將一些最有影響的大貴族遷徙至黎水（今河南浚縣）。這裡離殷朝的都城朝歌很近，土地又肥沃，這些殷人貴族頗為滿意。周公後來覺得在這裡不便控制，便又占卜求問鬼神。此卜得到的回答是，在黎水不吉利，遷至洛邑最好。殷人都十分迷信，敬事鬼神，於是就同意遷到洛邑去。那時人們的居室相對簡陋，流動性較大，所以殷人曾九次遷都。周公這次實際上早已將地址選好，求問鬼神祇不過耍了個小花招。通過這個小花招，周公又輕而易舉地將這些大貴族遷至洛邑。他們集中居住在下都。周公派兩萬餘兵士駐紮於此，對這些「殷之頑民」進行監視。周公又在下都附近修築了一座王城，在這裡不時會見東方各小國諸侯。下都和王城合稱為成周，成了周朝的東都，亦即洛邑。

周公一再申諭殷人貴族，只要俯首聽命，上天就會可憐他們，周人也會賞賜他們，並可以從他們當中挑一些人到王廷做官。如果不服從周的統治，再暗中謀反，就要果斷地將他們殺掉。這不是因為周人的德行不好，而是他們咎由自取。周公說到做到，將幾個暗中策劃反周的貴族斷然殺掉，並以這些人的事例來教育殷人。對那些老老實實接受周統治的貴族，周公則允許他們占有較多的房屋、土地和奴隸。這就是周公所說的「宅爾宅，畋爾田」。周公一方面嚴格控制這些殷人貴族，另一方面又通過這些貴族去控制平民和奴隸，從而達到了以殷制殷的目的，緩和了周族和殷人的矛盾。

三、周公輔成王，行宗法分封制

在中國歷史上，「周公輔成王」被傳為千古美談。武王滅殷後不久即死去，如何維護和鞏固這個新建王朝的統治，這是一個艱巨而複雜的任務。武王的兒子成王年幼，但按禮法應由成王繼位。周公雖有謀略，但只能處於輔佐的地位。大小政務皆由周公代為處置，又顯得權勢過重，容易引起外人的疑慮。「管蔡以武庚叛」就與這種疑慮有關。以周公的謀略和聲望，他完全可以代成王自立，由自己當周王。但他沒有這樣做，為了周朝的長治久安，他嘔心瀝血，盡心輔佐，終於消除了一次又一次危機，使周朝建立起穩定的統治。

當東都洛邑建成時，成王已經長大成人，周公便還政給成王，自己退居輔佐的位置，就像一個普通的大臣一樣。成王住在鎬京，由召公奭在身邊輔佐，專心治理西方；周公留住洛邑，重點管理東方各國的事務。

周公擔心，成王尚年輕，容易貪圖安逸，貽誤政事。於是，周公便寫了一篇〈無逸〉，以勸誡成王。這篇〈無逸〉保留在《尚書》中，流傳至今。文章可分為三大段。在第一段，周公首先對成王提出要求：「君子所其無逸。」那麼，怎麼做到「無逸」呢？周公提出，首先要瞭解「稼穡之艱難」，瞭解「小人」的疾苦。用今天的話說，就是體察民情，關心老百姓的疾苦。第二段總結歷史上的經驗教訓，論證「無逸」的重要。周公列出商王中幾個正面的範例，他們勤於政務，瞭解百姓的疾苦，享國時間長，天下也太平。周公接著又舉出殷後期的幾個王作為反面範例，這幾個王貪圖安逸，不關心老百姓，荒於政事，致使朝政混亂，他們享國的時間也短。周公要成王以這幾個王為戒，要像文王和武王那樣勤於國事，鞏固周朝的基業。第三段論述應如何對待下人的怨恨。有兩種態度，一種是一聽到有這類怨恨就濫殺無辜，而不去深究這種怨恨產生的原因。怨恨雖出自下人之口，但根源不在下人，而在於君臣為政是否清明。另一種態度是，一聽到這類怨恨就反省自己，認為是「朕之愆」，「不敢含怒」，進而改善政事，革除弊政。最後，周公語重心長地告誡成王，要以史事為鑑，勤勤懇懇地把周朝治理好。

這篇〈無逸〉是我國歷史上教導君主的最早的教材，也是後世歷代教導君主和皇子皇孫的重要文章。周公的教導對成王很具影響，成王基本上都能按照周公的教導去做。成王死後，康王繼位，仍繼續執行周公制定的政策。因此，各種社會矛盾得到緩和，社會生產力有較快的發展，出現了「成康之治」的繁榮景象。周朝的手工業生產水平明顯地超過了商代，商業貿易也有了明顯進步，使成康時代成為我國奴隸制時代的鼎盛時期。

周公輔成王的另一個重大舉措是實行宗法分封制，歷史上也稱為「封邦建國」。從實質上看，就是推廣周公在洛邑實行的那套統治辦法，在各地建立更多的據點。在這些據點裡，安插周朝的同姓兄弟、功臣、貴族，要他們幫助周王實行統治。這些封國就是諸侯國。實際上，殷朝後期也實行過分封，只是範圍比較小，組織上也不是很嚴密。周朝的疆土大為擴大，鬥爭更為複雜，需要對戰略要地和經濟文化中心進行嚴密控制。於是，宗法分封就成為周朝的一項基本政治制度。

武王即實行過分封，周公東征後分封的規模更大，至成王親政時，先後共建立了七十一個封國。這些封國的一大半由周王的兄弟子侄進行控制，異姓諸侯只占一小半。諸侯不僅領有封國內的土地，而且領有當地的居民。諸侯在封國內實行世襲制，要服從周天子的命令，定期向周天子朝貢和提供軍賦、力役。在封國內，諸侯有自行徵收田稅和工商業賦稅的權力，實際上就是代表周天子對當地進行統治。

分封制又是和宗法制連在一起的，宗法制由父家長制演變而成，至周代達於完備。按照宗法制，周王自稱天子，王位由嫡長子繼承，稱為天下的「大宗」，是同姓貴族的最高家長，也是政治上的共主，掌管國家的政權和軍權。周王的其他兒子則大都分封到各地當諸侯。對於周天子來說，他們是「小宗」，但在本諸侯國卻是大宗。諸侯也實行嫡長子繼承制，諸侯的其他兒子有的被封為卿大夫。依次類推，按照血緣的親疏就建立起了金字塔式的統治模式。嫡長子也稱宗子，由他們掌管本族的財產，負責本族的祭祀，管理本族的成員，並代表本族統治和剝削轄區的人民。

這種宗法分封實際上就是按血緣親疏建立起來的等級制。用今天民主、平等的觀念來看，似乎是太落後了。但是在當時，它卻有巨大的合理性和進步性。因為當時交通不便，通信技術不發達，如何使周朝這個疆域遼闊的大帝國保持統一和穩定，是當時最大的政治課題。周公設計和推行的這套制度就較好地解決了這個問題，使周維持八百多年的統治。從當時的歷史條件來看，似乎還沒有更好的秩序。社會的發展需要秩序，這套秩序的確促進了周朝的發展。因此，儘管在今天看來這套秩序不大合於正義，但在當時卻有很大的進步性。後世帝王不顧具體的歷史條件，仍實行分封，致使漢初出現了「吳楚七國之亂」，西晉出現了「八王之亂」。應該承認，越到後來，這種分封制消極的一面就暴露得越多。但是在周初，周公設計和推行的這套制度卻取得了巨大的成功。

周公很清楚，治理好東方是周朝長治久安的關鍵。這裡是被周用武力征服的地區，殷的殘餘勢力較強，一有機會就圖謀反叛。周公營建洛邑後，將洛邑作為控制東方的據點。這裡集中了大批從各地遷來的殷人貴族，如何管束這批人也是個十分重要的問題。為此，周公特地將他的弟弟康叔分封於此，建立衛國。康叔即為衛侯，掌握著八師的兵力，封土大，控制的人口也多。在康叔去衛國上任時，周公對他叮囑了一番，這些話保留在《尚書．康誥》中。周公對康叔說：「小人難治，你要盡心政事，不要貪圖安逸。你的任務就是把周王的事業發揚光大，安定殷民，把殷民改造成順服的百姓。」康叔問：「殷人如果反抗應如何？」周公回答說：「要堅決鎮壓！如果對罪犯不加懲戒，上天給我們的法律就會紊亂和廢棄。但執行刑罰要慎重，如明知故犯，且堅持不改，罪雖小也不可不殺；如出於一時疏忽，不堅持錯誤，能自首悔罪，其罪雖大，也不可以殺。」康叔就把這一套辦法帶到了衛國，果然將衛國治理得很好。

周公起初被封至魯（今山東曲阜），建立了魯國。由於輔佐成王，周公一直未去魯國上任。周公便命長子伯禽去魯，叮囑他道：「我是文王的兒子，武王的弟弟，成王的叔父，地位該不低了吧。但是，我一沐三握髮，一飯三吐哺，起以待士，猶恐失天下之賢人。你這次去魯國，千萬不可驕逸。」於是，「一沐三握髮，一飯三吐哺」就成為當政者勤政的典型事例。伯禽遵循父教，果然將魯國治理得很好。魯國的東邊是齊國，大謀略家姜太公即分封於此，也將這裡治理得井井有條。

於是，周朝在東方的統治就得到了鞏固。

從周朝的情況來看，封邦建國是周公在政治上的成功之舉，表現了他的深謀遠慮。周天子拿一部分土地分賜給諸侯，諸侯又在封國內拿一些土地分賜給卿大夫，一層一層，從而構成了周朝在全國的統治基礎，形成了一個相對較為穩定的統治體系。也正是在這樣的環境下，中國奴隸制社會經濟在周朝進入鼎盛時期。

四、「敬天保民」，制禮作樂

周公不僅是個大政治家和大謀略家，而且是個大思想家。自然，他的思想和謀略也是密切相關的。

周公的一個重要思想是關於對天命的認識和解釋。天命是一個古老的概念，殷商的統治者就聲稱，他們的統治來自於天命，因而有無上的權威，是神聖不可侵犯的。按照這種理論，殷朝的統治就應該千秋萬代地永遠延續下去，誰要反對，就是犯上作亂，就要受到「天」的懲罰。古人迷信，相信天命之說。周族本來是殷的臣民，這時卻推翻了殷的統治，建了周朝，這豈不是違反了天命嗎？也正是因為許多殷的遺民迷信天命，所以周朝建立之後許久還一直頑固地反對周朝。周公清楚地認識到，要想使周朝的統治穩固，就必須對天命作出新的解釋，以使周的統治在思想理論上順理成章，為廣大民眾所接受。於是，周公就提出了「敬天保民」、「天命無常」以及「以德配天」的思想。

周公講天命，又懷疑天命，便稱「天命無常」。殷商原來得到了「天」的保護，所以取代了夏，建立了殷商。現在殷又被周取代，說明「天」不保護殷了，而開始保護周了。周朝正是按上天的命令來代替殷朝的統治的。接下來的一個問題是，「天」為什麼忽而保護殷，又忽而改為保護周了呢？周公解釋道：「民之所欲，天必從之。」也就是說，「天」究竟保護誰，要看老百姓的意願。「天」是為民作主的，只有得到老百姓擁護的人，才能享有天命。殷遭到老百姓的反對，所以「天」就拋棄了殷。周取代了殷，就是因為周的統治合於老百姓的意願，只有周朝才配享天命。這就是周公「敬天保民」的思想。

這種「敬天保民」的思想對後世的統治者產生了很大的影響。這實際上就是「德政」思想。統治者要加強自己的道德修養，關心老百姓的疾苦，這樣「天命」就可以長保，江山就可以穩固。周公將天命和德政聯繫在一起，賦予天命以新的內容，在那種宗教迷信占統治地位的情況下，這種思想確實發揮了很大的作用。仔細分析一下就可以看出，周公更重視的是「人治」，而不是「天命」。這也正是周公的高明之處。對於穩定周朝的統治來說，周公對天命的解釋起到了十分重大的作用。

周公還建立了一整套禮樂制度，這也就是歷史上所說的「制禮作樂」。所謂「禮」，就是劃分等級名分的典章制度；所謂「樂」，就是音樂。「禮」的內容非常複雜和煩瑣，幾乎包括了各級貴族衣食住行和喪葬嫁娶的一切行為規則。大體來看，「禮」分五大類：一是吉禮，用於祭祀鬼神；二是凶禮，用於喪葬凶荒之事；三是賓禮，用於朝覲接待；四是軍禮，用於興師征伐；五是嘉禮，用於婚嫁飲宴。至於音樂，那時只有少數貴族才能使用。這在當時是種很大的特權，什麼等級的貴族用什麼音樂，有嚴格的區分，不能亂用，否則要受到嚴懲。「禮」和「樂」相輔相成，成為鞏固貴族等級制的重要手段。

周公還建立起了一整套的官僚制度和刑罰制度。這些制度和禮、樂制度相配合，使周朝建立起十分完整的統治秩序。自然，這些不可能全是周公一人所制作，有些內容就是從殷朝繼承來的。周公加以整理、補充、修訂，並新增加一些內容，從而使之系統化、完整化和制度化。這些制度為後世統治階級長期沿用，成為鞏固統治的重要工具。正因如此，所以周公在之後歷代統治階級的心目中地位都極為崇高。

為了周朝的建立和鞏固，周公耗盡了畢生的精力，也充分顯示了他作為政治家、思想家和謀略家的才能。臨死時，周公叮囑身邊的人，要他們將自己葬在成周，以表示自己不敢離開成王。周公死後，成王用最隆重的天子禮儀將周公葬於畢原（今西安西北）。文王和武王都葬在那裡，成王將周公和他們葬在一起，表示周公的功勞大，完成了文王和武王的未竟之業，同時也表明，成王不敢把周公視為自己的臣下。為了表彰周公的功勞，成王特許魯國用祭天子的禮、樂來祭祀周公。

周公在後世的地位一直很高。漢代立學開始廟祀孔子，孔子稱先師，周公稱先聖，同時受祭。直至唐代以前，都一直稱周公為先聖。唐代則時有變化，有時以孔子為先聖，周公為先師；有時以周公為先聖，孔子為先師。直至明初，在先師廟中周公和孔子同時受眾學子的祭拜。明成祖時形勢為之一變，他將先師廟改為文廟，獨祭孔子，而將周公移出，祀於文華殿之東室。明成祖之所以這樣做，與他隱秘的心理有關。當明成祖起兵與侄兒建文帝爭奪皇位時，口口聲聲說要「周公輔成王」。但是，當他勝利後卻自己當了皇帝，因而受到許多人的指責。明成祖擔心，當眾學子祭拜周公時，會自然聯想到「周公輔成王」的可敬，自己所謂「周公輔成王」的欺世盜名。因此，明成祖便取消了周公和孔子同時受祭的資格，致使此後周公在人們心目中的地位有所下降。但是，周公以他的智慧和謀略為中國早期歷史所作出的巨大貢獻是無法掩蓋的。

本篇主要資料來源：《史記》卷四，《周本紀》；《史記》卷三十三，《魯周公世家》。

安齊國富國強兵　霸諸侯「一匡天下」

管仲傳

呂世忠

管仲（約西元前七二五年～西元前六四五年）名夷吾，字仲，潁上（潁水之濱，今安徽境）人。他是春秋時期著名的政治家、軍事家和思想家，在輔助齊桓公治理齊國、建立霸業時，立下了不朽的功勛，對齊國的改革與發展起了極為重要的作用。他是中國歷史上最為全面的謀士之一，在政治、經濟、軍事、外交等領域，都能為齊桓公出謀劃策，並能在齊桓公的支持下，卓有成效地組織實施。有了管仲的輔佐，齊桓公曾形象地比喻說好像飛鴻有了羽翼、濟大水有了舟楫一樣。管仲的一些言論散見於《國語・齊語》、《管子》、《說苑》等書中，不僅為歷代統治者所借鑑，即便在今天，也仍有寶貴的借鑑作用。

一、懷才不遇

管仲是姬姓的後裔，當為貴族之後。他自幼聰穎好學，酷愛射箭。其父管嚴早亡，他和母親孤苦伶仃，相依為命，小小年紀過早地挑起了家庭的重擔。迫於生計，他從事過許多職業。他替人放過馬；和鮑叔牙一起做買賣，因為家貧，常常將兩人賺來的錢多留給自己一些；有心為鮑叔牙辦點好事，卻事與願違，越辦越糟，反而給鮑叔牙添了麻煩；當兵時因家有老母無人奉養多次臨陣脫逃；有一次家裡實在揭不開鍋了，他還在成陽偷過人家的狗。管仲本是貴族之後，非常嚮往上層社會的生活，企圖通過當官出人頭地，但是他當過三次小官都沒有當好，被人家掃地出門了。

坎坷的經歷，沒有摧垮管仲的精神支柱。相反，管仲從中卻開闊了眼界，洞察了世間的風雲變幻，鍛鍊了自己的意志，增長了才幹，造就了他堅韌不拔、百折不撓、不成大器誓不休的性格。在這動盪不安的生活中，管仲和鮑叔牙結下了深厚的友誼，也正是鮑叔牙為管仲後來通向政治大舞台鋪平了道路，二人相互幫助，相互支持，堪稱刎頸之交，為後人所稱道。

這個時期，管仲儘管懷才不遇，但因為他經多見廣，結識了許多朋友，他的才華也逐漸為許多人所瞭解。有人把管仲和鮑叔牙推薦給齊僖公，齊僖公決定讓他們做齊國公子的師傅。管仲對鮑叔牙說，齊僖公的三個公子，將來誰當國君現在難以預料，我們兩個要分開，不能共同做某一個公子的師傅，這樣將來無論哪一個做了國君，我們兩個都不難進入齊國政界。就這樣，管仲和召忽一起做了公子糾的師傅，鮑叔牙儘管認為公子小白不會成大器，但還是聽從了管仲的勸告，做了公子小白的師傅。

公子糾是齊僖公的次子。管仲出任公子糾師傅的時間已不可考，但總在他三十歲以後。這個時候，管仲個人的思想已經成熟，輔佐公子糾使他得以與聞宮廷政事，可是他的角色卻不允許他有什麼「非分」之想，只能和召忽終日與公子糾相伴，讀書、下棋、狩獵、遊園，等等，日子過得安寧、自在，卻談不上施展個人的抱負。一次宮廷事變，改變了管仲的一生。

二、得遇明君

齊僖公有三個兒子，長子公子諸兒，次子公子糾，幼子公子小白。公子糾有管仲、召忽輔佐，公子小白有鮑叔牙輔佐，品行、能力都很好，唯獨公子諸兒沒有賢人輔佐，終日不思進取，放任自流，成了一個花花公子。西元前六九八年，齊僖公去世，按照長子繼承制，公子諸兒繼任為君，是為齊襄公。齊襄公上台後，不是考慮怎樣治理齊國，怎樣使齊國在風雲變幻的國際形勢中立足腳跟，圖謀發展，而是整日沉湎於酒色花月之中不能自拔，甚至不顧人倫道德和自己的妹妹文姜私通。文姜出嫁魯桓公後，仍時常與他秘密幽會，影響極壞。他不理國政，喜怒無常，濫殺無辜，導致民不聊生，邊防日弛。從姜太公到齊僖公十三代人創下的齊國基業眼看就要毀在齊襄公的手中，許多大夫深恐禍及自身，紛紛外逃，鮑叔牙和公子小白出奔莒國。

多行不義必自斃。西元前六八六年，邊將連稱、管至父和公孫無知殺死了齊襄公，公孫無知自立為君。事變發生後，管仲、召忽奉公子糾倉皇出奔到魯國。公孫無知弒君而立，不得人心，不久被殺，齊國陷入一片混亂之中。

國不可一日無君。齊國的大族國氏、高氏迅速將這一消息報告了遠在莒國的公子小白，鮑叔牙立即和公子小白向齊國進發，準備繼承君位。與此同時，魯國也得到了這一消息，急忙派兵護送公子糾回國，為穩妥起見，又派管仲埋伏在莒國通往齊國的大道上，準備襲擊公子小白一行。不多時，公子小白一行人馬急匆匆趕來，管仲搭箭引弓，一箭中的，公子小白應聲倒於車下。管仲見大功已成，便從從容容地追趕公子糾去了。公子糾知公子小白已死，無人能和他爭奪君位，歸齊的速度也慢了，在路上盤算做國君的情景。孰知管仲一箭正好射在公子小白的衣鉤上，公子小白唯恐管仲再來一箭，便順勢假裝死去，倒於車下，騙過了管仲。經此一嚇，公子小白和鮑叔牙晝夜兼程，大大加快了歸齊的速度，結果先於公子糾六天回到齊國，在國氏、高氏的支持下，繼任為君，這就是歷史上有名的齊桓公。

齊桓公不同於齊襄公，他是一個雄才大略的君主。他決心振微起弊，大力治理齊國，使齊國強於天下。於是，繼位之初，他便委相職於鮑叔牙。而鮑叔牙自知才智不及管仲，便極力向齊桓公推薦管仲。

> 桓公自莒反於齊，使鮑叔為宰，辭曰：「臣，君之庸臣也。君加惠於臣，使不凍餒，則是君之賜也。若必治國家者，則非臣之所能也。若必治國家者，則其管夷吾乎。臣之所不若夷吾

者五：寬惠柔民，弗若也；治國家不失其柄，弗若也；忠信可結於百姓，弗若也；制禮義可法於四方，弗若也；執枹鼓立於軍門，使百姓皆加勇焉，弗若也。」

鮑叔牙曰：「臣幸得從君，君竟以立。君之尊，臣無以增君。君將治齊，即高傒與叔牙足也。君且欲霸王，非管夷吾不可爭。夷吾所居國國重，不可失也。」

齊桓公見鮑叔牙誠心誠意地推薦管仲，便說我知道管仲有才華，但他是我的仇人，要不是我的衣鉤，說不定我已被他射死了，我怎麼能用他呢？鮑叔牙說，管仲是我的好朋友，我十分瞭解他，他也很瞭解我。想當初您的父親讓我做您的師傅，我不樂意，是管仲勸我接受任命，他認為您可能是三個公子中最有作為的一個。他射您是為了公子糾，如您肯原諒他，他肯定會為您盡力的。齊桓公在鮑叔牙的勸說下，以一個大政治家的坦蕩胸懷，盡釋管仲的一箭之仇，決定重用管仲。

然而，管仲不在齊國而在魯國。魯莊公派兵攻擊齊國，恰為管仲歸齊創造了條件。

管仲奉公子糾趕到齊國時，齊桓公已經登位。魯莊公聞訊，認為這是越禮之舉，即發兵進攻齊國，企圖通過武力打垮齊桓公，讓公子糾做齊國的國君。魯齊軍隊戰於乾時，魯軍大敗。鮑叔牙不失時機地向魯國提出讓魯國殺死公子糾，放管仲、召忽回齊國等條件，這幾個條件得不到滿足，齊軍將繼續向魯國進攻。魯莊公召施伯商量對策，施伯說，管仲是個難得的人才，他為政的國家必然富強，決不能讓管仲活著回去，可先殺死他，把屍體交給齊國。可是齊國的使者說，齊桓公對管仲恨之入骨，一定要親手殺了他才解恨，不如此，齊軍仍然要向魯國進軍。魯莊公此時尚未從乾時戰敗中定下神來，便按照齊國的要求，把管仲裝入囚車，交給了齊國的使者。管仲懼怕魯莊公變卦，一路上引吭高歌為役夫們解除疲勞，大大加快了歸齊的速度，待魯莊公醒悟過來，派兵追趕時，管仲早已進入齊國境內了。鮑叔牙在齊魯邊境親自為管仲洗塵接風，希望管仲為齊桓公治理齊國出謀劃策。管仲念及與齊桓公有一箭之仇，擔心齊桓公不肯饒恕他。鮑叔牙說你不要多慮，一切由我來安排。

齊桓公得知管仲已平安回到齊國，十分高興。但他並不急於馬上接見管仲，而是請人選擇了一個「黃道吉日」，沐浴一新，十分隆重地接見了管仲。接見這天，風和日麗，齊桓公和管仲一見如故，相見恨晚。管仲終於遇到了明君。齊桓公此舉歷來被譽為尊賢的模範，而管仲也從此正式踏上齊國政治的大舞台，開始了他的謀士生涯。這一年，管仲約四十歲。

三、立穩腳跟，審時度勢

管仲原為公子糾的師傅，在齊國沒有什麼地位，更談不上形成自己的勢力，除了鮑叔牙和他是至交外，可謂勢單力薄。在這種情況下，管仲要想把自己的政治、軍事、經濟、外交謀略通過齊桓公去付諸實施，難度相當大，所以他採取了按兵不動的策略。齊桓公很納悶，便問管仲為什麼還不為治理齊國獻計獻策。管仲說地位低下的人不能領導貴族，齊桓公心領神會，提拔他為上卿。過了一段時間，齊桓公見管仲仍沒有什麼動作，又問管仲。管仲慢條斯理地說，貧窮的人不能領導富有的人，齊桓公不急不躁，賜給他齊國的市租。又過了一段時間，齊桓公仍不見管仲有什麼動作，又去問管仲，管仲說名分疏遠的人不能領導名分親近的人，齊桓公聞言肅然，尊之為仲父。管仲起而治齊。孔子評論說，以管仲之賢才，如果得不到這三種權力，是不可能輔助其君稱霸天下的。

事實正是如此。管仲並非恃才向齊桓公討價還價。他看到，面對齊國的形勢，如果他沒有一定的政治地位、權力、經濟基礎以及與國君的特殊關係，根本無法推行其政治主張。齊桓公不愧為一代明君，他對管仲有求必應，而且同意管仲推薦的五名人才出任國家重要職責：隰朋為大行，主管外交；寧戚為大司田，主管農業；王子城父為大司馬，主管軍事；賓須無為大司理，主管司法；東郭牙為大諫，主管諫議。鮑叔牙時為大夫，對管仲治齊的舉措自然是鼎力相助。管仲有了這六個人的幫助，真如猛虎添翼，在齊國乃至整個時代的大舞台上盡情地施展著自己的才華，所向披靡。

擺在齊桓公和管仲面前的國際形勢是：天子直轄的「王畿」，在戎狄不斷侵擾和諸侯不斷蠶食下，大大縮小了，僅剩下成周方一、二百里之地；同時，天子控制諸侯的能力和直接擁有的軍事力量也日益喪失。但是天子以「共主」的名義，仍然具有號召力。因此，一些隨著地方經濟發展逐步強大的諸侯國如鄭國，就利用王室這個旗號，「挾天子以令諸侯」，積極發展自己的勢力。西元前七〇七年，周桓王親率陳、蔡、衛等諸侯國的軍隊討伐鄭國，結果王師慘敗，連桓王也被箭射中了肩膀，天子的威嚴掃地，從此一蹶不振，鄭莊公成為春秋初期的小霸。

隨著王權的淪落，諸侯對天子的朝聘、貢獻大大減少，王室財政越來越拮据，不得不仰賴諸侯的贊助。周襄王曾低聲下氣地向鄭國「請盟」，後來又接受晉侯的召喚，參加諸侯召開的會議。天子共主的地位，已名存實亡，「禮樂征伐自天子出」的時代已經成了過去，社會進入了一個動亂的時代，各種矛盾都在急劇發展，而且錯綜複雜地交織在一起。

動亂的中原局面，給周邊少數民族提供了發展的機會。占有西周舊地的西戎繼續威脅著東周；居住在今山西、陝西北部、河北西北部以及內蒙古等廣大地區的狄族，也逐漸向內地發展，威脅著中原的安全；居住在今河北、山東境內的戎族部落以及河北東北部直到東北地區的山戎，與齊、燕等國多次發生戰爭；江漢流域的楚國，在臣服了百濮、群蠻，控制了群舒、淮夷等族之後，勢力迅速強大，力圖向黃河流域爭奪土地。鄭國因為內亂，對於戎狄蠻交侵的局面，束手無策。這種形勢，迫切要求中原各國聯絡起來，節制諸侯國之間的侵伐兼併，抵抗戎、狄各族的入侵，充當聯絡人的，便是霸主，以代替周天子向諸侯國發號施令。霸主的條件必須是力量最強的諸侯國的國君，還必須有一定的「德」。

齊桓公和管仲面臨的國內形勢是嚴峻的。本來，齊國經過莊公、僖公的發展，已成為東方一個比較強大的諸侯國，在國際事務中扮演著十分重要的角色，如西元前七〇一年，齊國就作為東方的大國出面調解鄭與宋衛的糾紛，與鄭宋衛盟於惡曹。但由於齊襄公在位期間荒淫殘暴，窮兵黷武，加上公孫無知作亂，齊國田野荒蕪，餓殍遍野，人煙稀少，有才之士紛紛外逃，守邊的將士衣不蔽體，食不果腹，導致邊防日弛，國力大大下降，齊國的國際地位一落千丈。齊桓公可謂從齊襄公手裡接過一個爛攤子，齊國上下百廢待興，百業待舉。用齊桓公的話講，即：

昔吾先君襄公築台以為高位，田、狩、畢、弋，不聽國政，卑聖侮士，而唯女是崇。九妃六嬪，陳妾數百，食必粱肉，衣必文繡。戎士凍餒，戎車待遊車之裂，戎士待陳妾之餘。優笑在前，賢材在後。是以國家不日引，不月長。恐宗廟之不掃除，社稷之不血食。

針對這樣的國際國內形勢，管仲陷入了深深的思索之中。他不僅在考慮怎樣治理齊國，而且在考慮如何使齊國在風雲變幻的國際形勢中迅速脫穎而出，達到稱霸的目的。他經過深思熟慮，向齊桓公鄭重提出了圍繞稱霸總謀略的一系列分謀略。從齊桓公登位七年即稱霸諸侯來看，管仲的謀略籌劃十分奏效，甚至可以稱得上立竿見影。

四、以民為本，革新政治

管仲向齊桓公提出的政治謀略涉及齊國政治生活的各個方面。

針對齊國無序的現狀，管仲提出整飭宗周的禮制，對文武周公時期的舊法利用其合理的部分，剔除其不合理的部分；承認個人的私有性，用法治約束這種私有性使之不氾濫，並將約束私有性的法律制度高懸於城門之外的象魏上，做到家喻戶曉，婦孺皆知，然後依法行事，以嚴刑峻法懲處違法亂紀現象。

在法治的前提下，管仲提出了民本思想。他認為聖君明主要順乎民心，要體察人民的意願，提出的政策必須代表廣大人民的共同要求，與人民休戚相關，渾然一體。為了取得人民的擁護，必須使人民的正當要求得到滿足，物質生活得到保障。在一次答齊桓公提問時，管仲對曰：

齊國百姓，公之本也。人甚憂飢，而稅斂重；人甚懼死，而刑政險；人甚傷勞，而上舉事不時。公輕其稅斂，則人不憂飢；緩其刑政，則人不懼死；舉事以時，則人不傷勞。

這段話集中反映了管仲的民本思想。

為了有效地管理國家，管仲提出重新劃分行政區劃：把國都劃分為二十一個鄉，其中六個工商鄉，十五個士鄉，齊桓公統率六個工商鄉和五個士鄉，國子、高子各率五個士鄉。國都內的行政區劃為五家為軌，設軌長；十軌為里，設里司；四里為連，設連長；十連為鄉，設鄉良人（或鄉大夫）管理。國都內的國政分為三項，制定三官制度，設三宰管理官吏，設三族管理工匠，設三鄉管理市井，設三虞管理川澤水產，設三衡管理山林。對於野鄙的行政區劃，管仲是這樣劃分的：三十家為邑，邑設邑司；十邑為卒，卒設卒帥；十卒為鄉，鄉設鄉帥；三鄉為縣，縣設縣帥；十縣為屬，屬設屬大夫。全國設五屬，共有五個屬大夫，設五正使各聽一屬之政，這樣，五正管理五屬，五屬大夫管理五十縣，縣帥管理鄉政。全國自上而下建立了嚴密的管理體制，各級官吏各治一方。五大夫每年正月向國君述職，國君定期對他們進行考察。

與此相呼應，管仲還提出了四民分業定居的方案。「四民」即士、農、工、商。按照人口的地域或職業結構，使士、農、工、商各居其所，即把講學道藝的「士」安排在清淨之所，把工匠安排在官府，把商人安排在市井，把農民安置在田野，不允許他們隨意遷移。根據這個方案，士、農、工、商四民集中居住，只在本行業中交流學習，不發生橫向聯繫，以家庭和社會小環境作為各行各業接班人的養成所，使士之子恆為士，農之子恆為農，工之子恆為工，商之子恆為商，世任其事，各安其業，不致見異思遷。社會秩序相對安定，管理起來也就更加方便了。

管仲深知，任何政策的實施都離不開各級官吏，所以各級官吏素質的好壞，直接決定著國家的命運。為了建設好官吏隊伍，管仲建議齊桓公廢除選官中的門戶觀念，提出選賢任能的用人策略。這個策略規定，各鄉長如果在當地發現有居處好學、慈孝於父母、聰慧質仁、發聞於鄉里者，有拳勇股肱之力秀出於眾者，要立即向上級報告，由長官書伐考評，經齊桓公策問後，授官任事。如果發現地方官壓制人才，不向上推薦，則以蔽明、蔽賢罪論處。選賢任能策略的意義是積極的，它不僅打破了世官世祿制和諸謁成風、用人唯親的陋習，而且為下層人士參與政治、躋身仕途提供了渠道。所謂「匹夫有善，可得而舉也」。這個策略實施後，黎民百姓都爭著做好事，齊國的社會風氣大大好轉。

五、寓兵於民

管仲為齊桓公籌劃的總謀略是稱霸，其餘的都是分謀略。軍事謀略是實現稱霸總謀略的武力保障，沒有強大武力做後盾的霸主是不存在的。管仲軍事謀略的突出之處在於「作內政而寄軍令」，實質上就是要寓兵於民，把居民組織和軍事編制結合起來，達到全民皆兵的目的。

這一計畫規定，國都中十五個士鄉的居民，按照軌、里、連、鄉四級編制起來，五家為一軌，設一軌長；十軌為一里，設一里司；四里為一連，設一連長；十連為一鄉，設一良人。四級居民之長掌管軍令，每家出一兵，則一軌五兵，組成一伍，由軌長率領；一里五十人，組成一小戎，由里司率領；一連二百人，組成一卒，由連長率領；一鄉兩千人，組成一旅，由鄉良人率領；五鄉一萬人，組成一軍，立一個元帥。

管仲就這個計畫對齊桓公解釋說，按照這個計畫，全國共設三軍，您和國子、高子各充任一軍元帥。每年春秋兩季農閒時節進行軍事訓練，訓練結束後，國都內的人不允許自由遷徙，同伍之人無論戰爭時期還是和平時期都生活在一起，有福同享，有難同當。由於他們彼此十分熟悉，若是夜間作戰，只要憑聲音即可辨別敵我，如果白天作戰，則相互認識，不至於自相殘殺。同伍之人相互間有了感情，作戰時爭先恐後，守則同固，戰則同強。

管仲進一步解釋說，按照這個計畫，陣亡的士兵可由其家人遞補，您可擁有三萬常備軍。有了這三萬常備軍，您便可以無敵於天下，天下大國之君誰能和您抗衡呢？

齊桓公對這個計畫很滿意，但他不無憂慮地問管仲，現在國家很窮，從哪裡能弄到武器裝備軍隊呢？管仲說，我已經考慮過了，可以通過讓罪犯用軍器贖罪的辦法來解決：凡犯了重罪的人，可以用一副犀牛皮製的甲和一柄車戟贖罪；凡犯了輕罪的人，可以用一副皮製的盾和一柄車戟贖罪；凡犯了小罪的人，可以用不同量的銅鐵贖罪；凡打官司的人，可交十二支箭作為訴訟費。這樣不僅可以解決軍器的來源，而且可以降低犯罪率，因為贖罪的軍器是昂貴的，許多人為了贖罪，往往要傾其所有。齊桓公聽後，暗暗稱嘆。

六、富民富國

經濟基礎決定上層建築。為了保證政治謀略、軍事謀略的順利實施，管仲還向齊桓公提出了經濟謀略。管仲經濟謀略的指導思想是富民。

凡治國之道，必先富民。民富則易治也，民貧則難治也。奚以知其然也？民富則安鄉重家，安鄉重家則敬上畏罪，敬上畏罪則易治也。民貧則危鄉輕家，危鄉輕家則敢凌上犯禁，凌上犯禁則難治也。故治國常富，而亂國常貧。是以善為國者，必先富民，然後治之。

在富民思想指導下，管仲提出了「相地而衰征」、「官山海」的經濟謀略。所謂「相地而衰征」，就是依據土地的肥瘠好壞劃分等級，然後按等級徵收賦稅，既承認了土地私有權，又使勞動者明了自己土地的應徵數額，生產積極性大大提高。在這項政策中，管仲擴大了「土地」的外延，將山林川澤及旱地澇窪地都按一定比例折合成產糧地，統一徵稅。管仲提醒齊桓公不要違背農時，不要在牛羊繁殖季節宰殺牛羊，以免妨害畜牧業生產。

所謂「官山海」，就是實行鹽鐵專賣。管仲認為，鹽和鐵是人們日常生活中不可或缺的商品。生產鹽鐵又需要特定的自然條件、一定的生產技術和相當的生產設備，如果單靠國家投資，齊國一時沒有能力，所以管仲建議齊桓公放開生產，壟斷流通，即允許個人煮鹽冶鐵，但產品只能賣給國家，然後由國家統一定價、統一運輸、統一銷售至境內外，國家牢牢控制這兩大財源，從中獲取巨額利潤。

在經濟謀略中，管仲還提出「設輕重九府」和「通齊國之魚鹽於東萊，使關市幾而不征」的謀略。「輕重」指商品價格的貴和賤，「九府」指九種掌財政貨幣的官，即大府、玉府、內府、外府、泉府、天府、職內、職金、職幣。此項策略旨在由國家牢牢控制鑄幣權，國家壟斷貨幣鑄造的數量、質量、流通量，以貨幣鬥爭作為國家增加財政收入、打擊囤積、平抑物價、調節供求的手段。「通齊國之魚鹽於東萊，使關市幾而不征」即打通齊國和萊夷的流通渠道，取消齊國關稅，用低價從萊夷購進魚、鹽，然後加價賣到其他諸侯國，從中賺取貿易差價。

管仲還為齊桓公成功地導演了一次「商戰」。齊桓公欲降服魯、梁二國，問管仲何計可行。管仲說您不必興師動眾，只需穿上綈做的衣服就可以了。魯、梁二國之民俗織綈，您帶頭穿綈衣，令全國上下都穿綈衣，並下令不准齊國織綈，必須從魯、梁二國進口，這樣，魯、梁二國就會放棄農業而都去織綈了。

齊桓公依計而行，在泰山之陽穿綈衣，並令齊國人都穿綈衣，一時齊國綈貴。

管仲又對魯、梁二國的商人說，你們為我買綈千匹，我支付三百斤金，買綈萬匹，我支付三千斤金。如此一來，魯、梁二國即使不徵稅，國家財用也夠了，魯、梁國君見有利可圖，便下令百姓都來織綈，以致農田荒蕪。過了十三個月，管仲派人去魯、梁探聽，但見魯、樑上下都在織綈，無人耕田，便對齊桓公說，魯、梁必將降服齊國。齊桓公儘管很納悶，仍然按照管仲的安排，去掉綈衣，改穿帛衣，下令全國一律不許再穿綈衣，關閉齊與魯、梁二國的關卡，不與魯、梁通使。

又過了十個月，管仲再派人去魯、梁探視時，魯、梁之民餓餒相及，魯、梁之君大呼上當，令其百姓去綈修農，但三個月長不出穀子來，只好從齊國進口，其時齊國穀價與魯、梁二國穀價之比為一比一百，齊國著實賺了一筆。兩年後，魯、梁之民歸齊者十之有六，三年後，魯、梁之君請服於齊。

管仲不費一兵一卒降服魯、梁二國，「商戰」之功也。

七、以德親四鄰

齊桓公用人不疑，他完全接受了管仲的政治、軍事、經濟謀略，並在管仲、鮑叔牙等人的協助下，積極組織實施，很快醫治了齊襄公留下的創傷，緩和了國內的各種矛盾，政治清明，人心思治，人民各得其所，安居樂業，齊國呈現出一派欣欣向榮的景象。齊桓公十分高興，專門設宴招待管仲，並對管仲說，現在你提出的謀略我都採納了，國家安定了，人民也富足了，我是否可以稱霸諸侯了呢？齊桓公滿以為管仲會同意他的設想，不料管仲卻說現在仍不是稱霸諸侯的時候，儘管齊國的國力足以稱霸諸侯，但是四鄰國家還沒有和齊國建立起友好的國家關係，要想稱霸諸侯，一定要先和鄰國搞好關係，讓鄰國親信齊國。於是，管仲又向齊桓公獻出了一套旨在讓鄰國親信齊國的外交謀略：

重新審查齊國的國界，把以前齊國侵占的魯國的棠、潛二邑，衛國的台、原、姑、漆里四邑，燕國的柴夫、吠狗二邑歸還回去，明確標明齊國與鄰國的國界，不要為此接受鄰國的任何資財。這樣一來，齊國的國界西至於濟，南至於陰，北至於河，東至於紀隨；

派出臨時使者，多帶皮幣，頻繁出使鄰國，視察鄰國之政，以安定四鄰；

派使者常駐友好諸侯國以隨時處理外交事務：曹孫宿駐楚，商容駐宋，季友駐魯，衛開方駐衛，匽尚駐燕，審友駐晉；

選派八十名遊士，給他們配備車馬、裘衣，多給他們一些資幣，讓他們周遊列國，號召天下的賢士到齊國建功立業；

讓普通百姓帶皮幣玩好賣於四方，以察其上下之所好，如果玩好物貴，那麼這個國家奢侈，如果玩好物賤，那麼這個國家儉樸，可從中選擇淫亂者而先征之；

輕其幣而重其禮。如果有諸侯國派使者來訪，用弱馬或犬羊做禮物，齊國一定用良馬相酬報，如果諸侯國的使者用布帛或鹿皮做禮物，齊國一定用紋錦或虎豹皮相酬報，個別小國窮國的使者如空手而來，就讓他們滿載而歸。

上述外交謀略，不僅有利於齊國瞭解諸侯國的國情，而且更有利於讓各諸侯國瞭解齊國，相信齊國，一定程度上也害怕齊國。外交戰線是沒有硝煙的戰場，管仲的外交謀略使齊桓公在稱霸過程中首先爭取了主動。

八、齊桓首霸

在政治、軍事、經濟、外交等分謀略逐步得以實施後，管仲開始協助齊桓公向稱霸的總謀略接近。

管仲所處的時代是天子式微、禮崩樂壞的時代，各諸侯國之間相互兼併、攻伐，相互欺詐，牢固的長期的夥伴關係是不存在的，有的只是暫時的聯合和妥協。管仲清醒地看到了這一點。他告訴齊桓公，要想圖威定霸，單靠外交上一味吃虧讓步的辦法求得改善同鄰國的關係是不可行的，吃虧是為了占更大的便宜，所以必須示之以武。管仲把首選目標對準了譚國和遂國。

譚國位於齊國西部。想當初公子小白出奔莒國時，曾經路過譚國，譚君對他很不禮貌，公子小白即位為齊桓公時，譚君又沒來祝賀。根據這兩個理由，西元前六八四年，齊國出兵滅掉了譚國，譚君逃到了莒國。

遂國位於齊、魯兩國之間（今山東肥城南）。西元前六八二年宋國發生爭奪君位的內亂。第二年，齊桓公約宋、陳、蔡、邾、遂盟於北杏，謀劃平定宋國之亂，遂國藉口是魯國的屬國沒有參加北杏之盟，齊國乘機借諸侯之兵滅掉遂國，大兵直壓魯國邊境。

齊國滅掉譚、遂，一方面擴大了齊國的領土，另一方面向各諸侯國炫耀了武力，對那些不順服齊國的國家起到了殺雞儆猴的作用。魯國就從中感到了極大的威脅。魯國儘管在長勺之戰中僥倖取勝，但齊國返還了其棠、潛二邑，陳、蔡、邾等已歸附齊國，於是魯國見風使舵，主動和齊修好。西元前六八一年，兩國盟於柯（今山東陽谷東北）。兩國會盟時，發生了魯將曹沫劫盟事件。

本來會盟的儀式十分隆重，氣氛十分嚴肅。齊桓公剛剛宣布會盟開始，但見魯將曹沫出其不意地衝上了盟壇，用匕首逼住了齊桓公。齊桓公毫無心理準備，一時驚得不知所措。管仲疾步上前擋在齊桓公胸前，責問曹沫意欲何為。曹沫說，齊強魯弱，請齊國返還魯國的汶陽之田。管仲見勢不妙，立即暗示齊桓公答應曹沫之請。會盟結束後，齊桓公悶悶不樂，恨不能將曹沫剁成肉醬，並想收回成命，不歸還魯國的汶陽之田。管仲卻樂呵呵地對齊桓公說，曹沫為您取信諸侯創造了條件，您萬萬不可不守諾言。見齊桓公一臉疑惑，管仲接著說，曹沫的暴行，諸侯皆知，您如果不計怨仇，信守諾言，歸還魯國汶陽之田，只是失了小利，各諸侯國卻目睹了您的大義之舉，能不歸順齊國嗎？齊桓公轉怒為喜，馬上命人將汶陽之田還給了魯國。

魯國和齊國講和的消息使宋國感到不安。西元前六八一年，宋國背叛了北杏之會。齊桓公為了維護會盟的權威性，於西元前六八〇年率領齊、陳、曹三國軍隊伐宋，為了壯大聲威，還向周王室要兵，假王命以示大順，周僖王派單伯率師助之。在強大的攻勢面前，宋國屈服了。

齊桓公頻頻對外用兵之際，鄭國國內政局動盪不安。到西元前六八〇年，鄭厲公在傅瑕的協助下，歸國復位，政局趨於穩定。這時的鄭國迫切要求同大國尤其是齊國建立良好的關係，主動和齊國和好。

經過上述種種努力，中原及黃河下游的主要國家都已和齊國建立起比較親善的關係，在管仲的策劃下，齊桓公加快了稱霸的步伐。西元前六八〇年冬天，單伯、齊桓公、衛惠公、鄭厲公、宋桓公會於鄄（今山東鄄城西北）。鄄之會，齊桓公主持，而天子的代表單伯參加，說明周僖王事實上已經承認了齊桓公在東方的霸主地位。西元前六七九年，齊、宋、陳、衛、鄭五國復會於鄄，標誌著齊桓公霸主地位的確立。同年夏天，魯莊公夫人文姜赴齊通好。

這樣，在短短的七年中，管仲和齊桓公對內深化改革，對外恩威兼施，終於將鄭、宋、陳、衛、魯、蔡、郲等比較強大的國家籠絡到齊國為主的同盟之下，齊桓公成為春秋時期第一個霸主，揭開了春秋歷史的新篇章。從此以後，春秋史進入了霸權爭奪時期。

管仲的總謀略得以落實。

九、尊王攘夷

有道是創業難守成更難。霸主地位確立以後，齊桓公沒有沾沾自喜、高枕無憂。面對國際形勢，他陷入了深深的思索之中，他在考慮如何鞏固其霸主地位，如何讓齊國在國際事務中發揮更大的作用。同時他也考慮到他這個霸主儘管盟國承認了，但是周天子並沒有正式承認，也就是說他的霸主稱號名不正言不順，這差不多成了齊桓公的心病了。

經過幾年的合作，管仲和齊桓公已經相知甚深，管仲非常理解齊桓公這一時期的心情。他見齊桓公鬱鬱寡歡的樣子，故意問齊桓公：「現在霸業已定，您為何卻悶悶不樂？」齊桓公說：「我這個霸主，地位並不牢固，魯、宋、陳、衛、鄭等國並沒有真正順服，時刻都想背叛我，周天子那裡並沒有正式承認我，戎狄異族不斷入侵中原，更為我心頭之患，我怎麼能高興起來呢？」管仲聽後，略加思索，說道：「這幾個問題都不難解決。」齊桓公急切地說：「你有什麼辦法就快講出來吧，我這裡都快急壞了。」管仲說：「以武力為後盾，尊王、攘夷，您所擔心的問題都將迎刃而解。」齊桓公是何等聰明之人，管仲寥寥數語，他便茅塞頓開。隨後，齊桓公按照這個思路，在管仲的輔佐下，立於霸主地位而不敗。

尊王即尊崇周王。其時王室雖已衰微，但王權仍然是秩序安定的象徵。在諸侯林立的大環境中，尚沒有一個諸侯國強大到能夠取周王室而代之，所以尊王是稱霸最有力的口號。西元前六七七年，周僖王卒，惠王繼位。邊伯等失意貴族立惠王異母弟子頹為君，迫使惠王出奔鄭國。鄭厲公欲借惠王以自重，出面調解王室糾紛失敗，便和虢公丑同伐王子頹，保護周惠王平亂復位，周室得以安定。但鄭國因貪賞賜，加之鄭厲公去世，失去了這次與齊國抗衡的機會。

西元前六七七年，齊、魯、宋、陳、鄭盟於幽，各國共推齊國為諸侯長。同年冬，周惠王派王室卿士召伯廖赴齊國，賜命齊桓公為侯伯，正式承認齊國的霸主地位，齊國還得到了征伐不服王命者的特權，並受命討伐衛國擁立王子頹的罪行。西元前六六六年三月，齊桓公以周王的名義大張旗鼓地討伐衛國助逆之罪，打敗了衛國的軍隊，迫使衛國納賄求和。

周惠王末年，寵愛少子帶，有廢太子鄭而另立少子帶的意向。西元前六五五年，齊桓公會集宋、魯、陳、衛、鄭、許、曹等國國君於首止，與周太子鄭訂立盟約，確立了太子的正統地位。西元前六五二年，周惠王卒，太子鄭繼立為周襄王。襄王害怕弟弟叔帶爭位，秘不發喪，而告難於齊國，求齊桓公幫助確立王位。西元前六五二年，齊桓公率魯、許、衛、曹、陳世子和周襄王派出的大夫盟於洮，鄭文公請與盟，齊桓公麾下的諸侯國共同奉太子鄭即位，確立了周襄王的王位。周襄王對此十分感激，西元前六五一年，趁齊桓公召集魯、宋、曹等國會於葵丘之機，派宰孔賜齊桓公胙，並說齊桓公可以不下拜。齊桓公聞言，一時不知所從，忙召管仲商量應付辦法。管仲說，做君的不盡君禮，做臣的不行臣禮，是造成禍亂的根源，怎麼能不下拜呢？齊桓公連忙依禮下拜謝王恩、受王賜。

西元前六四九年，周襄王之弟叔帶凱覦王位，招集王城附近的楊泉、泉皋及伊洛諸戎攻打王城。秦、晉兩國興師幫助襄王伐戎戍周。第二年，齊桓公派管仲、隰朋分別去周晉調停周晉與戎人的戰事，力促雙方媾和。周襄王早就知道齊桓公身邊有個博學多才、忠心耿耿的謀士叫管仲，此次得以相見，欲以上卿之禮款待管仲。管仲連忙推辭說，我只是個低級的官員，現在齊國有天子所任命的國氏、高氏兩位上卿在那裡，我不宜接受上卿之禮。最終，管仲接受了下卿的禮節後回國。

攘夷即抵抗戎、狄等少數民族的入侵。齊國離戎、狄較遠，戎狄的勢力一般滲透不到齊國，那麼齊國何以攘夷？因為齊國是霸主，其鄰國與盟國受到戎狄侵擾時，齊國理應援助他們。齊桓公在管仲輔助下主要做了三件事：

救燕。燕國在齊國的北部，經常受山戎侵擾。西元前六六四年，山戎又大舉侵燕，燕向齊求救。管仲提議齊桓公救燕，為增強勢力，讓魯國也出兵相助。魯國口頭答應，但沒有出兵。為救燕國，齊軍孤軍奮戰，力伐山戎，一直打到令支（今河北遷安西）、孤竹（今河北盧龍、灤縣一帶）。在行軍千里、深入戎狄腹地的艱苦情況下，齊國君臣上下同心，終於戰勝山戎，為燕國解除了禍患。燕莊公感謝齊桓公的存亡之德，千里相送，不知不覺進入齊境。齊桓公以諸侯相送不出境為理由，分溝割燕君所至之地與燕，命燕莊公修召公之政，納貢於周。燕國從此對齊無二心。

伐山戎班師後，齊桓公念及魯國言而無信，便欲移師伐魯。管仲不同意齊桓公這麼做，認為魯國為齊國的鄰國，鄰國不親，非霸王之道，不如把伐山戎所得戰利品的一部分送到魯國，讓魯國陳之於周公之廟，不僅可以安定魯國，而且可以爭取其他諸侯國的讚賞。齊桓公救燕，由於管仲善於因勢利導，使齊桓公收到了一舉三得的效果。

救邢。邢國在齊國的西部，為齊國的近鄰。西元前六六一年，狄人起兵攻打邢國，齊國得知消息後，君臣集於一堂商量對策。管仲說，戎狄的性情像豺狼一樣，慾壑難填。諸夏之國是親戚，不能坐視不救，請發兵救邢。齊桓公接受了管仲的建議，發兵救邢，狄人敗退。西元前六五九年，狄人再次攻邢，邢國軍民潰散，齊桓公再次率宋國、曹國軍隊救邢。混戰中，邢國百姓潮水般奔向聯軍駐地，聯軍經苦戰，擊退了狄人。齊桓公又派人置備了各種器具，護衛邢人遷往夷儀（邢地，今山東聊城西）。宋、曹及齊國軍隊紀律嚴明，秋毫無犯，還幫助邢人築起夷儀新城，齊桓公另派車百乘、士兵千人幫助邢人戍守，可謂無微不至。

存衛。西元前六六〇年，狄人起兵侵衛。由於衛懿公荒淫無度，不理國政，國內人心渙散。國難當頭之時，國內百官百姓各奔東西，狄人輕而易舉地攻占了衛國首都，滅掉了衛國，衛懿公也在混戰中被殺。狄人把衛國的遺民一直追到黃河邊。宋國救出了衛的遺民，共七百三十人，加上共（今河南輝縣市）、滕（今山東滕州市西南）兩邑的居民才湊足五千人，宋國在曹地（今河南滑縣東）立衛惠公庶兄昭伯的兒子申為衛君，是為衛戴公。管仲觀此之變，立即建議齊桓公派公子無虧帶領三百乘車馬、三千名甲士去替衛國戍守曹邑，又送給衛國乘馬、祭服、牲口、木材等，同時還給衛君夫人帶去乘車和錦帛，幫助衛國重建家園。恢復後的衛國百姓們心情舒暢，甚至忘記了亡國的悲痛。宋國救衛功不可沒，但齊國由於管仲的策劃，存衛之舉的影響遠遠大於宋國救衛。

救燕、救邢、存衛，是管仲攘夷政策的具體體現，它不僅有效地遏止了戎狄入侵中原的勢頭，為燕、邢、衛三國立下了起死回生的功勞，而且也使中原的先進文化免遭戎狄蹂躪，得以保存。齊桓公和齊國在諸侯國中贏得了聲譽，鞏固了其霸主、霸國的地位，增強了齊國遏制楚國北上的力量。

十、遏制楚國

楚國的崛起較晚。武王、文王時期，國勢漸強，先後伐隨、伐申，滅掉了鄧、息，將其勢力擴大到漢水中游一帶，並試圖向中原滲透。齊桓公稱霸以後，秦國、晉國都還沒有足夠的能力和齊國抗衡，齊國的同盟國更無法和齊國抗衡，能和齊國抗衡的只有南方的楚國，也就是說，楚國是齊桓公霸業的主要威脅。事實上，楚國也接連不斷地攻打鄭國，力圖在中原謀一席之地。

西元前六七九年，鄭國背叛鄄之會的盟約，興師攻打宋國。楚國聞訊，趁機北上攻打鄭國，楚軍打到鄭國一個叫櫟的地方。其時齊國剛剛稱霸，對鄭國的叛逆行為十分惱火，齊國也興兵伐鄭。在遭受南北夾擊的危急形勢下，鄭國向齊國求和，楚國不逞而還。

西元前六六六年，楚國令尹子元以戰車百乘攻打鄭國都城。楚軍見城門不閉，而鄭國士兵操著楚國話進出，誤認為鄭國有深通韜略的人在主持軍事，怕中埋伏，放棄了攻城的計畫，正好齊、魯、宋軍趕到，楚軍連夜遁逃，齊國第一次成功地阻止了楚國的北上。

但是，楚國北上的念頭卻越來越強，成為中原各中、小國家之大敵，鄭國首當其衝，幾乎連年遭到楚國的攻伐，在齊國後援不及的情況下，鄭國乍叛乍服，令齊桓公傷透了腦筋。管仲和齊桓公都意識到，必須和楚國大打一場才能有效地制止楚國的北上，穩定齊桓公的霸主地位。在管仲巧妙的策劃下，這一天終於來到了。

西元前六五七年的一天，蔡姬在船上惹惱了齊桓公，齊桓公一怒之下把她打發回娘家蔡國（在河南上蔡），蔡侯感到非常屈辱，又把蔡姬改嫁他人。齊桓公原本十分寵愛蔡姬，打發她回娘家只是逞一時之氣，並無休蔡姬之意。蔡姬另嫁令齊桓公大動肝火，發誓要消滅蔡國。管仲勸齊桓公不要為一婦人的緣故啟動兵戈，但齊桓公一意孤行，管仲只好因勢利導，向他獻了一計：

您如果一定要伐蔡，可以用伐楚的名義要求諸侯國派兵參戰，因為楚國是中原的大患，已經三年沒有向周天子貢獻用以縮酒的苞茅了。蔡國靠近楚國，又是小國，可趁勢消滅它。這樣，既攻打了楚國，又達到了滅蔡的目的；既可得捍衛天子利益的美名，又可得報您的私仇之實。

齊桓公聞聽此計，十分高興，待一切準備停當之後，於西元前六五六年春，聯合魯、宋、陳、衛、鄭、許、曹等八國聯軍南下，先襲擊蔡國，蔡國潰敗，接著繼續南下伐楚。這場伐楚之戰持續了半年多。楚在齊統率的大軍壓境之下，屢戰不勝，只好派屈完為使求和：

楚子使與師言曰：「君處北海，寡人處南海，唯是風馬牛不相及也，不虞君之涉吾地也，何故？」管仲對曰：「昔召康公命我先君大公曰：『五侯九伯，女實征之，以夾輔周室！』賜我先君履，東至於海，西至於河，南至於穆陵，北至於無棣。爾貢苞茅不入，王祭不共，無以縮酒，寡人是征。昭王南征而不復，寡人是問。」對曰：「貢之不入，寡君之罪也，敢不共給？昭王之不復，君其問諸水濱！」師進，次於陘。

夏，楚子使屈完如師。師退，次於召陵。齊侯陳諸侯之師，與屈完乘而觀之。齊侯曰：「豈不穀是為？先君之好是繼，與不穀同好如何？」對曰：「君惠徼福於敝邑之社稷，辱收寡君，寡君之願也。」齊侯曰：「以此眾戰，誰能御之？以此攻城，何城不克？」對曰：「君若以德綏諸侯，誰敢不服？君若以力，楚國方城以為城，漢水以為池，雖眾，無所用之。」

屈完以出色的外交辭令平息了戰事，又代表楚國在召陵和諸侯國訂立了盟約。

這次行動，對於齊桓公而言，炫耀了齊國集團的武力，迫使楚國承認了不貢苞茅之罪，不戰而達到了鞏固霸主地位、有效地遏制楚國北上的目的。楚國也掂量出齊國霸主地位的牢固與強大，不敢輕易出兵中原了。這次行動也是齊桓公稱霸時期規模最大的一次軍事行動。

十一、憂天下諸侯

齊桓公霸業確立後，管仲提醒他時刻不要忘記自己霸主的身份，要以諸侯之憂為己憂，既不能坐視同盟國之間的摩擦，也不能對同盟國有非分之想。這也是管仲以德親四鄰策略的延伸。

由於歷史的原因，齊國的同盟國魯、宋、鄭、衛、陳、曹、邾等國之間存在一些宿怨，這些宿怨並不因為同屬齊國的盟國而消失。西元前六七九年，宋因倪叛宋，聯合邾、齊軍隊侵倪，而鄭國卻趁機侵宋。西元前六七八年，齊國率宋國、衛國軍隊聯合攻打鄭國，鄭國屈服了，在宋國的幽地會盟，齊、魯、宋、陳、衛、鄭、許、滑、滕九國參加。魯國也曾想聯絡莒國獨立於同盟之外，魯莊公夫人曾兩次去莒國通好，西元前六七五年，宋、齊、陳聯軍打破了魯國的美夢。就這樣，齊桓公為首的這個大同盟在磕磕碰碰中勉強維持了表面上的聯合。

西元前六六二年，魯莊公死，魯國發生了爭奪君位的內戰。莊公之弟慶父殺魯君公子般，立公子啟方。西元前六六〇年，慶父欲自立為君，派人殺了閔公，魯國大亂，時人所謂「慶父不死，魯難未已」。不久，魯國國內要誅殺慶父，慶父逃到莒國，因慶父連殺兩君，罪惡昭著，魯國要求莒國將他引渡回國，迫使他畏罪自殺。參與叛逆弒君的魯莊公夫人哀姜逃到邾國。

齊國一直密切關注著魯國慶父之難的進展。齊桓公先是派人到邾國把哀姜殺了，切斷了魯國的禍源，並把哀姜的屍體交給了魯國。接著，齊桓公派上卿高子與魯國訂盟，高子率領南陽甲兵，幫助魯僖公確立了君位，並幫助修復魯國都城從鹿門到爭門的城防。高子率軍安魯訂盟，在歷史上被傳為美談，齊桓公由此聲名鵲起，其霸主地位愈益牢固了。

在大約四十年的時間裡，管仲輔佐齊桓公先後主持了三次武裝會盟，六次和平會盟，並輔助王室一次，即所謂「九合諸侯，一匡天下」。其霸業之盛，前無古人，後無來者。

桓公知諸侯之歸己也，故使輕其幣而重其禮。故天下諸侯疲馬以為幣，縷綦以為奉，鹿皮四個；諸侯之使垂櫜而入，稇載而歸。故拘之以利，結之以信，示之以武，故天下小國諸侯既許桓公，莫之敢背，就其利而信其仁、畏其武。桓公知天下諸侯多與己也，故又大施忠焉。可為動者為之動，可為謀者為之謀，軍譚、遂而不有也，諸侯稱寬焉。通齊國之魚鹽於東萊，使關市幾而不征，以為諸侯利，諸侯稱廣焉。築葵茲、晏、負夏、領釜丘，以御戎、狄之地，所以禁暴於諸侯也；築五鹿、中牟、蓋與、牡丘，以衛諸夏之地，所以示權於中國也。教大成，定三革，隱五刃，朝服以濟河而無怵惕焉，文事勝矣。是故大國慚愧，小國附協。唯能用管夷吾、寧戚、隰朋、賓須無、鮑叔牙之屬而伯功立。

《國語．齊語》結尾的這段話，概括了齊桓公霸業的盛況，肯定了管仲等人的作用。

西元前六五一年，齊桓公和宋、魯、衛、鄭、許、曹之君及王使會盟於葵丘（今河南考城附近）。根據管仲的建議，訂立了盟約，規定：不准堵塞泉水，不准囤積穀物，不准廢嫡立庶，不准立妾為妻，不准婦人參政。同時宣布：凡參加同盟的國家，既盟之後，言歸於好。這就是歷史上有名的葵丘之會，也是齊桓公霸業中的盛舉。

在葵丘之會上，齊桓公已面露驕色，各諸侯國也開始貌合神離。葵丘之會以後，齊桓公更是洋洋自得，自以為功高三王，甚至想封泰山，禪梁父，以祭祀天地，炫耀功德。管仲看在眼裡，急在心裡，雖力諫齊桓公打消了封禪的念頭，但他明白：西方的秦國、晉國已經強大起來了，南方楚國的羽毛更加豐滿了，齊國獨霸天下的局面即將被打破，而齊桓公已非昔日的齊桓公了。今日的齊桓公沉醉於勝利的喜悅之中不能自已，已經沒有了憂患意識，沒有了戰鬥意志，齊桓公老了，自己也老了，一切順其自然吧。

十二、鞠躬盡瘁，死而後已

管仲的大半生都是在為齊國出謀劃策，先是輔佐公子糾，後是輔佐齊桓公。他為了齊國的富強、社稷的安定和霸業的建立、鞏固可謂殫精竭慮。功夫不負有心人，管仲的努力，不僅使齊桓公成為春秋時期第一個霸主，而且為齊國的經濟、政治、軍事、文化的發展奠定了雄厚的基礎，使黃河下游地區先進的文化免於落後民族的摧殘。從不輕易稱讚他人的孔子評論管仲時說：

桓公九合諸侯，不以兵車，管仲之力也。如其仁，如其仁。

管仲相桓公，霸諸侯，一匡天下，民到於今受其賜。微管仲，吾其被髮左衽矣。

長期緊張的謀士生涯，加上年紀大了，西元前六四五年，管仲終於病倒了。齊桓公聞訊，立即去管仲家中探望。看著管仲奄奄一息的樣子，想起四十年來君臣二人的誠心合作，齊桓公百感交集，禁不住緊緊握著管仲瘦骨嶙峋的大手，老淚縱橫，久久無語。

管仲自知不久於人世，對齊桓公說：「我快不行了，您還有什麼話對我說嗎？」齊桓公猶豫再三，終於開口：「假如有一天你不在了，誰可以接替你為相呢？」管仲反問：「您認為誰可以勝任呢？」齊桓公說：「鮑叔牙可以嗎？」

管仲對曰：「不可。夷吾善鮑叔牙，鮑叔牙之為人也，清廉潔直，視不己若者不比於人，一聞人之過，終身不忘。勿已，則隰朋其可乎？隰朋之為人也，上志而下求，醜不若黃帝，而哀不己若者。其於國也，有不聞也；其於物也，有不知也；其於人也，有不見也。勿已乎？則隰朋可也。夫相，大官也。處大官者，不欲小察，不欲小智。故曰：大匠不斫，大庖不豆，大勇不鬥，大兵不寇。」

管仲比較了鮑叔牙和隰朋的優缺點後，提議齊桓公在他死了以後任用隰朋為相。

管仲還忠告齊桓公，楚國崛起，將成為齊國的勁敵，而江、黃兩個小國的歸屬問題，將成為齊、楚矛盾的焦點。管仲建議齊桓公主動把江、黃二國託付給楚國，這樣楚國沒有理由獨家私有江、黃。對齊國來說，又可以從名義上擁有江、黃。否則，楚國攻打江、黃，齊國無力援救，江、黃二國勢必怨恨齊國，歸附楚國，那樣齊國的境況就很尷尬了。

管仲合上眼睛休息了一會兒，又說：「您一定要疏遠易牙、開方、豎刁三個奸佞的小人，千萬不能重用他們，否則將給您和齊國造成無可挽回的損失。」齊桓公說：「易牙能烹自己兒子的肉給我吃；豎刁寧願傷殘自己侍候我；開方跟隨我十五年，他父親去世也沒有回去送葬。難道你懷疑他們對我的忠心嗎？」管仲說：「易牙不愛自己的兒子，豎刁不愛自己的身體，開方不為父親盡孝道，他們怎麼會真心忠於國君呢？」齊桓公喏喏而去。

幾天以後，管仲與世長辭。齊桓公聞訊，失聲痛哭。齊國為管仲舉行了隆重的葬禮，齊國都城萬人空巷，都去為管仲送行。一代賢相，得以善終。

管仲的生命結束了，但他留下的遺囑卻沒有為齊桓公所重視。管仲死後，齊桓公任用隰朋為相，事不湊巧，隰朋為相不久也死去了，齊桓公只好任用鮑叔牙為相。身邊缺少易牙、豎刁、開方侍候，齊桓公食不甘味，寢不安席，以致朝政不整，於是齊桓公懷疑管仲對易牙、豎刁、開方的評價，決定重新起用他們。

易牙等三人復官後，忌恨管仲、桓公，乘桓公年事已高精力不濟之機，越發肆無忌憚，上下其手，預聞廢立大事，專擅公室大權。西元前六四三年，齊桓公病重臥榻，御醫常之巫與易牙等相互勾結，假托公命，堵塞宮門，築高牆，不許人出入，致使齊桓公在宮中病餓而死。群公子忙於爭奪君位，致使桓公的屍體在床上六十七天無人收殮，蛆蟲爬滿門戶內外。一代霸主，竟不得善終！可憐管仲的臨終之言！齊桓公臨終前，也後悔不已，痛哭流涕地說：「如果死者有知，我有何面目去見仲父呢？」

管仲的生命結束了，但他輔佐齊桓公開創的基業沒有結束。後來齊國的「明君」均遵其方略，終春秋戰國，不失為強國，不為諸侯國所輕視，即使到了戰國末期，也是最後一個為秦國所滅亡的國家。

管仲的生命結束了，但他的政治、軍事、經濟、外交等方面的謀略卻已深深植根於齊國沃土之中，並隨著文化的交流，輻射至全國、全世界。以管仲之名命名的《管子》一書，歷來為執政者和學術界所推重，其中的大多數觀點，正在日益為人們所接受，繼續發揮著應有的作用。

本文主要資料來源：《史記》卷六二，《管晏列傳》；《國語·齊語》；王閣森、唐致卿主編：《齊國史》。

身矮謀高安齊國　除暴使楚傳佳話

晏嬰傳

扈豔華

俗話說，亂世出英才。春秋時代，各國紛爭，歷史舞台上出現了一個傑出的謀略家晏嬰。晏嬰（西元前？年～西元前五〇〇年），字平仲，夷維（今山東高密市）人，生年不詳。相傳他身材矮小，貌不出眾。父親晏弱，字桓子，在齊頃公、靈公時期為卿（執政的高級長官）。周靈王十六年（西元前五五六年），即齊靈公二十六年，晏弱死，晏嬰繼任為卿。從此，他開始了輔佐齊國靈公、莊公、景公三代的歷程，前後達五十餘年。他生活儉樸，為人剛正，是齊國極有聲望的人物。他做相國之後，吃飯時肉食很少，妻妾也不穿絲織衣服。在朝中，不論君主同他談什麼，他都直陳自己的意見；對於沒同君主討論過的事，他就本著公正的原則去處理。就是以這種剛正不阿的作風，他在輔佐三代國君時受到了列國的稱讚，成為當時著名的政治家、謀略家，也是我國歷史上著名的賢相之一。

一、輔佐靈公，革除弊政

晏嬰做卿時，已近靈公末年。齊靈公昏庸怪僻，常做些出格的事。有一陣子，他喜歡讓宮中的婦女都女扮男裝，但又禁止宮外的女子模仿，如發現違命者，就命人撕下她的衣服，扯斷她的衣帶。可是上行下效，受宮裡的影響，宮外女子仍競相著男裝。不論靈公怎樣三令五申，全無效用。一天，晏嬰來朝，靈公便向他說起了這事，問晏嬰該怎麼辦。晏嬰說：「您允許宮裡的女子著男裝，但又禁止宮外的女子模仿，這本來就表裡不一，好像掛羊頭賣狗肉一樣。如果您能禁止宮裡的女子著男裝，那麼宮外的婦女自然就沒有人再穿男裝了。」靈公覺得有理，於是照辦，果然不到一個月就改變了這種風氣。

靈公在位時，曾兩次出兵侵略魯國。魯國君主向當時的盟主晉國告狀。周靈王十七年（西元前五五五年）十月，晉國率諸侯軍隊來攻齊國。靈公起兵在平陰（今山東平陰縣東北）抵抗。齊軍出師不利，傷亡很多。晉國又派范宣子到處放風說，魯國和莒國還要各派一千輛戰車來攻打齊國。靈公聞訊，異常恐慌，想率軍逃跑。晏嬰認為此時撤兵必會全軍覆沒，晉軍會乘機長驅直入，於是苦勸靈公。在當時，晏嬰並不怎麼被信用，靈公根本不聽他的話。晏嬰長嘆一聲：「國君本來就缺乏勇氣，聽了敵軍的謠言，就更膽怯了。想來，國君大概活不了多久了！」平陰之戰後的第二年五月，齊靈公果然死去。

二、輔佐莊公，忠貞剛直

靈公死後，莊公即位。對於齊國在平陰之戰中慘敗，莊公一直耿耿於懷，總想尋機報復。晉國是當時的盟主，莊公認為只有敢對盟主挑戰，才能在各諸侯國中樹立自己的威望。於是，他把怎樣對外用兵，作為即位後首先考慮的大事。他崇尚武力，不顧道義，在國內設置「勇士」爵位，用以鼓勵人們的尚武精神。他重用殖綽、郭最等猛士，把他們稱為自己的「大公雞」。這樣一來，一些流氓無賴和所謂的勇士，就在國內橫行霸道，攪得雞犬不寧。

一日，晏嬰來見莊公，莊公洋洋得意地問晏嬰：「古時候有只憑勇力而立足於世的國君嗎？」晏嬰覺得這是個勸諫的好機會，便說：「我聽說，能捨命輕死以行禮義者才可稱得上是勇敢；能誅伐殘虐而不畏強暴者，才能稱得上有力量。因此，所謂憑勇力立於世，是指用勇力來實行禮義。商湯和周武王用武力推翻前朝君主並不算叛逆，兼併他國也無人說他們貪婪。這一切全都是因為他們按照仁義來行事。誅滅暴虐而不畏強暴，討伐罪惡而不怕其勢眾，這才叫勇力的行為。如果上無仁義之理，下無伐罪誅暴之行，而只憑勇力就想立足於世，做諸侯的就一定會使國家遭難，使百姓遭災。古時候這樣的教訓太多了。君王您現在只知奮勇力而不知行道義，勇力之人在國內橫行霸道，這違反了聖王之德，完全是亡國之君的行為啊！」莊公啞口無言，感到晏嬰說得有理，因而有所收斂。

晉國的下卿欒盈和執政的范宣子之間有矛盾。范宣子擔心欒盈勢力擴大，於是一心想除去這個心頭之患。周靈王二十年（西元前五五二年），范宣子終於利用職務之便，派欒盈到外地去築城，後來又尋機撤了他的職，逼走了欒盈，還大肆捕殺其黨徒。接著，他又利用晉國的盟主地位，召集各諸侯在商任（今河南安陽市）會盟，宣稱不准各國接納欒氏。欒盈起初逃到楚國，後來得知其手下多半逃到齊國，便於第二年秋天也由楚到齊。齊國大臣們擔心，收留欒盈會開罪於晉，惹起兵端。莊公卻要收留他。晏嬰勸道：「您參加了商任大會，會上您已經接受了晉國的命令，現在又要接納欒氏，您如此失信於人，又怎麼能立身立國呢？」晏嬰勸諫無效，出宮後對大夫陳文子說：「做君主的應保持信用，一諾千金，做臣下的應保持恭敬，忠實可靠。現在國君拋棄了信用，恐怕他的君位保不久了！」這年冬天，晉國再次召集諸侯在沙隨（宋地，今河南寧陵縣北）會盟，重申不准收留欒盈。齊莊公也參加了，但會後仍把欒盈留在齊國。晏嬰多次勸諫，認為不可為此一人惹起兵端，且失信於世人，有損國君聲譽。但莊公仍一意孤行，晏嬰哀嘆道：「大難要臨頭了！看來國君是想要與晉國打仗啊！」

果然，齊莊公之所以收留欒氏，就是想找機會送他回晉國去製造內亂，齊國好乘機攻打晉國。周靈王二十二年（西元前五五〇年）春，晉國嫁女給吳國，與吳國交好。齊莊公借向晉國贈送媵妾之機，偷偷地用篷車載了欒氏和其手下，將他們送到晉國的曲沃（今河南陝縣南），這裡是欒氏的私邑。欒氏一回到曲沃，便組織軍隊發動叛亂，莊公聞訊大喜，認為攻打晉國的機會到了。他想先攻打衛國，再由衛國去攻晉。出兵前，他徵求晏嬰的意見。晏嬰說：「萬萬不可。您所希望得到的都已得到了，您還想要什麼呢？一個人如果多欲而貪得無厭，必定會遭報應的；放縱欲望而任意妄行，一定會陷於困境。現在您毫無理由地去攻打諸侯盟主，如果成功了，齊國也將大難臨頭了！無德而尚武，必定會給您帶來災難！」莊公聽了，很不高興，仍堅持攻打晉國。這年秋天，莊公正式出兵。齊軍先攻取了衛都朝歌（今河南淇縣附近），接著從朝歌出發攻打晉國，取得小勝。

攻晉的勝利沖昏了莊公的頭腦，他又想征服各諸侯國。一日，他問晏嬰：「要想威當世而服天下，是靠時運呢，還是靠行動？」晏嬰說：「靠行動。」他又問：「那麼，靠什麼樣的行動呢？」晏嬰說：「愛惜自己國內人民生命的君主，才能禁止素逞強暴之國的邪逆之行，使國外不遁善道的人順服；善於聽取正確意見而又願意任用賢能之人的君王，才能在諸侯中樹立威望；行仁義而又有利於社會的君王，才能使天下的人歸附。您如果想威當世而服天下，這些您都應該做到。」然而，忠言逆耳，莊公一意孤行，完全不理會晏子的勸告。

當時，齊國的大貴族崔杼雖然一手把齊莊公扶上國君的位置，但後來他又想將莊公除掉，自己來操縱齊國朝政。有一年，齊國大夫棠公病故，崔杼坐車去弔唁，見棠公妻子棠姜長得標緻，於是便娶她為妻。哪知莊公荒淫無恥，與棠姜暗中早有來往。棠姜嫁給崔杼後，莊公還常去與她幽會，有時竟不避諱崔杼。

齊國攻打晉國時，魯國曾為援晉而侵齊，齊莊公於是興兵伐魯，還打算聯絡楚國抗晉。但是齊國的勝利完全因為晉國內亂所致，晉國後來便一心想報復齊國，打算邀集諸侯一起對齊國進行討伐。齊國大臣都料到這一點，非常害怕。崔杼想趁這個機會殺死齊莊公，討好晉國。周靈王二十四年（西元前五四八年）五月的一天，崔杼得知莊公又要來找棠姜，便預先在宅中埋伏了勇士，將莊公殺死。當時崔杼大權在握，其他大臣都不敢為莊公哭祭，唯獨晏嬰趕來，頭枕莊公，號啕大哭，以盡君臣之禮。崔杼的手下人問他：「您將為國君而死嗎？」晏嬰說：「難道是我一個人的國君，我應該為他而死？」手下人又問：「那麼，您想逃走嗎？」晏嬰正色道：「難道國君的死是我的罪過，我要逃走？」手下人再問：「那麼您想回去了？」晏嬰嘆道：「國君都死了，我能回到哪兒去呢？作為老百姓的君主，不應只滿足於高踞百姓之上，應當主持國政；作為君主的臣下，也不應只為了獲取俸祿，應當保衛國家的江山社稷。所以君主若為國家而死，那麼臣下就應為他而死；君主若為國家而逃，那麼臣下就應跟他逃亡。但如果君主只為了自己的私慾而死，誰又為他而死，為他而逃呢？如今我是無處可去了！」晏子敢哭祭莊公是個大膽的舉動，人們更加敬佩他的剛直。有人對崔杼說：「大人一定得殺了他！否則必定後患無窮。」崔杼嘆道：「他是百姓愛戴之人，放了他，可以得民心啊。」崔杼草草埋葬了莊公，立齊莊公的異母弟弟杵臼為國君，即齊景公。他自命為正卿來輔佐他。

三、輔佐景公，直言敢諫

景公即位之初，晏嬰並未受到重用，景公只是讓他做了個地方小官——東阿宰。晏嬰在當地治理了三年，景公聽到的都是關於晏嬰的壞話，不禁大怒，召來晏嬰責問，並要罷其官職。晏嬰謝罪說：「我已經知道自己錯在什麼地方了，請您網開一面，再給我一次機會，讓我去東阿再做三年，我保證一定讓您聽到讚譽我的話。」景公同意了，於是晏嬰又去東阿做了三年，果然是譽滿都城。景公大喜，召見晏嬰，要對其封賞。晏嬰卻堅辭不受。景公感到很意外，問他為什麼，晏嬰便把兩次治理東阿的真相說了出來。

原來，前三年晏嬰在東阿，把老百姓的事放在首位，修橋築路，盡做善事，於是遭到那些欺壓平民的富商大賈的反對；他竭力表彰舉薦勤勞節儉的人，懲罰好吃懶做之徒，於是遭到不務正業的無業遊民的反對；他判獄斷案，秉公執法，不畏權勢，於是又遭到了豪強大紳的反對；他左右的人對他提的要求，合情合理的他就答應，不合法的他就拒絕，於是又常常被手下人忌恨；他接待朝廷派來的重臣，完全按照規定辦事，決不違禮逢迎，於是也遭到他們的排擠。這一大群人對晏子不滿，說他壞話，齊景公聽了，自然對晏子不滿意。後三年晏子治理東阿時，便反其道而行之，於是原來反對他的人都高興了，開始說他的好話。晏子嘆道：「實際上，前三年您認為該罰我，罷我官的時候，實際上應該獎勵我；後三年您認為該獎勵我，為我陞官的時候，該罰我。所以現在，我不敢接受您的封賞。」

景公聽了這一番話，才恍然大悟，知道晏嬰確實是一個不可多得的賢才，於是深悔自己聽信讒言，錯怪了晏嬰。從此，景公開始重用晏嬰，授以國政，讓他輔佐自己治理齊國，並從此不再輕信流言。

景公是個雄心勃勃的國君。他認為，桓公治理齊國時，能夠既成武功，又立文德，使天下諸侯紛紛歸附，連周天子也表彰了他的德行，都是得力於管仲的輔佐。他也想憑藉晏嬰的幫助，重圖霸業。晏嬰便勸他從現在做起，從自身做起。晏嬰說，桓公成功的原因一是能任用賢才，官吏辦事不徇私情，大臣沒有額外俸祿，姬妾沒有多餘開支，人民不受權貴的隨意欺凌，鰥寡孤獨者也能保持溫飽；二是桓公自己從不勞民傷財，他取之於民有節制，用之於民很廣泛，藏富於民而不聚財於國，使國家上無驕奢之行，下無讒佞之人。所以他能成為霸主，享受如天子一樣的尊崇。晏子最後勸景公道：「您要想稱霸，就不能因為個人私慾而內積怨於百姓，外開罪於諸侯。您要努力學習先君的崇高德行，才會有人願為您效犬馬之勞，不會有人違抗您的政令。您現在疏賢臣而親小人，江山社稷險矣，還談什麼圖謀霸業？」聽了這番話，景公陷入了沉思，多有醒悟。

又有一次，齊景公問晏嬰：「古代的君王，他們是怎麼做到盛世之主的？」晏嬰答道：「那些盛世君主，首先都能做到薄斂而厚施，自身非常勤儉；他們雖身處高位，但從不自吹自擂，更不用武力對付人民，也從不輕視出身低賤的人，他們依法辦事，不徇私情，順從民意，鼓勵人民互利互愛，使人民各安其位，所以天下人都擁戴他們，同心同德，像一家人一樣。現在國君您卻恰恰相反，您重賦斂，人民與您離心；亂收稅，商賈為之絕跡；重用奸佞小人，勞民傷財，國君應該三思啊！」景公聽了覺得有理，於是下令封存珍奇玩好，停建無益於民的大型土木工程，減輕人民的賦稅勞役，改善對市場的管理，齊國上下一時欣欣望治。

景公雖然一心想改善國政，但他有雄心而無雄才，安於享樂。景公好飲酒，有時因耽於酒樂，一連幾天不上朝。一年秋天，莊稼即將成熟，一片豐收的大好景象。不料天有不測風雲，一連十七天的瓢潑大雨，造成了嚴重災荒。晏嬰憂心如焚，向景公請求開倉放糧，賑濟災民。一連上書三次，景公卻終日飲酒作樂，既不問災情，也不准晏嬰的請求，還變本加厲地命人去全國各地為他搜求能歌善舞的美女。晏嬰無奈，把自己家的糧食拿出來分給災民，又把自己的車馬器具拿出，幫助災民恢復生產。一天，他來見景公，情緒激昂地說道：「百姓們現在飢寒交迫，正處於水深火熱之中。國君您不僅絲毫不憐惜他們，還成天飲酒作樂，居然還命人去全國選美女。再看看您餵養的狗馬，吃的是現在連人也吃不上的糧食；您宮裡的侍女，也整日飽食精糧魚肉。您這樣，不是厚狗馬宮女，而輕黎民百姓嗎？我身為齊國重臣，使人民飢困而無處訴苦，使國君沉於酒樂而不體恤民情，我的罪孽實在深重，請國君允許我辭職還鄉！」說完，轉身就走。景公這才意識到問題嚴重，連忙起身追趕晏嬰。他先來到晏嬰家，見他們的糧食和器具已分給了災民。他又來到大街上，才找到了晏嬰。景公下車對晏嬰謝罪道：「寡人有罪，為您所嫌棄。寡人縱然不值得您顧惜，難道您就不顧惜國家和百姓了嗎？寡人願意給災民發放財物和糧食，不論用多少全憑您調用。」景公於是在大街上宣布，命晏嬰負責賑災濟貧。晏嬰這才放棄了辭職的要求。

又有一次，景公餵養的一條狗死了。他為了尋求刺激，搞點兒花樣，就下令要為狗舉行棺葬，並準備大張旗鼓地祭祀。晏嬰聞訊，便急忙來勸止。景公不以為然，說：「這僅是小事一樁，我不過想和左右開開心而已。」晏嬰正色道：「國君您這就大錯特錯了！輕易地浪費財物，為的只是和左右尋開心，如此無視人民疾苦，只顧個人私慾快活，這江山社稷還有什麼指望呢？況且現在許多老弱病殘之人因飢寒而死，死後也無葬身之地，您的狗卻要享受棺葬祭祀。百姓一旦知道了，一定會怨恨您；諸侯聽說了，也一定會看不起我們齊國。這怎麼會是小事一樁呢！」景公聽後，才猛然醒悟，於是讓人把狗交給廚大夫烹煮，然後把狗肉分給大臣們吃了。

還有一次，景公為了個人玩樂，建造了一座高台，接著又想鑄造大鐘。晏嬰勸諫說：「作為一國之君，不應把自己的快樂建立在百姓的疾苦之上。您既已建造了高台，又想鑄造大鐘，這就必將加重賦斂。賦斂重，民必哀，民哀而君得樂，這對於一個國家來說，是個不祥的兆頭，決不是您該做的。」景公思考再三，終於打消了鑄造大鐘的念頭。

四、「二桃殺三士」

春秋時代，各國紛爭，於是有許多國君崇尚武力而輕視禮義。景公身邊有三個出名的勇士：公孫接、田開疆和古冶子。他們都力大無窮，能鬥猛虎，又很講義氣，因此，很受景公的寵信。但是三人恃寵生傲，不知禮義，經常胡作非為。一天，晏嬰從他們三人跟前走過，這三位坐在那裡，故意裝著視而不見。晏嬰入宮叩見景公，說：「我聽說，賢明的君主所供養的勇士都能做到上有君臣之義，下知長少之禮，內可禁暴，外可卻敵。他們所建立的功勛，上可安國，下可服眾，因此才給他們以尊貴的地位和豐厚的俸祿。現在您所供養的這三位所謂勇士，卻完全不是這樣，長此以往，必會危害國家，不如早作處置。」

景公也覺得晏嬰的話有些道理，但又有些於心不忍，因而猶豫不決。晏嬰獻上一計：「請國君派人拿兩個桃子來，賜給他們，讓他們比比功勞的大小，功勞大的兩個就有資格吃桃子。」景公依計照辦。公孫接首先表白道：「我曾鬥過大野豬，又曾兩次打過母虎，像這樣的功勞，無人可比。」說罷，便拿了一個桃子。田開疆說：「我曾手持兵刃兩次打退敵國的三軍，可謂一夫當關，萬夫莫開。像如此之功勞，也無人可比。」說罷，也拿了一個桃子。古冶子說：「二位且慢，聽我說說我的功勞。我曾跟從國君過河，國君的車子掉在了河裡，是我奮力救出了國君，我的功勞更是無人可比，你們二位還不把桃子讓出來！」說罷拔劍而起，準備奪桃，這時公孫接和田開疆都說：「我們的功勞確實比不上您。取桃而不讓就是貪，知貪而不死就是無勇。」於是二位都讓出了桃子，然後拔劍自殺。古冶子見狀，嘆道：「用言語羞辱別人而自誇其功，是不義；悔恨自己做的事而又不死，是不勇；結拜兄弟已死，若我獨生，是不仁。如此不仁不義不勇，我還有何顏面活在世上！」於是他也拔劍自殺。

晏嬰略施小計，為國人除掉了這三個禍害，這就是歷史上著名的「二桃殺三士」典故的來歷。

五、勸景公行禮義

一年，景公背上生了瘡癰，流了很多膿血，幾個月也不見好，景公為此很焦躁。大夫梁丘據趁機勸道：「國君貴體不癒，完全是祝官和史官的罪過，他們不敬鬼神，使齊國開罪了天帝，天帝才下令要懲罰您……。」景帝聽後，將信將疑。梁丘據又說：「我們齊國對鬼神的侍奉是極豐厚的，況且您比以前任何一位國君都要虔誠，可是天帝不獎賞您，偏偏難為您，這不是祝官和史官的過錯嗎？他們一定沒有為您向鬼神歌功頌德，而是盡說壞話，所以弄得國君才如此痛苦不堪。我勸您趕快下令誅殺史官、祝官……。」景公聽說能消除身體和疾患，頓時眉開眼笑：「好吧，我聽你的，若病好了，寡人帶你一起去打獵。」晏嬰聞訊，急忙來見景公，說：「國君最主要的是修行養德，而不是靠向鬼神報功。現在齊國朝政混亂，即使祝官和史官再怎麼能說會道，對您又有什麼好處呢？您的瘡癰只要請醫生看視，精心調整，就會痊癒，犯不著又祭鬼神，又禱告天帝。」晏嬰為景公請來名醫，不久他的瘡癰就好了。景公大喜，於是下令放寬政令，取消關卡，減輕賦稅，老百姓安居樂業，齊國國力也日益強盛。

過了幾年，齊國的天空突然出現了彗星，老百姓十分驚駭，大夫們也很畏懼。梁丘據勸景公說：「這是個不祥之兆呀！趕快祭祀消災吧！」景公心裡害怕，於是決定親自祭禱天神。晏嬰勸阻道：「彗星是天帝的掃帚，專門消除污穢。如果德行真有污穢之處，即使祈禱也不會減輕它的懲罰。您既然沒有污穢的德行，祭禱它幹什麼？只要國家富強，百姓安樂，還害怕什麼彗星？」景公聽罷，眉頭舒展，笑逐顏開，對大夫們說：「不必祭祀天神了，今後寡人要用禮義來治理國家，不會有什麼災禍的。」那年雖出現了彗星，但齊國並沒有什麼大的災禍。

六、晏子使楚傳佳話

晏子多智謀，在當時眾人皆知。同時，他又極善於論辯。他的論辯往往直截了當，一下子就抓住問題的要害。他談笑倜儻又善於掌握分寸，在幽默風趣的笑談中暗藏鋒芒。晏子曾多次出使楚國，以他的足智多謀和機敏善辯，一次次挫敗了楚國的刁難。

齊國在桓公時代國勢強盛，成為「春秋五霸」之首。桓公後，國力下降，漸不如楚國強大。晏子處於春秋時期，社會急劇變動，各國之間紛爭不已，外交鬥爭十分尖銳複雜。楚國自恃強大，對於使楚的晏子常想戲辱。一次，晏子來到楚國。楚人見其如此矮小，於是在王宮大門的一側另開了一扇小門，要他從小門進去。晏子正色道：「出使狗國的使者，才從狗門進；如今我來楚國，楚國並非狗國，為何叫我從這扇狗門進去呢？」楚人聽了，十分尷尬，只好請晏子從大門進去。楚王見了晏子，譏笑他的身材矮小，問道：「難道齊國沒有人了嗎？」晏子回答道：「齊國的都城臨淄是如今少有的大都會，人口眾多，人們舉起袖子就會出現一大片陰涼地，每人揮把汗就像天上下了一場大雨，人與人都肩靠肩，腳靠腳，大王何出此言？」楚王又問：「那麼為何齊王派出你這樣的人前來我國？」晏子答道：「齊國任命使者，依賢而任，賢者就派往有賢明國君的國家，庸者就派往昏君當道之國。我晏子在齊國算是庸碌之人，所以才被派來使楚。」楚王本來想戲弄晏子，沒想到反而自取其辱，一時十分難堪。

又有一次，晏子要來出使楚國，楚王問左右：「晏嬰是齊國能言會道之人。如今他就要來楚國，我打算羞辱他一番，你們以為用什麼辦法最好呢？」有人答道：「晏子來時，臣請求國君讓我綁上一個齊國人，從大王面前走過，就說他犯了偷盜之罪。」晏子來後，楚王賜他酒饌。酒過三巡，菜過五味，有兩個差人綁了一個人來見楚王。楚王問：「所綁之人犯了什麼罪呀？」差人說：「這個齊國人犯了偷盜之罪。」楚王面露得意之色，看了看晏子，說：「難道你們齊國人精於這種偷盜之術嗎？」晏子識破了這齣鬼把戲，卻又不便當場挑明，於是站起身來說：「我聽說過，橘生長在淮南就是橘，生長在淮北就是枳，它們僅僅葉子相似，果實的味道卻很不相同。為什麼會出現這種情況呢？是因為水土不一樣的緣故。如今老百姓生活在齊國不偷東西，到了楚國就犯偷盜之罪，莫不是楚國的水土使齊國的百姓善於偷盜了嗎？」楚王無言以對，只得尷尬地笑著說：「晏子乃聖賢之人，非是一般人能與之開玩笑的，寡人我是自討沒趣啊。」晏子遇事鎮靜，以「逾淮為枳」類比「入楚為盜」，以妙語制勝，楚王只好乖乖認輸，齊國的尊嚴得以維護。

七、禮賢下士

晏子十分尊重賢士。一個叫越石父的人，是晏嬰早就知道的賢人，但他的生活很窮苦，以做傭工餬口。一天晏嬰外出，在路口遇見了越石父。一打聽，才知道他因欠了別人的錢才去當傭工。晏嬰當場解下自己車前的一匹馬交給越石父，讓他去還了債，又請他到自己家，安排他在一間小屋子裡住下了。過了幾天，越石父見晏嬰並不把他當回事，好像他只是個吃閒飯的無用之人，心裡覺得不是味兒，便向晏嬰提出，要離開這裡，並要斷絕今後的來往。晏嬰很驚訝，但他還是謙遜地撩起衣服，脫帽致歉道：「晏嬰雖然不好，但總算也幫您解脫了困境，您為什麼這麼快又要斷絕你我的交情呢？」越石父說：「不是那麼回事。我聽說，一個人可以在沒有知己的情況下受委屈，而在知己人面前是不能再受委屈的。以前我處境困難，那是因為別人不瞭解我。您既然瞭解我，並幫我擺脫了困難，就算是我的知己；知己的人也使我受委屈，那還不如讓我再回到原來的困境中去。」晏嬰一聽，頓覺失誤，趕緊表示自己失禮，並立即待他以上賓之禮。

晏嬰身居高位，他的駕車人常常露出一副不可一世的樣子。駕車人的妻子觀察多日後，向他提出要分手。駕車人很感意外，便問：「這是為什麼？」他妻子說：「晏大人雖然身材矮小，但他做了齊國宰相，名顯諸侯，是個大賢人。我仔細觀察過，他從無驕色。可如今你堂堂一個八尺男兒，不過是為別人驅車趕馬，就那麼心滿意足，這一輩子還有什麼指望？」駕車人聽後十分慚愧，從此再也不志得意滿了。晏嬰覺得這人表現反常，於是問他，駕車人一五一十地說了其中原委。晏子覺得駕車人能知錯就改，是個賢人，便在國君面前推薦他，使他做了齊國大夫。

八、為齊國鞠躬盡瘁

周景王六年（西元前五三九年）北方燕國發生內亂，燕惠公逃奔到齊國。景公想：「當年齊桓公就是通過救燕而贏得諸侯尊敬的，現在如果能送燕惠公回國，平息燕國內亂，那豈不是可以同當年齊桓公相媲美了嗎？」但是景公辦事優柔寡斷，行動遲緩，直到三年以後，即周景王九年（西元前五三六年）十二月，才正式出兵送燕惠公回國。然而此時燕國已經立了新君，局勢也早已穩定，所以晏子勸景公放棄這次行動。景公不同意。晏嬰嘆道：「燕惠公是肯定送不回去了！因為燕國已有了新國君，而且百姓對新國君並無二心。齊國很難對燕惠公守信到底。想辦大事又不守信用，如何了得！」果不出其所料，齊景公率兵抵達燕境後，燕國派人來講和，說了許多非常動聽的話，又贈送了很多珍寶，並把燕姬嫁給景公。於是齊景公便同燕國結盟，班師回朝。又過了六年，齊景公才把燕惠公送回在燕的唐邑安置下來，一直沒有復位。

不過，從周景王十九年（西元前五二六年）到二十五年（西元前五二〇年）間，齊景公用武力連續征服了徐、曹、郯等東南方的幾個小國。在此後的一二十年間，他又乘晉國衰頹之機，把鄭、魯、衛等國拉到了齊國一邊，奉齊為盟主，結成了暫時的不穩定聯盟。景公為此沾沾自喜，晏嬰身為齊相，深知齊國內政混亂，暗藏著危機。他為此憂心忡忡，常向景公進諫，但收效甚微。

齊國是個貴族專政的國家，大貴族之間不斷為爭權奪利而互相傾軋。景公時，有欒、高、鮑、陳四氏相互爭奪大權。欒氏子旗和高氏子良都是齊惠公的後代，這兩個人都好酒好色，又與陳氏、鮑氏結怨，樹敵頗多。陳氏、鮑氏為形勢所迫，聯合起來。一日，鮑、陳二氏受人挑唆，欲攻打欒、高二氏。高氏和欒氏於是率兵趕到宮門，要把國君扣作人質。這時晏子正穿著朝服站在南門外的虎門那兒。四個家族都要召見他，但他一概拒絕，哪一家也不去。他手下的人問他：「相國您準備幫助陳桓子和鮑文子嗎？」晏子說：「他們有什麼善行值得我幫助呢？」手下人又問：「那麼您是準備幫助欒氏、高氏兩個家族了？」晏子說：「他們又能比陳氏、鮑氏強到哪兒去呢？」手下人又問：「既然您誰也不願幫，那麼是要回去了？」晏子說：「國君正被攻打，我又能回到哪兒去呢？」景公召見晏子，君臣商量後，決定派王黑領兵抗敵，就在稷門同欒氏、高氏交戰。結果，欒、高軍隊大敗，在慌忙退兵時，恰又碰上了陳氏、鮑氏隊伍，雙方又是一場廝殺。幾進幾齣，欒氏、高氏又是大敗，只好跑到魯國藏了起來。陳氏、鮑氏正要瓜分欒氏、高氏家產，晏子勸道：「勝利品一定要交給國君，謙讓是德行的根本，是一種美德。雖然血氣方剛的人都有爭奪之心，但是利益不能勉強得來，道義才是利益的根本。只顧利益就會發生禍亂，你們姑且先不要聚積財富，還是順其自然吧！」陳桓子聽了，便向景公如數上交了欒、高二氏的財產。

晏子對外極力維護齊國同各大國的關係，尤其盡力避免同晉國發生衝突。齊國於周景王五年（西元前五四〇年），曾把宗女少姜嫁給了晉平公為妾。沒想到這位少姜紅顏薄命，夏天嫁到晉國，秋天就死了。於是晏嬰同齊景公商量，決定再次嫁女到晉國。第二年正月，晏嬰奉命出使晉國，使兩國再次建立起和親關係，為齊國贏得了一個和平安定的環境，專心在東方發展。

周敬王四年（西元前五一六年）冬季的一天，景公向晏嬰感嘆地說：「齊國的宮室是多麼富麗堂皇啊！不知將來誰會擁有它？」晏嬰直截了當地說：「恐怕是陳氏吧。陳氏雖然沒有大的德行，然而對百姓有施捨。他們向百姓徵稅時用小容器，向百姓放貸時用大容器。您徵稅多，陳氏施捨多，百姓自然歸附於他。您的後代要是再稍有怠懶，陳氏的封地想必馬上就要變成整個國家了。」

景公嘆道：「相國言之有理！寡人該怎麼辦呢？」晏嬰說：「只有施禮義，得民心，就可以改變這一切，按照周禮的規定，家族的施捨是不允許擴大到整個國家的。君王用禮來約束陳氏，方可免災啊！」齊景公點頭稱是，便減少了一些暴政，使齊國又延續了多年。

周敬王二十年（西元前五〇〇年），晏嬰輔佐齊景公在夾谷（今山東萊蕪市南）與魯國結盟，從而形成了齊國與鄭、魯、衛的抗晉聯盟。這年，晏嬰去世了。齊景公那時正在外地遊玩，他聞此惡耗，馬上返回，跑到晏嬰家，伏在晏子身上放聲痛哭：「您老人家生前日夜為寡人操勞，時時批評指正我，對寡人的一絲一毫過失也不放過。而寡人卻不收斂，在百姓中積怨甚深。現在老天終於給齊國降了大禍，使我失去了您老人家！再也沒有人像您那樣經常指正我了，齊國的社稷要危險了！」

事實也正是如此，晏子死後，齊國國勢迅速衰落，後來終於被田氏（即陳氏）所取代。

本文主要資料來源：《史記》卷六二，《管晏列傳》；《晏子春秋》。

治軍有術興吳破楚 《孫子兵法》謀略寶藏

孫武傳

李西寧

春秋戰國時期的中國，殺伐四起，諸侯爭霸，鬥智鬥勇，運籌帷幄，造就了璀璨的中華兵學智慧。而作為「兵家」集大成者的孫武，以其所著《孫子兵法》在我國的軍事、哲學、文化、經濟等領域占有舉足輕重的地位，被後人譽為「兵聖」，與孔子並稱「文武兩聖人」。

以「兵經」著稱的《孫子兵法》是我國兵學寶藏中的奇珍瑰寶，不但是我國最早的自成體系的兵書，也是古代世界上第一部兵書。它智慧的光芒，至今還照耀著我們的生活，不斷給後人以全新的感悟和啟示。

一、貴族世家

孫武的祖輩出自陳國公室，嬀姓。他的遠祖公子完為陳宣王次子，出生於西元前七〇五年。三十三歲時陳國公室掀起權力風波，殺機四起，公子完避難遠走齊國，遂定居下來，改姓田。

這個流浪的公子才華橫溢，被當時名震天下的齊桓公所器重。田完懷著對昔日豪華富貴背後陰影的恐懼，無意於重溫高官厚祿，只去做了個「工正」，督造器械，踏踏實實與物打交道，做一番可以觸摸到的事業。逃避「崇高」的田完意想不到的是，歷經百年繁衍，他的後代興旺發達，將軍、大夫層出不窮，簪纓累世，位高權重，田氏也成為齊國後起的一大家族。

到了田完的五世孫田書，身為齊大夫，頗有軍事才華，統兵伐莒，大獲全勝。當時在位的齊景公就將樂安（今山東省廣饒縣）封與他作采邑，並賜姓孫氏。田書遂又稱為孫書。孫書之子孫憑，也做了齊卿，他就是孫武的父親。

孫武，字子卿，少時便聰穎多才。此時的齊國，危機四伏。齊國公室與田、鮑、欒、高四大家族之間的矛盾，四大家族相互之間的矛盾，四大家族內部的矛盾，愈演愈烈。西元前五二三年，田氏聯合鮑氏，趁執政的欒氏、高氏大擺宴席之際，突然率鐵甲兵包圍了他們。臨淄城中，火光喊殺聲亂成一團。作為田氏一支的孫氏，怕兵敗殃及自己，帶著對殺伐紛爭的厭倦，趁動亂逃離了齊國，重演了他先祖流亡的故事。

二、著《孫子兵法》

距吳國國都不遠的羅浮山，秀出天外，清幽深邃。孫武就在山下隱居，灌園種田，讀書養韜。

舊日王孫，今日農夫，少了諸多煩惱，多了幾分心靈的寧靜和恬淡。孫武從齊國來時，曾帶來了大量書簡，一些是家藏典籍，還有許多是世代先輩們的札記，或記錄戰爭經歷，或總結戰役得失等。這時，他正一面讀書、作筆記，一面開始了兵法的寫作。

齊人尚武，自太公姜尚開國以來，軍功在人們心中有崇高地位。孫武的祖輩又多是軍事名家，耳濡目染之間，培養了他對兵學的濃厚興趣。孫武作為貴族子弟，「學在官府」，接受了良好的教育。八方名士雲集，諸家學說爭鳴，使孫武在青少年時期就眼界大開，兼容並蓄，提高了知識層次，開闊了思維空間。

其實，孫武早在齊國時就醞釀寫一部兵書，為此還專門拜訪了他的叔父司馬田穰苴。田穰苴為一代名將，無論實踐還是理論在當時都是首屈一指的。老人一言不發地聽完他的陳述，最終只說了句：「兵者，國之凶器也。與人亦然。」老人將自己寫的《司馬兵法》簡冊送給他，沒有褒獎，也沒有責備。孫武拜別老人，聽到的卻只是長長的嘆息聲。後來田穰苴被殺，再後來自己出逃，那長長的嘆息時時追隨耳邊。孫武聽懂了許多東西，但他卻沒有回心轉意。

吳國的田園風光比齊國清秀恬靜，悠閒的日子過得飛快，寫作也很順利。這樣過了七、八年，《兵法》十三篇也寫成了。隱居生活，雖平淡卻耐人尋味，充實雋永。孫武差點喜歡上這種生活，想平平淡淡終老一生了。這時他的朋友伍子胥來向他道別。孫武深居簡出，伍子胥是他有數的幾個朋友之一。

吳國的疆域相當於今天江蘇大部和安徽、浙江的一部分，在當時是小國，立國最早，開化很晚。當各國打得天昏地暗時，偏居一方的吳國卻安然無恙。西元前五八四年，晉國派大夫巫臣出使吳國，教吳人戰陣乘車，牽制楚國。吳國軍事實力迅速增強，成為頗具威脅的強國。各國失意和遇難的士大夫，紛紛入吳，尋求發展和支持。在孫武入吳前後，兩個楚國人伍子胥和伯嚭因父祖無辜被楚王殺害，逃來吳國，想借吳國力量，報仇雪恨。

伍子胥歷盡千辛萬苦來到吳國，在公子光門下當了賓客。公子光是吳王僚的叔伯兄弟，野心勃勃，卻無權柄。伍子胥眼見報仇無望，便隱居鄉邑。不久與孫武相識，相同的經歷使他們英雄相惜，每每品茶飲酒，縱論天下。伍子胥對孫武敏銳的洞察力和軍事才幹欽佩不已，二人傾心成了知己。

然而今天，歲數不大而頭髮已雪白的伍子胥突然對孫武說，他要走了，去助公子光成就大業，然後興師滅楚以報家仇，他不能再等了。

「這樣埋沒下去，我不甘心！」伍子胥憤憤地說，眼中賭徒似地射出光來，早沒了往日的風雅。孫武很吃驚，說了句保重，將剛寫完的《兵法》十三篇放在伍子胥手中，送他到山外。孫武也開始動搖他的生活信念，有才能為什麼不試試呢？他先輩們的身影一個個清晰起來，終於燃起了一種渴望，從沙場的刀戈中尋找失落的理想。

接著幾個月過去了，消息一個個傳來。

吳王僚派胞弟公子蓋餘和燭庸興兵伐楚，求勝心切，被楚軍截斷退路。

公子光與專諸設計刺殺了吳王僚，而專諸是伍子胥的朋友。

公子光當上了吳王，是為吳王闔閭，廣召天下賢能。

伍子胥被任命為行人，主掌內政外交。

吳國都城西門改為「破楚門」，以示伐楚決心……。

傍晚，炊煙散盡，一個布衣白髮的人敲響了孫武茅舍的門。伍子胥依舊一身出走時的裝束，只是臉上神采已沒了過去的塵土，孫武心中一震。

「我向吳王推薦了你，前後一共七次，吳王想見你。」伍子胥開門見山，「大王對你的兵法很感興趣，愛不釋手，我們一起輔佐，怎麼樣？」

茅舍的燈亮了一夜，天剛濛濛亮，孫武走出門，接著是伍子胥，二人馳馬向姑蘇奔去。

三、練兵斬王妃

孫武在館驛等了兩天，吳王還沒召見。黃昏時分，寒鴉歸巢，屋後高大的烏桕樹喧囂成一片，吳王偕伍子胥輕車簡從，親自來登門拜訪了。

敘過禮，吳王點頭讚道：「先生文如其人，真俊逸之士也。寡人已細讀過先生的兵法十三篇，篇篇珠璣，奧妙無窮，博大精深。」他看了伍子胥一眼，又對孫武說：「不知能否實地演練一番，讓寡人見識見識？」孫武答道：「可以。」吳王闔閭笑了，彷彿玩笑似地說：「女子也行嗎？」他為自己這個天才的難題興奮不已。

「行！」孫武信心十足地說，「不過，軍隊中紀律是生命線，大王既然委託我訓練女兵，一切就得按軍紀從事，任何人也不得例外。倘出了什麼紕漏，還望大王不要見怪才是。」吳王點頭應允，下令挑選宮妃宮女，定好時間，準備演練。伍子胥始終沒說話，緊皺雙眉。於是，一個淒婉的軍事寓言就這樣上演了。

次日清晨，一百八十名妃子和宮女笑鬧著簇擁到了校場。久居深宮的妃子和宮女們，彷彿出籠的小鳥，又好像出遊踏青一般興高采烈。

校場的北面已高搭起一座將台，孫武全身戎裝，威風凜凜地站在正中，幾排雄壯威猛的武士，手執劍戟、刀戈、斧鉞、盾牌，整齊地分列兩旁，石像似地一動不動，只有風捲起台前的大纛旗，獵獵飄舞。

一陣雷鳴般的鼓聲響過，孫武一臉冷峻，大聲傳令，把一百八十名妃子和宮女分成兩隊，指定吳王最寵愛的兩個美貌妃子為隊長。認真講解操練的要領和紀律後，開始演練。

「你們知道自己的前胸和後背嗎？」孫武問。

隊伍晃動，「知——道。」一陣轟笑。

「拿起你們的武器！向前，看前心的方向；向後，看後背的方向，向左，視左手；向右，視右手。聽鼓聲，整肅向前進。你們聽清楚了沒有？」

「清楚了。」下面參差不齊地答道。

吳王穩穩地坐在看台上，見紅妝佳人一轉眼個個披堅執銳，兩個心愛的美姬扶著長長的畫戟巧笑倩兮，嬌娜中有一種別樣的美，心中既好笑又得意。

「擂鼓！前進！」孫武下令。

婦人們從沒見過這樣的陣勢，以為只是在扮戲，新鮮有趣好玩，一個個掩口而笑。動的與不動的，撞出一片笑鬧，亂成一團。

孫武嚴肅地自責道：「紀律沒講明白，動作交代不清楚，這是我的過錯！」於是又將操練的要點、細節耐心地說了幾遍，又特意訓示兩位隊長，要求她們帶頭聽從號令，以身作則。

第二次命令下達了。兩位隊長和宮女們你推我搡，笑得比第一次還厲害，拖著刀戟的、撞歪了盔的，隊形更亂了。

鼓聲如狂風疾雨。

孫武大怒，聲色俱厲地喝道：「既然我已宣講清楚，你們明知故犯。尤其隊長為一軍表率，帶頭違反軍規，理應按軍法處置。」命令武士速推出二妃斬首，以儆傚尤。

吳王闔閭大驚，忙派人傳命說：「先生用兵如神，寡人已知道了，這兩個妃子太不懂事，卻是寡人最寵愛的，請先生饒了她們吧。」孫武毫不留情：「將在外，君命有所不受。既已事先與大王講好，如果按大王的私意，隨意改變法律，以後如何建立軍法的威信，如何指揮士卒出生入死戰鬥？」

孫武將二妃梟首示眾，又任命了另外兩個妃子為隊長，繼續練兵。

戰鼓又響起，整個隊伍鴉雀無聲，隨命令的下達，前進，後退；向左，向右；進退迴旋，全都合乎規矩法度。人人全神貫注，誰也不敢亂說亂笑，嚴整協調如正規軍隊一般。

操練結束，孫武派人報告吳王：「軍隊已訓練完畢，請大王前去檢閱。現在這支軍隊，再訓練幾次，就可以派出去打仗了，就是讓她們赴湯蹈火，也不成問題。」

吳王怒氣未消，心中不快地說：「讓他回館驛休息，我不願再看了。」

一連幾天，吳王都沒提孫武的事，孫武也準備收拾行裝打道回府了。

伍子胥得知孫武要走，立刻面見吳王，勸諫道：「練兵打仗，不能光講空話，為將的不能執法，就難以治軍。大王要打敗楚國，威震天下，不依靠孫武這樣有才能的大將怎麼成？美色易得，良將難求，大王三思。」吳王闔閭認為有理，又親自去挽留孫武，任命孫武為上將軍。

在孫武的嚴格訓練下，吳軍很快成為一支紀律嚴明、作戰勇敢的軍隊。

四、治吳有成

吳王在太湖之濱為孫武修建了府第，並給予優厚賞賜，想讓天下人知道吳王禮賢下士，輕色重才，也讓孫武忠心為自己賣力。他的目的都達到了——孫武吳宮教戰和拜為上將軍的事，一時間傳遍吳國的大街小巷，成為家喻戶曉的佳話；孫武從此也開始了他長達三十餘年的軍事生涯。

近來伍子胥常過府拜訪，詢問何時出兵伐楚。有時同他一起來的還有個子不高、胖乎乎的伯嚭。孫武只談練兵，並不提出兵的事。孫武語重心長地對他們說：「楚是個強國大國，有軍隊二十多萬，我們吳國不過三、四萬人，雖然經過訓練，但要以少勝多，還須假以時日，必須先有充分的準備才行。對內修治，富民強國，還賴二位之力，這是戰爭必勝的根本。」二人深以為是。

吳王聽到孫武的這一番話，頗為稱讚，對孫武更加看重了。有伍子胥、孫武二人輔佐，吳國對內修治，恢復經濟，發展生產，加強練兵，國家日漸興旺發達起來。

有一天，吳王請孫武入宮，二人談起治國治軍之道。孫武說：「古時候，黃帝征伐四方。先是與民休息，廣積糧，大赦天下，得天時、地利、人和的優勢，然後才奮兵出擊，四戰四勝，天下太平。商湯滅夏桀，周武王討商紂亦然。得天時、地利、人和方能無往不勝。這樣的經驗應記取。」

吳王道：「喏。這是遠的，寡人深以為是。那麼，請問將軍，以晉國為例，咱們分析一下如何？晉國的大權掌握在范氏、中行氏、智氏和韓、魏、趙六家世卿手中，他們相互爭權奪利，爭鬥不休，將軍你看他們誰會先滅亡，誰又會最後獨享勝利果實呢？」

孫武沉思片刻道：「臣對治世之道看法淺陋，但依臣之愚見，六卿之中，范氏、中行氏兩家必先敗亡。」

吳王笑道：「為何？」

孫武說：「臣是依據他們畝制的大小、徵收租賦的多少，以及士卒人數、官吏貪廉作出判斷的。季氏、中行氏一百六十平方步為一畝。六卿之中，這兩家的畝制最小，收的租稅最重，高達十分抽五。官吏繁多，且驕奢淫逸，軍隊龐大，連連興兵，長此以往，必致眾叛親離。」

吳王點頭不語。孫武繼續說下去。

「緊接著下來滅亡的是智氏，之後就輪到韓、魏兩家了，他們的病根是一樣的，只是輕重略有不同而已，所以必然重蹈覆轍。」孫武接著說：「六卿之中惟趙氏畝制最大，稅又輕，為君者不致過分驕奢，為民者尚可溫飽。寬政以得人心，兵少不妄動殺戮，晉國的大權恐怕要歸入趙氏之手了。」

吳王聽了這一番話，深受啟發，起身很高興地說：「將軍不但有軍事天賦，於治國安民之策亦深諳暢達，真寡人之福也。寡人明白了，君王治國之正道在於愛惜民力，不失人心。」

孫武也連忙站起施禮：「大王謬獎了，臣以為軍事與政治，與經濟，譬如人之四肢，鳥之雙翼，不可偏廢，如此方可立於不敗之地。」

吳王向宮中頒佈了訓示，從今以後，寡人食不二味，居不重席，器物，舟車、衣服等，去其雕飾，務尚簡樸，減少開支……。

如水之漣漪，一環環盪開，波及吳國朝野各地。吳國人心在凝聚，力量在增強。

吳國闔閭是一位有為的君主，從前為將，屢建奇功，在吳楚長岸之戰（西元前五二五年），吳楚雞父之戰（西元前五一九年），其非凡的指揮才能和治軍才華都有突出顯露。他是懂軍事的內行，知道孫武的價值。他又有政治家的心胸和權謀，從善如流，戒奢從儉，求賢若渴，勵精圖治，使伍子胥、孫武、伯嚭倍感知遇之恩，樂意為其驅使。息兵養農，發展生產，不妄動兵伐。兩三年的時間，吳國的政治、軍事、經濟等實力不斷增強，令諸強國刮目相看。

吳王也欲有所作為了，派人問計於孫武。孫武說：「我們要伐諸強，立霸業，首要伐楚。楚吳世仇，伐楚可揚威。而伐楚先要無後顧之憂，理應掃除來自各方面的威脅。吳王僚的兩個弟弟蓋餘和燭庸兵敗逃亡，現在正在徐國和鐘吾國，環視於我。我軍伐楚，其必從後偷襲，陷我於腹背受敵之境，這是很危險的事啊！」

西元前五一二年（吳王闔閭三年），吳國派使臣要求徐國和鐘吾國交出二公子。兩國國君仗著有楚國撐腰，拒不理會，並放二人投奔了楚國。楚國則張燈結綵，派出大員以隆重的貴賓之禮迎接二位公子。酒席宴前特使宣讀了楚昭王的命令，請二公子在養地暫住。不久，又將養地的一部分地區分封給二位公子，讓他們防禦吳國，騷擾吳國。

吳王聞聽大怒。這年冬天，吳王派孫武、伍子胥興師伐罪，破徐、鐘吾二國，然後乘勝攻取楚國的養城，殺蓋餘、燭庸二位公子，絕了後患。

孫武小試牛刀，旗開得勝。捷報傳來，吳王興奮不已，想乘勢移師伐楚。孫武認為不可，讓使者轉告吳王說：「楚是大國，兵強馬壯，豈徐和鐘吾這兩個小國可比。我軍連打了幾個勝仗，人馬疲勞，軍資消耗，再戰恐難取勝，不如暫且收兵，從長計議。」伍子胥也認為這樣穩妥。經過這幾年與孫武交換看法及對楚國形勢的研究，他也漸漸明白，伐楚非一蹴可就，要從削弱楚國，發展自己入手，這樣才能以小勝大，以弱勝強。

號角齊鳴，大軍拔營回國。伍子胥與孫武並轡而馳，身後是浩浩大軍，帥旗在風中飄舞，兩人回頭望望鐵流似的部隊、士氣高昂的兵卒，相視而笑。

「子卿，我考考你，你說楚國的決策弱點在哪裡？」伍子胥突然問道。

「楚國政出多門，互相猜忌，推諉責任又好大喜功。不知對否？」孫武隨口答道。

「對，子卿高才。我有個想法，假如我們利用其多疑的弱點，把我軍分成三支，輪番去騷擾他，彼出我歸，彼歸我出，楚軍必疲於道路。長此以往，國力消耗，忙中出亂，再有良機出現，然後我們大舉出兵討伐，就一定能勝。」伍子胥說得興奮。

「老兄高見，我很是佩服！」孫武與伍子胥擊掌大笑。

吳王採納了他們的計謀，囑二人分步實施。

西元前五一一年（吳王闔閭四年）的秋天，田野中稻菽正黃，楚地六（在今安徽六安縣北）、潛（在今安徽霍山縣南）二城附近的農人正忙著收割。天氣很好，秋高氣爽，田埂邊有野菊花香迎風飄來，細心的人嗅得出，飄來的不只花香，還有殺氣。一支吳國的人馬已不知從何處突然冒了出來，農人們驚慌失措，狼奔豕突，喊叫著跑入城中。好在吳國的士卒並不追趕，只迅速包圍了二城，人喧馬嘶，塵土飛揚，田野成了跑馬場。

楚王聞報，立刻派沈尹戌率精銳部隊救潛解圍。大軍日夜兼程，風餐露宿，殺向邊境地區。伍子胥和孫武指揮後續部隊又將地裡的糧食搶收裝車，估計楚軍快趕到了，一聲令下，全軍押著糧草，勝利而歸。

楚軍殺到，不見吳軍蹤影，撲了個空。六、潛二城的老百姓望著空蕩蕩的田野，痛哭失聲，紛紛跪倒在沈尹戌馬前求他做主。沈尹戌又氣又恨，駐了幾天看沒動靜，又怕一走吳軍又來，只好帶了潛城百姓遷到南崗（今安徽霍山縣北），率部覆命去了。

沈尹戌剛到郢都，人未解甲，馬未下韁，就聽說吳軍的第二支人馬又包圍了弦城（在今河南省息縣南），他意識到此中有詐，馬上面見楚王陳述。楚王正在發火，眾臣莫衷一是，驚慌不定者有之，豪氣干雲者亦有之。沈尹戌的話誰也沒聽進去，只告訴他率兵繼續出征。當楚軍又一次風雨兼程奔赴前線，才趕到豫章，離弦城不遠時，吳軍又撤走了。

之後，又有幾次，眾臣意見不一，認為孫武多詭，如果前幾次是故意麻痺迷惑我們，誰又能擔保這一回不是真的呢？小心為是。於是楚軍不得不一次次疲於奔命，國力日漸消耗，軍隊疲憊不堪，百姓驚恐不安。

而吳國以逸待勞，不時襲擾楚國，並逐步以討伐、拉攏等手段翦除四周附庸楚國的諸侯國。在孫武的策劃下，西元前五一〇年（吳王闔閭五年）夏，吳國又取得了伐越的勝利。

西元前五〇八年（吳王闔閭七年），楚王決定爭取主動。秋天，楚王派令尹囊瓦統率大軍伐吳，以報六、潛之仇。

當時，桐國（在今安徽桐縣城北）背叛了楚國。孫武便派間諜編造了一些假情報，四處擴散，吳軍又將戰船擺滿桐國以南的江面，製造假象迷惑楚軍，讓楚國君臣相信，吳軍面對楚之大軍膽怯萬分，想以伐桐來討好自己。

主帥囊瓦將大軍駐紮在豫章，靜觀事態的變化，想縱容吳軍滅了桐國，再來個以逸待勞，從中漁利。楚軍的貪心正中了孫武的妙計。孫武已暗中在巢城（今安徽淮南市南）集結，等待戰機。

楚軍從秋天一直駐紮到冬天，時間久了，士氣日益低落，囊瓦也急躁起來，打又不成，等又不是，一時沒了主意。

孫武看火候到了，指揮吳軍突然發起進攻，在豫章大敗楚軍，又出其不意合圍並攻克了巢城，守衛城池的大夫公子繁被俘。

楚國勞師喪財，丟城失地，處於十分被動的局面。孫武為吳王創造的伐楚條件也日益成熟了。

五、大舉伐楚

楚國對外局勢日趨惡化的同時，內部也每況愈下。楚昭王新即位，年幼無知，昏庸貪婪。權臣令尹囊瓦當道，飛揚跋扈，專橫殘暴。唐、蔡二國都是楚的屬國，有一年，唐成公和蔡昭侯入楚朝貢。唐成公帶著兩匹名貴的驌驦寶馬，蔡昭侯進貢的是一雙晶瑩的玉珮和兩副銀貂鼠裘。楚昭王得此寶物歡喜萬分，在眾臣面前大加讚賞。事後，令尹囊瓦立刻派人向二人索取，二人厭惡囊瓦的貪婪，置之不理，結果被囚禁起來。三年後，二君獻出寶物，方得自由。歸國途中，蔡昭侯指著淮河水發誓：「寡人不報此仇，枉為人也！」

唐成公和蔡昭侯受此大辱，自然對囊瓦恨之入骨，想方設法報復，曾請求晉國為他們出頭討個公道。晉國權衡利害，不願捲入爭鬥中。

西元前五〇六年（吳王闔閭九年），囊瓦藉故率大軍包圍了蔡國的都城。蔡昭侯認為晉國不可靠，便派心腹公孫姓至唐國，與唐成公協商，共同請求吳國出兵。

吳王闔閭派人請來伍子胥與孫武，徵詢他們的意見。

「將軍慎戰、全勝的思想，寡人已心領神會。當年提出伐楚，將軍認為時機尚不成熟，而今內部、外部條件都已具備，二位認為現在出兵怎樣？」吳王一見面就直奔主題。

孫武拱手道：「大王英明。楚之所以難攻，是因其兵多國大，四方依附。而令尹囊瓦專橫貪暴，楚國眾叛親離，日漸孤立。而我們經過五六年的準備，力量更強大了，人心也更齊了，現在正是我們伐楚的大好時機。」伍子胥也道：「聯合唐、蔡二國，使我們的勝利多幾分把握，這個仗也就好打了。」

這年冬天，吳王闔閭下決心伐楚，親率大軍，拜孫武為將軍，伍子胥、伯嚭為副將，胞弟夫概為先鋒，傾全國之兵力，聯合唐、蔡二國，戰車數百輛，人馬六萬，祭旗誓師，發兵伐楚。

孫武採取「攻其所必救」的戰略方針，揮師北上，後來又乘船溯淮水西行，直逼蔡國，造成救蔡的假象。

大軍從蔡國邊上行過，並不攻擊圍蔡的楚軍，卻棄舟登岸，由水軍變成陸軍，向楚國東北境內縱深挺進，直達漢陽。

孫武與伍子胥馳馬來到漢水邊上。「破了這道屏障，楚國郢都就在面前了。」伍子胥躊躇滿志地說。「這也是最艱難的關口，楚國畢竟有二十萬大軍，成敗繫於一髮啊！」孫武皺緊了眉頭。

話音未落，哨探來報，南岸已有楚軍駐紮。原來，楚軍也馬上理解了吳軍的企圖，放棄了圍蔡，大軍沿漢水之南防禦，與吳國軍隊隔江對峙。

孫武臉色更凝重了，楚軍已做好了應戰準備，自己兵力少，發動突襲攻擊南岸已無可能。

夜已很深了，巡營的梆聲格外清晰。孫武輾轉反側，無法入眠，便悄然走出大帳。南岸楚軍的燈火通明，照紅了半江水。

「楚軍二十萬，我們才六萬，你說我們能打贏嗎？」值哨的兵卒說話聲傳了過來。

「要是打敗了，我們就成了無家之鬼，妻兒老小便會淪為楚國的奴隸了。贏，一定要贏，我們大王和孫將軍說能贏，就一定能贏！」語氣激昂起來。

次日，孫武升帳，成竹在胸地向將士們講述了戰略部署：「兵者，國之大事，生死之地，存亡之道，不可不察也。我們今日國運昌盛，政治清明，君民上下齊心，將士訓練有素，不怕犧牲，得天時、地利、人和之助，必能伐楚成功。我們也應看到，在敵我數量的對比上，我軍處於劣勢，怎樣才能化劣勢為優勢，取得戰爭的勝利呢？」孫武環顧左右，頓了一下，接著說道：「集中優勢兵力，各個擊破，調動敵人，造成敵人的失誤，抓住戰機，消滅敵人！」

眾將群情激奮，紛紛討令出戰。

孫武下令，全軍在豫章地區安營紮寨，休整待命。眾人又一下子陷入迷魂陣中，猜不透孫武罐子裡裝的什麼藥。

楚軍主帥令尹囊瓦此時正帶著手下將領巡視防線。他斷定，吳軍千里遠征，軍資後勤接濟十分困難，必求速戰。

幾天過去了，吳軍卻按兵不動，與自己隔江對峙。囊瓦一時摸不清吳軍的意圖，只得傳令部隊，嚴加戒備。

隨後囊瓦召集眾將商議對策。左司馬沈尹戌建議：「吳軍遠征，利在速戰，現在孫武按兵不動，正是犯了兵家之大忌，這是老天保佑我楚國得勝。將軍堅守南岸營壘，使吳軍不敢冒險渡江。末將率軍繞道吳軍後方，扼守大隧、直轅、冥扼三關。待吳軍師勞兵疲，我軍兩路夾攻，使其首尾不能相顧，必可破吳軍。」

囊瓦覺得此計可行，左司馬沈尹戌拱手作別，分兵而去了。豈知這又中了孫武之計，在強敵面前故意露出破綻，促使敵人分散兵力，造成兵力對比的改變，以便集中優勢兵力，攻擊敵人。

又是許多天過去了，兩岸還是靜悄悄的，吳軍沒有動靜，沈尹戌也無消息。楚軍大夫武城黑向囊瓦獻計：「吳軍與我們這麼對峙著總不是辦法，他們深入我境內，被阻於江北已經好多天了，軍心已經懈怠。吳軍的戰車純用木材製作，極耐風雨，而我軍戰車外包皮革，用膠筋固定，遇到連陰雨，膠化筋脫，容易損壞，長久相持，對我不利。況我軍兵力數倍於吳，還怕什麼，不如渡過江去，突擊打敗他們。」

囊瓦正在猶豫不決，心腹部將史皇來見，四顧無人，悄聲對囊瓦說：「國人對將軍本有微詞，左司馬的威信比您高，假使左司馬的計畫成功了，他就搶了頭功，您難免勞而無獲啊！」

「好，渡江！」囊瓦倚仗自己兵多勢眾，再也不顧與左司馬沈尹戌的約定，下令三軍渡過漢水，在大小別山一帶連營數十里，擺出一副決戰的架勢。

孫武正為楚軍按兵不動而發愁，聽說楚軍過江，很是高興。馬上傳令擊鼓進兵，趁楚軍立足未穩，先聲奪人，集中優勢兵力，消滅敵人的先鋒部隊。兩強相遇勇者勝，兩勇相遇智者勝。吳軍知前有堵截大軍，後有抄襲之師，楚軍則背水一戰，兩軍雖同陷絕地，奮力拚殺，吳軍在孫武指揮下，智勇兼備，先勝了頭一場。

吳王帶了酒向孫武、伍子胥等將領道賀。孫武道：「囊瓦貪功好利，今天吃了小虧，損失不大，他必報復。我估計今夜他必來劫營，大家小心防備，可別喝醉了！」眾人大笑。

譙樓上響過三更鼓，四野一片漆黑。囊瓦果然氣勢洶洶率萬餘楚軍，人銜枚，馬摘鈴，趁著夜色繞過山坳，殺向吳軍大營。不料，是一個空營，撲了個空，被埋伏的吳軍殺了個屍橫遍野，只有數騎掩護著囊瓦逃回。

接著雙方又激戰數次，楚軍雖眾，卻尾大不掉，指揮失措，連連失敗。囊瓦見首戰失利，便向西南退去，心中早無鬥志，只想紮穩營盤，等左司馬沈尹戍兵來，鐵壁合圍，戰勝吳軍。

楚軍且戰且退，無法站穩腳跟，直至柏舉（在今湖北麻縣以東），囊瓦集結兵力，發現士卒死傷過半，鬥志薄弱。面對潮水似的吳軍，阻擋是擋不住了，退回去也沒命，便發狠孤注一擲，同吳軍決戰，鬥個你死我活。

舊曆十一月十八日清晨，兩軍對壘。

吳國先鋒夫概親率五千勁卒，乘楚軍尚未開飯之機，發起攻擊。早已成驚弓之鳥的楚軍被殺得措手不及，四處逃竄。孫武指揮大軍從兩邊掩殺過來。吳楚兩軍在柏舉展開了一場驚天動地的決戰。方圓十幾里，人喊馬嘶，血流成河，揚起的塵土，直衝雲霄。吳軍以排山倒海之勢，橫掃楚軍。囊瓦見敗局已定，無回天之力，乘亂一直逃到鄭國去了，部將史皇死於亂軍之中。

失去將帥的楚軍無頭蒼蠅似地亂撞，拚命向後撤退。當退到清發水（今湖北安陸西的涢水）在搶船渡河時，吳軍又殺到了。

先鋒夫概勒馬止住追兵，吳王正欲責備其貽誤戰機，夫概忙解釋道：「困獸猶鬥，楚軍見我軍急逼，趕盡殺絕，難免一死，必死裡求生，與我拚命。我士卒作無謂犧牲不說，弄不好會發生戰局逆轉。如果讓一條生路，沒過河的楚軍便喪失鬥志，只顧逃命。我軍趁其渡過一半時發起攻擊，定會大勝。」吳王哈哈大笑：「與孫將軍在一起，你也快成謀略家了！」吳王採納了夫概的建議，在清發水又大敗楚軍。據說當時，楚軍被殺的、淹死的不可勝數，河水都變成了紅的，河面浮滿死屍。

僥倖逃命過河的楚軍，一口氣跑了幾十里，又飢又渴，人困馬乏，早飯還沒吃呢，便埋鍋燒飯。飯剛剛燒好，吳軍又殺到了。逃命要緊，眼巴巴看著香噴噴的飯留給了吳軍。吳軍飽食一頓，繼續追殺。

楚軍餓了一天，又跑了那麼遠，哪有力氣再抵抗？一路上丟盔棄甲，屍橫遍野。

敗軍一直退到西南的雍筮（在今湖北京山縣西南）。前有滔滔漢水，後有吳軍的追兵，疲憊不堪的楚軍，叫天天不應，叫地地不靈，大放悲聲，痛哭不已。這時，一隊楚國的人馬趕到，殺退了吳軍的先頭部隊，來人正是左司馬沈尹戌。

原來，左司馬沈尹戌依計潛行至息城（在今河南息縣西南），聽到囊瓦戰敗的消息，又氣又急，馬上回師救援，在雍筮與囊瓦殘部相遇。他命令紮住營盤，重新調整兵力，迎戰孫武大軍。終因楚軍人心渙散，兵困馬乏，連戰三次也無法挽回敗局，左司馬沈尹戍兵敗自殺，楚軍全線崩潰。渡過漢水，郢都完全暴露在吳軍面前了。

六、攻克郢都

大軍長驅直入，逼近郢都。

孫武決定兵分三路，向楚國作最後的一擊。請吳王親率大軍從正面進攻郢都。為分散敵人兵力，保障主攻目標，他又派伍子胥和蔡昭侯進攻麥城；自己則與唐成公，進擊紀南城。兩翼呼應，三路人馬最後在郢都會合。

孫武與唐成公引兵至紀南城，登上虎牙山遠望。紀南城在郢都之東，二城之間有一個湖叫赤湖，湖水一直到郢都城下。二城地勢低窪，漳江自紀南城北流過。

孫武沉吟片刻，下令把軍營駐紮在高地上，士兵每人準備好钁頭和畚箕，然後好好休息。

入夜，大隊人馬出動，一部分在漳江和赤湖之間挖一條深壕；另一部分在漳江之北築起了一道長堤，阻斷了江水。漳江水改變了方向，順著新開的壕溝，直向赤湖流去。天亮，洶湧的江水奔流不息，赤湖容納不下，隨著西北風，急灌入紀南城中。

紀南城的守軍倉皇逃竄，城不攻自破。

水還在漲，越來越大，一直衝到郢都城下，從紀南到郢都，一片汪洋。不久，大水漫過郢都的城牆，郢都城裡到處是水，一片混亂，全城軍民爭相逃命。

孫武叫士兵就地取材，從周圍的山上伐竹趕製成竹筏。吳軍乘著竹筏，衝向郢都。

這時吳王、伍子胥的大軍也殺到，三軍會師。

舊曆十一月二十八日，郢都被攻陷，楚昭王帶著妹妹，急急備了船，從西門逃亡。

吳王與孫武、伍子胥浩浩蕩蕩開入楚國郢都。

自吳伐楚開始，孫武指揮吳軍，貫徹了他「慎戰」、「謀攻」、「全勝」的軍事思想，在大小別山地區首戰得勢，奠定了勝利的基礎，在柏舉取得了決定性的勝利，在清發水鞏固了戰果，在雍筮消滅了敵人的餘部。十一天連續行軍七百里，以六萬人馬，擊敗二十萬楚軍，以少勝多，攻克郢都，創造了以少勝多的戰爭典範。從此，吳國聲威大震，躋身強國之列。

轉眼已過了十年，吳王闔閭在伐越之戰中死於流矢，其子夫差繼位。在伍子胥、孫武的謀劃下，南服越國，北威齊晉，達到吳國強盛的極頂。

夫差的暴戾好戰、急於稱霸，讓老臣伍子胥和孫武提心吊膽。民需要休養生息，連年的征伐，吳國經濟凋敝，百姓多有怨言。

伍子胥、孫武連連上書勸諫，夫差置之不理，對二人亦生不滿。不久，吳王夫差又謀劃伐齊，孫武不願對故國動刀兵，便向夫差請求歸隱，吳王並沒有挽留。

傍晚，伍子胥來了，頭髮還是那麼白，而人卻蒼老了。兩人悶悶地喝酒，最後兩人都醉了。伍子胥說：「我是要做忠臣的，只有死，只有死了才是忠臣。」說罷老淚縱橫。

孫武走時，伍子胥來送。

又是許多年過去了。

伍子胥終於被吳王夫差賜以屬鏤之劍割斷了脖子，屍體被裝入皮革口袋，投入了大江。

一處恬靜的莊園，綠樹婆娑，濃蔭匝地，一個老人臨窗而坐，他就是孫武。八十二篇兵法，九捲圖冊整齊地放在几案上。

屋外，孩子們的嬉笑聲清脆悅耳，一聲聲傳來。

老人木然的表情漸漸被一種激動所代替，他叫了一聲，跌跌撞撞走過來，瘋也似地將放在案上的書簡推撒了一地，一邊流淚，一邊漫無邊際地將這些書簡投入了火爐中。他已厭惡了戰爭。

孫武安靜地離開了人世，他未被燒掉的兵法十三篇，永遠流傳下來，成為歷代兵家經典。

本文主要資料來源：《史記》卷六五，《孫子吳起列傳》；卷三一，《吳太伯世家》；李祖德主編：《孫子研究新論》。

助勾踐功成名就　攜西施逍遙江湖

范蠡傳

金河／張磊

春秋時代，周朝王室衰微，霸國迭興。當時，北有齊、晉，南有吳、越，相繼稱霸。越國本是僻居東南一隅的弱小國家，後來竟然成就了一番霸業，其中一個重要原因，就是像齊桓公重用管仲一樣，越王勾踐重用了謀士范蠡。范蠡在幫助勾踐滅掉吳國後，深知勾踐為人，與他只能共患難，不能同富貴，便悄悄地帶著西施和家眷離開越國，逍遙江湖。他以經商為主業，「三致千金」，成為後世商人的神明。同時輔佐勾踐的大功臣文種，不聽范蠡勸告，貪圖祿位，後果然被勾踐處死。這生動表明，像范蠡這樣既能成就大業又善於自保的謀士，在歷史上是難得一見的。

范蠡，字少伯，春秋末期楚國三戶（今河南淅川西北）人。他出身於「飲食則甘天下之無味，居則安天下之賤位」的布衣之家。當時的楚國，貴族當權，君主無為，吏治腐敗，國勢漸衰。年輕的范蠡眼見楚國受制於吳國和秦國，不免憂心如焚。他雖然出身卑微，卻具賢聖之資、獨慮之明，不肯結交權貴，常常出入陋巷，浪跡民間，過著倜儻不群的清苦生活。為了不苟同於世俗，也為了躲避凡夫俗子的妒忌，他假裝癲狂，隱身待時。

楚平王時，文種為宛邑令（今河南省南陽市）。一天，文種來到三戶訪求人才，看見一個衣衫襤褸的年輕人蹲在一個洞穴裡，他身旁還有一條狗對著文種狂吠。隨從人員怕文種感到寒磣，忙叫人拉起衣服，將年輕人和狗遮蔽起來。文種制止說：「不用擋了，我都看見了。今天我瞧這裡有聖人之氣，行而求之，來至於此，但不知這位年輕人是誰？」隨從人員忙答道：這個人就是「瘋子」范蠡。文種早就聽說過范蠡的名字，並得知他雖時痴時醒，但內懷獨見之明，是個非凡人物。今日得見，分外高興，趕緊下車拜見。但范蠡表情淡漠，並不理睬文種。

文種深知，「士有賢俊之資，必有佯狂之譏」。范蠡「佯狂倜儻負俗」的行為，更激起了文種的興趣。於是他便派一名官員拿著請柬去拜見范蠡，范蠡仍然佯裝狂痴。無奈，文種只好自己驅車再次拜見范蠡。范蠡見文種真心誠意，就向哥哥、嫂子借了衣服、帽子，會見了文種。二人一見如故，「抵掌而談」。從此以後，兩人成為莫逆之交。

一天，文種對范蠡說：「先生才識高遠，為什麼不想法求取功名，而混跡在尋常百姓之中呢？」

范蠡答道：「一個人有了知識和才能，如果僅僅是為了謀取自己的富貴，那是很可恥的，而且也是最容易的，但是這並非我的志向。我的志向要有利於楚國，如果做不到這一點，我情願一生與草木同朽。」

不久，范蠡打算離開楚國到越國去施展自己的才能，以實現自己扶越制吳助楚的方略。他勸文種與其同往。范蠡說：「天命千年一次，黃帝是第一位受天命的君王。他掌握天命的日子已經過去了。霸王之氣就在大地之中，關鍵在於人們自己去奮鬥爭取。伍子胥就是憑藉著自己的軍事才能去輔佐吳王的。吳國和越國同風同俗，各國中有希望稱雄爭霸的不是吳國，就是越國。如今楚國最大的敵人就是吳國，而能牽制吳國、削弱吳國的只有越國。如果我們幫助越國，抵制吳國，吳國就沒有餘力來攻打楚國，楚國就能擺脫秦國的控制，強盛起來。故而，他為他，我為我，我們兩人一起到越國去吧。」經范蠡一說，文種立即「捐棄官位，相邀而往」。

一、會稽獻策

西元前四九六年，越王允常病逝，其子勾踐繼承王位。吳王闔閭聞訊，遂決定起兵討伐越國。這是因為，徹底消滅越國，北上伐齊伐晉，稱霸天下，是吳國的既定戰略。加之越王當初不肯幫助吳國攻打楚國，反而派兵幫助吳王的兄弟夫概內訌，因此，兩國結下仇恨。故而，吳王闔閭便不顧國喪不興兵的規矩，不聽伍子胥的勸阻，調集三萬精兵，親自統率，去攻打越國。

新繼位的越王勾踐掛孝抵抗。兩國兵馬相遇於檇李（今浙江省嘉興市西南七十里處）。勾踐瞧吳國軍隊陣腳整齊，一時不易突破，便採取智攻。勾踐先派三百名死囚，排成三行橫隊，每人相距三步，每隊間隔三步，光著膀子，把劍擱在自己的脖子上，列隊走到吳軍陣前，一齊高喝：「大王英明，越國必勝！」隨著一陣陣吥吥聲中，一個個人頭滾落在地，一注注鮮血勢如湧泉。吳軍從未見過這種古怪的陣法，彼此議論紛紛，心驚膽顫。前面的在看屍首，後面的則不明情況，爭向前擁，一下子亂了陣腳，嚴整的隊伍散亂了。越軍乘機猛襲過來。吳軍沒有防備，一下子全亂了。吳軍死傷過半，三萬精兵一下子垮在了檇李。吳王闔閭也在戰鬥中負傷。闔閭因年邁有傷，加之輸在一個娃娃勾踐手中，又氣又急，又羞又愧，回到軍營後不久，大叫幾聲「勾踐」，便氣絕身亡。

闔閭死後，伍子胥立夫差為吳王。夫差當政之後，勵精圖治，一心要復仇雪恥。他派人站在宮門口，在他每日吃飯和臨睡的時候，扯開嗓子喊道：「夫差！爾忘越王殺爾之父乎？」夫差即泣而答曰：「不，不敢忘！」以此天天提醒，警惕其心。

吳王夫差拜伍子胥為太師，伯嚭為相國，孫武為元帥，大力整頓內政，訓練軍隊。他命令伍子胥等在太湖操練水兵，自己則在陸上訓練兵車。

面對磨刀霍霍的吳國，越王勾踐心知自己在軍隊、土地、人才等各方面都比不上吳國，因此寢食不安，憂心如焚。

正是在這個時候，范蠡和文種一起從楚國來到了越國。越王勾踐如獲至寶，待為上賓，並拜二人為大夫。

范蠡入越後，勾踐抱著很大的希望與范蠡進行了慎重的談話，尋求興越滅吳的良方。

范蠡侃侃而談：「當務之急是要廣納賢士。商湯得了伊尹，滅了夏朝；周武王得了姜尚，滅了商朝；諸侯之中秦穆公重用百里奚，齊桓公重用了管仲，晉文公重用了狐偃，他們才能稱霸諸侯。吳國呢，有了伍子胥、伯嚭、孫武，所以才強盛起來，戰勝了楚國，又威壓齊國。」

「到哪裡去求取賢士呢？天下有名的賢士都已為人所用了啊！」勾踐疑惑不解地反問道。

范蠡答道：「吳國有人才，孫武不就是嗎？楚國也有人才，伍子胥、伯嚭不都是楚人嗎？但做國君的應該善於發現人才。事實上，有其名的，不一定有其實；有其實的，不一定有其名。早先的姜子牙並不出名，不過是個垂釣的老人，而周武王用了他伐紂滅殷；伊尹和傅說或為小臣，或為奴隸，而商湯和夏王用了他們便稱王天下……。」

勾踐希望范蠡能提供興越滅吳的錦囊妙計，以便盡快滅掉吳國。沒想到范蠡卻大談特談用人的重要性，勾踐大失所望，覺得范蠡這個人太迂闊，因此對范蠡有怠慢之意。

吳王夫差經過三年的準備，於西元前四九四年，以伍子胥為大將，伯嚭為副將，傾國內全部精兵，由五湖（即今太湖）取水道直攻越國。

越王勾踐聞訊後，立即調兵遣將，準備與吳軍決一死戰。這時大夫范蠡忙勸諫道：「大王且慢！吳國君臣上下都牢記著兵敗君亡的國仇家恨，立志報仇，至今已有三年了。他們胸懷義憤，萬眾一心，其勢不可擋。我看大王不要匆忙出師迎戰，還是據城堅守為好。」

大夫文種也勸說：「依臣之見，吳兵勢盛，不宜力敵，只能智取。我有一計，就是先卑辭厚禮，向吳軍求和，麻痺他們的鬥志，等到他們鬆懈下來，再出兵奇襲，定能一戰成功！」

勾踐本是個剛愎自用的人，哪裡聽得進別人的勸告！他輕慢地說道：「你們二位的主意也許穩妥些，但不是太顯得怯懦了嗎？二位不要再多說了，我的主意已定，不想更改了！」

聽了這話，范蠡、文種面面相覷，無法再勸諫了。於是勾踐徵調越國三萬壯丁，編成軍隊，浩浩蕩蕩直向五湖進發。

吳、越兩國大軍在五源的椒山之下相遇了。雙方立刻擺下陣勢，擂鼓吶喊，展開了一場殊死的戰鬥。

吳王夫差精神抖擻，三年來一直壓抑著的仇恨此時全部迸發出來。他高高地站在戰車之上，親自擂鼓指揮。大將伍子胥久經戰陣，勇猛無敵。吳國將士見吳王和大將都捨生忘死，他們無不以一當十，奮勇殺敵。

越軍被殺得丟盔棄甲，四散奔逃。越王勾踐氣得兩眼冒火，便親手殺死了幾個退卻的將領。可是兵敗如山倒，潰敗的大軍像退潮的海水，哪裡攔阻得住？范蠡見敗局已定，無法挽回，便也隨著敗軍撤了下來，然後擁著發瘋似的越王驅車逃出了亂軍。

吳軍乘勝追擊，長驅直入越國。勾踐邊戰邊逃，他的驕妄之心開始由於大敗而變得絕望了。他狼狽地逃到會稽山（今浙江省紹興縣東南），才止住了腳步。他爬到山頂，眼望敗鱗殘甲，嚇得連話都說不成句了。大夫范蠡臨變不驚，分外冷靜。他趕忙把殘兵敗將收攏到山上，清點了一下，數萬精兵只剩下五千餘人了。

勾踐看了看身旁盔甲不整的兵將，再往山下望去，吳兵又漫天蓋地湧來，早把會稽山團團圍住。直到這時，勾踐才如醉方醒，淒然感嘆道：「自從先王到如今，三十年來，從未有此大敗。我悔不該拒絕了范、文二位大夫的忠言，今天才落到這種地步呀！」

越王勾踐被吳軍圍困在會稽山上，眼看著自己好像魚游釜底，無路可逃了。但他還希望能在絕境中尋出一條生路，便向大夫范蠡討教說：「全是因為我沒有聽從大夫的忠言，才落到這般田地，想起來，我實在慚愧呀。可是，難道先王辛辛苦苦建立的越國，就要這樣毀在我這個不肖子孫手裡了嗎？請大夫給我想個挽救危亡的辦法吧！」

范蠡嘆了口氣，說：「時至今日，只有一個辦法可以挽救越國的社稷了。只是不知大王肯不肯同意。」

「我已經窮途末路，還有什麼同意不同意的！您說吧，只要能挽救我的國家社稷，我什麼事都願意做！」

「那就是卑辭屈節，用盡一切手段向吳王求和。」

「卑辭屈節，我是可以做到的。」勾踐垂頭喪氣地說，「可是吳王心懷報仇雪恨之志，如今勝利在望，他怎麼會答應求和呢？」

「大王不必擔憂，這事我早已深思熟慮過了。」范蠡笑了笑說，「吳王夫差雖年輕氣盛，卻是外剛內柔，貌勇實怯，十分重視自己的名聲，我們派人求和，其虛榮心已滿足一半。吳國的太宰（最高行政長官）伯嚭，既貪財又好色，而且忌賢妒能，招權納賄，是個為了自己眼前利益什麼都可以出賣的傢伙。他雖然與相國伍子胥同是楚國人，靠伍子胥推薦，當上大夫，卻對伍子胥百般讒言。而吳王夫差呢？他儘管尊重伍子胥，但在尊重中又有些懼怕；他雖然對伯嚭不太敬重，卻很親暱信任，言聽計從。這樣一來，我們就可以利用他們之間的矛盾，派人暗中會見伯嚭，結其歡心，訂立盟約，太宰伯嚭言於吳王，吳王一定應允，子胥聞訊勸阻亦晚矣，和局可定。」

君臣們商議了一番，決定派文種攜帶重禮去買通太宰伯嚭。於是文種帶了軍中的全部珍寶求見伯嚭。伯嚭在軍營裡接見了文種，他架子很大，瞪著眼睛坐在那兒，動也不動。文種卑微地跪在地上，低聲哀求道：「越王無知，得罪了上國，如今已悔恨不及，情願舉國充當吳王的臣僕。可是又唯恐吳王記恨前仇，不肯接納。我們君臣思來想去，認為只有太宰您德高望重，既胸懷坦蕩，不念舊惡，又是吳國心腹大臣，一言九鼎，力可回天。所以越王先派小臣求見太宰，請您在吳王面前多說些好話。」

文種說罷，兩手高舉著禮單，挪動著雙膝。伯嚭接過禮單，一見上面既有黃金碧玉，又有妙齡美女，心裡十分高興，可是臉上仍然故意做出冷冰冰的樣子，裝腔作勢地說：「越國的滅亡只在旦夕之間，那時越國的一切財富，還不都是我們吳國的？」

「太宰考慮得既對，又不完全對。越兵雖敗，可是會稽山上還有勁卒萬人。常言道：困獸猶鬥。吳王如不准求和，被困越兵拚死一戰，也未必沒有轉機。而且，即使再吃了敗仗，越國君臣索性把府庫珍寶燒個一乾二淨，然後逃亡到國外，貴國還能得到些什麼呢？再退一步說，即使越國的珍寶都為吳國所得，但恐怕大多要被吳王獨吞，分到太宰您名下的，也是少得可憐了。而現在呢，雖然名義上越王是委身於吳王，實際上是委身於太宰。只要您促成和議，越國君臣將永遠感恩戴德，今後再有貢獻，先送太宰，後送吳王。太宰您覺得怎樣做更合適呢？」

文種一席話，正說到伯嚭心坎上。伯嚭點了點頭，說道：「好吧！我明日引你去見吳王。」

第二天，伯嚭帶著文種去見夫差。文種跪在夫差面前，低頭行禮說：「君王，您逃亡的臣子勾踐，派了小臣文種向您祈求：請您把勾踐收做臣子，把他的妻子收做侍妾吧。」伯嚭在一旁插話說：「大王如果赦免了勾踐之罪，越國就會把金銀財寶統統奉獻給大王；如果大王不肯赦免，說不定勾踐會把妻子殺掉，放火燒燬金銀財寶，然後帶領殘兵同吳軍拚命，這樣，吳國有可能什麼也得不到，而且還可能會有損失。」

夫差終於接受了伯嚭的意見，撤兵回國，但提出了一個屈辱性的條件：越王和他的妻子必須到吳國做三年臣奴！

伍子胥聽說後，極力勸阻，夫差仍執迷不悟。子胥悲嘆地預言：「越國十年生聚（聚集物力），十年教訓（訓練軍隊）；二十年後就能把吳國滅掉！」

范蠡心知文種此次求和必定會成功，但吳王也會提出讓越王感到恥辱的條件。為了讓勾踐鎮定地面對現實，范蠡用越王的寶劍在石頭上刻寫了九個大字：

待其時，忍其辱，乘其虛！

二、忍辱三秋

勾踐得知吳王夫差允其投降，但要他為奴三年，猶如五雷轟頂，氣得說不出話來。文種勸慰道：「大王不要哀傷，更不要絕望。過去商湯曾被夏桀囚禁在夏台，周文王也曾被商紂王關押在羑里，但他們不是都終於安然返回，振興邦國，成了一代賢王嗎？齊桓公曾流落莒國，晉文公更是奔波異邦，但他們也終於回國，成就了霸業。大王只要能夠忍辱含辛，永遠不失信心，就一定能安然歸來，復國興邦的！」范蠡也勸道：「當今越國絕無還手之力，猶如一個傷重了流血過多的人，只要稍一動彈，就會氣絕身亡的！」

勾踐聽了，漸漸止住了悲哀，對群臣囑託道：「我就要去吳國了，想委託范大夫代替我治理國政，請范大夫不要推辭。」

范蠡忙行一禮，謙和地說道：「我本是楚國人，能夠得到大王如此信任，實在感到榮幸之至。但是說起治理國家百姓，我的才能實在不如文種大夫。而應對敵國，隨機應變，我似乎比他更合適一些。我希望大王重新考慮一下，讓文種代行國政，我伴隨大王同去吳國。」

勾踐想了想，認為範蠡的分析是對的，便答應了他的提議。

啟程的日子到了。勾踐和夫人換上一身平民穿的舊衣，在范蠡的陪伴下離開了國都。文種率領群臣和越國父老忍痛含淚，一直送到錢塘江畔。

到了吳國都城，勾踐先派范蠡把攜來的十名美女、數箱珍寶送到伯嚭府上。伯嚭收下了美女和珍寶後，立刻在府上接見了勾踐。

勾踐見了伯嚭，低聲下氣，彎腰躬背，一再感謝伯嚭的庇護之恩。伯嚭見一國之尊對自己這樣卑躬屈膝、感激涕零，心中萬分得意。

范蠡在旁邊趕忙說：「太宰的恩德，不光我們君臣永世不敢忘，就是越國百姓也子子孫孫萬代銘記。將來托太宰的福，我們能夠返回越國，一定要年年貢獻，歲歲請安，報答太宰的再造之恩！」

伯嚭滿臉堆笑，信口說道：「你們回國的事包在我身上啦！」

第二天，伯嚭帶著勾踐夫婦拜見了夫差。夫差把他們發落在闔閭墳墓旁邊的一間石屋裡。這石屋一半埋在地面下，一半露於地面上，陰冷潮濕，終年不見陽光。

越后常做惡夢；勾踐則變得沉默寡言，偶爾發出一聲粗重的嘆息；而范蠡呢，則很坦然。他考慮的不是個人的安危和得失。他所思考的是，怎樣才能讓吳王覺得勾踐已臣服於他；怎樣才能加深吳王君臣的矛盾，誘發伯嚭和伍子胥的爭鬥；怎樣才能充分利用伯嚭達到麻痺夫差的目的……。

石屋棲身後，勾踐君臣白天被武士押著去打掃馬廄、鍘草餵馬和擦洗車輪，晚上回石屋向闔閭祈禱。夫差每次坐車出去，也總是讓勾踐給他牽馬。范蠡則跟著他做奴僕的工作。為求得夫差的歡心，范蠡把養馬的一些訣竅傳授給勾踐。不久，勾踐餵養的馬便毛皮光亮，膘肥體壯，夫差非常高興；范蠡又把擦洗車輦的辦法教授給勾踐，經勾踐擦拭的車輦光亮照人，夫差更加高興了。

勾踐在吳國軟禁兩年多以後，伍子胥向吳王提議殺死勾踐，被伯嚭阻攔下來。而勾踐聽從了范蠡的勸告，一直忍耐著吳王的惡語譏誚，低頭幹活，不言不語，日夜忙碌，為夫差剁草養馬，清掃馬圈，擦洗車輦，真是百依百順。吳王也暗中派人察看勾踐的情況，想知道勾踐是否已真心臣服於他。那回報的人總是稱讚越王並沒有因為幹這樣汙賤的差使而有什麼怨言，連不高興的臉色也沒有。而范蠡對勾踐、越后也始終保持著臣子的禮節。

夫差有些不相信，一天，他登上宮中的高台，隨意觀覽四周風景，正好瞥見勾踐夫婦和范蠡手腳不閒地幹著又髒又累的活。當勾踐夫婦歇息的時候，范蠡就端坐在旁邊，畢恭畢敬地執臣子之禮。夫差看了一會兒，不禁嘆道：「勾踐不過是個小國之君，而范蠡也不過是一介寒士，可是他們身處窮厄之時，君臣之禮還是如此分明，不肯含糊。我倒真有些憐憫他們呢！」

文種時常打發人給伯嚭送禮。伯嚭老在吳王跟前給勾踐說情。此時，伯嚭正在旁侍候，聽了吳王的話，趕忙順水推舟地說道：「是啊，他們三年如一日，恭謹勤勞，毫無怨色，確實已經悔過自新了。願大王以仁義聖賢之心，對他們實行一些寬赦吧。」

「好！讓太史挑個吉日良辰，我就赦免他們回國去！」

伯嚭回府之後，立刻派人把這個喜訊告訴了勾踐，希望勾踐不要忘記自己的功勞，以後好厚厚地報答他。勾踐高興得喜形於色，坐立不安。范蠡卻說：「大王不要高興太早了。伍子胥知道這消息，一定會節外生枝，從中作梗的。另外，大王即使高興，也不應該在外表上顯露出來。」

事情果然被范蠡說中了。伍子胥聽說吳王一高興就草率地決定放勾踐回國，不由心中大怒，趕忙到宮中去勸諫。因此，夫差也猶豫起來，過了幾天，赦免越王的事誰也不提了。

不久，夫差得了病，這一病就是兩個多月。待在石屋裡的勾踐和范蠡十分著急。一天，范蠡悄悄對勾踐說：「夫差這樣的昏君對我們來說實在太難得了，伍子胥幾次勸諫他不要留下商湯、周文王那樣的後患，他簡直像頭又頑固又愚蠢的驢，就是聽不進去忠言。此人如果死了那就糟透了。我已經瞭解過太子友，那是個很有頭腦的年輕人，而且很尊敬伍子胥。要是他當了吳王，我們的性命就難保了！」

「那可怎麼辦才好呢？」勾踐嚇得變了臉色。

「我有一個辦法，或許能挽回危局，只是不知大王肯不肯採用。」

「事已至此，我是飢不擇食，慌不擇路，你快把主意說出來吧！」

「我認為，您最好要求去探視吳王的病體。病從口入，結於內臟，徵兆在便，您用舌尖嘗嘗他的糞便，觀察他的氣色，再編上一套話，拜賀他早日康復，以此表示您對他始終不渝的忠誠。這樣，如果順利，他也許當即就同意放您歸國，如不順利呢，那就等他病好了，再由伯嚭吹吹風，我們也一定能獲得自由。到那時，我們如同虎歸深山，哪怕壯志不酬！」

勾踐一聽讓他去嘗仇人的糞便，不光是埋怨噁心，還直冒火。但他終於橫下了一條心，皺著眉頭嘆道：「為了能活著回去，就是再下賤的事我也得去幹呀！」

第二天，勾踐就託人向伯嚭表示，要問候吳王病體。伯嚭對夫差一說，夫差就答應了。勾踐拜見夫差時，恰好夫差剛剛解完大便，勾踐便按照范蠡教他的話說道：「罪臣少時曾從師名醫，他教我品嘗人糞便可推斷病情吉凶。請大王恩准罪臣一試吧！」

說著，勾踐走近屎盆，用手指把糞便抹進嘴裡。勾踐雖然噁心得五臟都要翻出來，但是面不改色，猶如饞貓嘗腥一般。他咂咂嘴，裝著凝神細辨了一會兒，跪下就給夫差磕頭，道：「恭喜大王，您的病很快就要痊癒了。」

夫差高興地從床榻上支起身子。勾踐又說：「大王的糞便味苦而酸，正順應春夏的時氣，可見病患不能損壞大王的萬金之體！」

夫差感動得聲音發顫，他用不屑的神情看著身邊的伍子胥說：「把越王安頓在宮殿裡，不要讓他洗車餵馬了。要范大夫也從石屋裡搬出來陪越王同住。等我的病一好，你隨我送越王夫婦回國。」

「只要大王早日康復，」勾踐泣不成聲地說，「罪臣情願在吳國侍奉大王，已經無心返還越國了。」

在范蠡的策劃下，由於勾踐處處小心侍奉夫差，再加上伯嚭不斷地向夫差報告越國國內十分平靜，沒有一點反叛吳國的跡象，夫差對勾踐的臣服深信不疑，他覺得越國對吳國已經沒有什麼威脅了，於是下詔放越王回國。

西元前四九一年，夫差親自送勾踐夫婦回國。臨行前，吳王夫差對勾踐說：「今茲赦歸之後，越國永為吳國之附庸。不許練兵，不許築城堡，歲時貢獻，不許稍缺！」勾踐急於苟全性命，徐圖報仇雪恥之計，只得一一應許。吳王笑其懦怯，召見范蠡：「寡人曾聞『賢婦不嫁破落之家，名士不仕滅絕之國』。如今越國已亡，先生何不棄越歸吳？果如此，寡人一定委以重任。」勾踐唯恐范蠡變節，暗自墜淚。只見范蠡委婉地推辭說：「罪臣嘗聞『亡國之臣不敢語政，敗軍之將不敢言勇』。臣在越國不能輔助勾踐行善，以致得罪大王，如今僥倖不死，臣已十分滿足了，豈敢攀求富貴？」

三、強越削吳

范蠡的一席話，使伍子胥更加看出了「放虎歸山」的危險性，預感到吳國的滅亡指日可待了。

在吳國的三年，范蠡與勾踐患難與共，相依為命，使勾踐感到范蠡的良苦用心，更加欣賞范蠡的才能。回到越國後，勾踐便讓范蠡負責統軍治兵，而讓文種治理國家的政務。

范蠡很注意統兵策略，會稽一戰，使將卒的士氣一落千丈。越王回國後，軍營情緒依然低落，而范蠡胸存韜略，信心百倍。他知道越國戰船和戰車技術比其他諸侯國高出一籌，便用了兩年時間不遺餘力集中訓練了一支艦隊、一支車隊。然後，請勾踐和文武大臣進行檢閱。這次檢閱使君臣上下英姿煥發，士氣倍增，看到了越國的希望。

閱兵後，范蠡對勾踐說：「越國軍隊的劍術和弩術比不上吳國，要想辦法彌補這兩個短處。我聽說南林（今浙江省山陰縣南地區）有許多人善於使用劍戟，其中有一個青年女子的劍術很好，不獨在那一帶聞名，連全越國都知道她，大王可派人把她請來教授劍術。」

女劍俠被請來後，越王想試試她的劍術，便問她能敵幾人，她毫不介意地說：「能敵十人。能敵十人，也就能敵百人。」越王派了十個身高力大的劍士手握真劍，而讓女劍俠握著竹劍與之比試，女劍俠幾個回合便輕易得勝。勾踐一見，高興地對范蠡說：「夫差定死劍下。」

之後，范蠡選出一批青年由越女親自傳授劍法，然後再由這批人去教其他人，一教十，十教百……，為了讓將士們學好劍術，范蠡還特地建了一座「劍城」作為劍女教劍的地方。

後來，范蠡又請了一個名叫陳音的楚國人到越國，這個人因善於使用弓弩而出名。越王考驗後，就下令在劍城讓陳音傳授弩術給所有官兵，因為當時越國沒有弩術。

陳音教授了約三個月，所有的越軍都會使用弓弩了。不幸的是陳音不久病逝，范蠡十分惋惜。他請求勾踐把陳音厚葬在都城以西的一座山上，後來這座山就叫作「陳音山」（今浙江省山陰縣西南）。

范蠡在統兵的同時，常和文種討論治越之術。他認為，對一個弱小的國家來說，重視糧食生產乃為治國之道，因為民以食為天。他還不避王者之忌，常對越王說：「政策要取信於民，須要有一個從言到行的過程。上行則下效，因此要從『上』做起。」由於勾踐復仇心切，范蠡的一切逆耳忠言，他都能聽進去，而且能付諸行動。為了不讓舒適的生活消磨了自己的意志，勾踐把自己臥室裡的錦繡被褥撤了，換上柴草，在吃飯的地方掛了一枚苦膽，每當起床或吃飯之前都要嘗一嘗膽的苦味，這就叫作「臥薪嘗膽」。為增加人口，勾踐還頒佈了免穀稅令和獎勵生養的政策。例如，上了年紀的男人不准娶年輕的姑娘；男子到了二十歲，女子到了十七歲，還不成親的，他們的父母要受一定的處罰；快要臨盆的女人必須報官，好派官醫去照顧她；添了兒子，國王賞她一壺酒、一頭豬；添個女兒，國王賞她一壺酒、一頭小豬；有兩個兒子的，官家給養活一個；有三個兒子的，官家給養活兩個。每到播種、收穫季節，越王還親自到田地裡和百姓一起耕作，為的是讓百姓們加勁種地，多收糧食。勾踐的妻子也親自養蠶、織布。七年之內國家不收捐稅。由於勾踐帶頭，勤儉治國，臣下也到隴畝間勞動，百姓更加勤勞，越國的農業日漸發達起來。

范蠡還建議越王廣闢財源以充盈國庫。他聽說會稽有兩處魚池，經過考察後，便對勾踐說：「蓄魚三年，其利千萬，越國當盈。」越國漁業因此發展起來，對經濟的復興起了很大作用。

范蠡一方面輔助勾踐厲兵秣馬以振軍威，發展農業以強國力；另一方面，他時刻不忘賄賂吳王、伯嚭，打消吳國的戒心，並消耗吳國的實力，使吳王在懈怠中一步一步走向滅亡的深淵。

范蠡在吳國侍奉吳王時，經常看著吳王穿著華麗的衣服，便向勾踐獻計說：「您應該派越后率領一批宮女，用我們越國最好的葛麻，織成最美麗的布，做成最時髦的衣服進貢給吳王。」

「我們送給吳國的東西太多了！」勾踐埋怨說。

「不忍失其小者，必失其大！只要無失於國，這些東西又算什麼呢？夫差唯一喜歡的是別人向他臣服，對他表達忠心，否則，他就滋長疑心。這就是他親近伯嚭疏遠伍子胥的原因啊！且忍人所不能忍之忍，才能為人所不能為之為，否則，這三年屈辱就白受了。」

勾踐終於同意了。范蠡號召國中男女去山裡採葛，越后也領著一批宮女在都城東邊十里附近的山中採葛，後來這座山被稱為「葛山」。

不久，越后、文種帶著葛布十萬匹和越后親自為吳王、吳后、伯嚭織繡的葛袍向吳國進貢。吳王收到禮品後十分高興。最使他得意的是越后親手織成的葛袍，上面用各種彩線繡著越國的山川花草，構圖生動，顏色鮮豔。夫差感嘆道：「越王、越后真是有良心的人啊，只有他們才真正臣服於我。難為他們待在一個偏僻、貧困、弱小的地方，我要給越國加封一千里土地。」

文種受了加封的土地回來，又告訴勾踐，吳王準備營造姑蘇台。范蠡、文種獻計說，給吳國送一批又長又粗的楠梓木料。

夫差收到木料，更加高興了。為了不使大材小用，吳王改變了姑蘇台的設計，把工程擴大了十幾倍，花了三年的時間才完成，弄得百姓怨聲載道。

姑蘇台建好後，吳王在國內廣搜民女。文種聞訊後向勾踐獻計說：「夫差乃好色之徒，今若選才色俱全之婦女數人，貢獻於吳王，使其溺情聲色，不理朝政，然後可以得志。」君臣商議已定，便密訪國中女子。探訪數月，未能得當，勾踐焦灼萬分。范蠡親自微服易行，漸漸入諸暨之境，迤邐向苧蘿村而來，走到若耶溪邊，見一浣紗女西施，盈盈而立，明眸皓齒，秀眉天成，婀娜欲絕，似長夜之明月，猶下凡之天仙。乃以千金聘之，經過親自教練後送到吳國。夫差馬上被西施豔麗如仙的美貌迷住了，他天天在姑蘇台上飲酒作樂，絃管相隨，流連忘返。西施經常在枕邊為越王說好話。這樣，夫差對越國一點戒備也沒有了。

西元前四八九年，吳王夫差聽說齊景公已死，繼位的晏孺子年幼無知，大臣爭權奪利，國內混亂，就打算興兵伐齊，意欲奪取霸主地位。消息傳到越國，文種對勾踐說：「我看吳王對越國已不存戒心了，請大王讓我去吳國借糧，順便試探一下吳王對我們的態度。」范蠡對文種的想法十分讚賞，他補充說：「我們把借來的好糧食存在國庫以備軍用，把國庫的陳糧散發一部分給百姓。就說是從吳國借來的，這樣百姓就會更加痛恨吳王，就會支持我們攻打吳國。」於是，勾踐派文種到吳國，文種很快就借回了糧食，並對勾踐說：「看來吳王果真對越國不存戒心了。」

西元前四八五年，吳軍又要攻打齊國，范蠡聽說後對勾踐說：「我們應該出兵幫助吳國！」勾踐猶豫不定，文種插話說：「我幾次去吳國，都聽到為了進攻齊國的事，伯嚭和伍子胥矛盾很大。伍子胥反對出兵齊國，他一貫主張消滅越國，認為越國才是心腹之患。」

范蠡接著說：「只要我們幫助吳國把齊國戰勝了，伍子胥就會在吳王面前徹底失寵，如果吳王不把他殺了，他也會自殺的！如果伍子胥死了，就再也沒有人挑撥吳越的『友好』關係了。這樣，我們就可以抓住時機討伐吳國。」

勾踐果然派兵三千支援吳國。吳國勢力本來就強，加上越國的支援，軍威大振，齊陵一戰，齊軍被打得一敗塗地。正在夫差高興的時候，伍子胥卻潑了一盆冷水：「攻打齊國，只是撿了一個小便宜，好比石板上耕種，是得不到什麼好處的。越國才是真正的心腹大患，大王若不加防備，不出三年，吳國就要變成一片廢墟！」

沒等夫差開口，伯嚭便指責伍子胥：「你表面上忠於大王，背後卻私通齊國為自己打算！大王上次伐齊，你就反對；現在勝利了又怨恨大王。大王如果不防備你，你就會反叛作亂！」

夫差聽了伯嚭一番話半信半疑，便故意派伍子胥出使齊國。伍子胥到齊國後，預料到吳國終究得有一場大禍，便把兒子託付給齊國的大夫鮑息。有人把這件事報告了夫差，夫差大怒道：「賤臣果然背叛寡人！」

當日晚上，夫差悶悶不樂地回到宮裡，同西施說起伍子胥的事。西施對夫差說：「怪不得他老攔著大王去打齊國哪，原來是給他自個兒留著退身！俗語說得好，『用人不疑，疑人不用』。大王要是不用他，還留著這種外心人幹什麼！像這種人連本國的人他都屠殺，楚平王的屍首他還用鞭子抽哪！難道他還能怕你嗎？」夫差在西施的手裡就像算盤珠子，隨著她的撥動而上下。伍子胥回國後，夫差派使者給伍子胥送了一把名字叫「屬鏤」的寶劍。伍子胥拿著屬鏤嘆息了半天，想到自己幫助夫差的父親稱霸，又力勸立夫差為王，如今卻死在夫差的劍下，頓時感慨萬千。他手捧寶劍，對使者說：「我死後，你告訴夫差，把我的眼睛挖出來，掛在姑蘇城的東門，我要看著越兵攻打過來！」說完，伍子胥就伏劍自殺了。吳王聽說了伍子胥臨死前的話大為生氣，叫人把伍子胥的屍體裝入皮囊，丟入江中，並氣哼哼地說：「看你怎樣瞧著越國的兵馬殺來！」吳國人哀憐子胥的一片忠誠，為他在江邊建了一個祠堂，並把祠堂所在地叫作「胥山」。

四、滅吳雪恥

伍子胥自殺後，夫差把吳國的政事委託給伯嚭，自己只管在姑蘇台上日夕流連荒蕩，不復以他事縈其念慮。勾踐自從返回越國後，沒有一天不想著滅吳雪恥。歸國後的第三年，即西元前四八八年，越王召見范蠡謀議伐吳之事。范蠡獻計說：「我聽說謀國破敵，動兵出擊，一定要看準時機。孟津之會的時候，諸侯認為可以伐紂了，周武王卻認為時機還未成熟而婉辭了諸侯的請求。當今吳、楚結仇，構怨不解；齊雖不親，尚能求吳之困；晉雖不附，還可以為吳效勞。內臣謀而決斷其策，領國通而不絕其援，這正是吳國興霸諸侯之時。我聽說峻高者墜，茂葉者摧，日中則移，月滿則虧。今吳國欺凌諸侯，號令天下，不知德薄而怨廣，更沒有想到有一天威折而軍潰。請王按師整兵，待其敗壞，隨後襲擊，那麼兵不血刃，士不旋踵，吳國的群臣就成俘虜了。」

過了兩年，到西元前四八六年，越王勾踐又召范蠡詢問，說：「我想與你計謀報復的事，可以嗎？」范蠡答道：「還不行。蠡聽說，上天不成全，只有等待，強求是不會有好結果的。王不要過早地強取！」

又過了一年，勾踐再次召見范蠡詢問道：「去年我與你謀攻吳，你說還不可以。現在吳王耽於淫樂而忘百姓，耗竭民力，違逆天時，聽信那些專說別人壞話的人，憎恨出謀獻計的人，遠離規勸過錯的人。因此，能人不出，忠臣灰心，大家都阿諛奉承，不再提出不同的意見。君臣上下，都在得過且過地混日子。這樣，該可以攻吳了吧？」范蠡道：「人事方面可攻的跡像是出現了，天時方面可攻的徵兆還沒有顯露。王請暫且再待一段時間。」

自西元前四八六年，夫差為了進攻齊國，動用了大量的人工開挖運河，直通淮河，貫通了長江和淮河兩大流域。這樣就可以利用運河率大軍從水路進攻齊國了。到西元前四八四年，吳王夫差親率大軍，在艾陵（今山東省泰安市）大敗齊軍，吳王夫差打了勝仗，更相信水上進兵的方便。他就征發了比上回更多的民工挖掘運河，北通沂水，西通濟水。這樣，吳國的大軍從吳都坐船，一路可以從運河直上北方。勾踐這時又召范蠡詢問是否可以伐吳了，范蠡答道：「吳國逆亂的跡象開始產生，但天地敗吳的徵兆還未見。如果先行征伐，其事非但不能成功，而且還要受到危害，大王暫且再等待一會兒吧。」

在吳國內外交困的西元前四八三年初，越王勾踐又召范蠡詢問道：「前幾次我與你商量伐吳，你都說還不可以。現今吳國又發生災荒，總可以伐吳了吧？」范蠡答道：「天時的徵兆已經出現了，人事方面還沒有發展到盡頭，大王姑且再等一下。」越王勾踐這一次發怒了，他喝道：「有這樣的道理嗎？你是在欺騙我嗎？我與你說人事，你回答我說天時；現在天時到了，你又回答我說人事。為什麼？」范蠡答道：「請大王不要責怪。人事必須與天時、地利互相配合，然後才能成功。現在吳國的災荒剛剛發生，人民恐懼，其君臣上下知道資財不足以支持長久，他們還可以同心致死，與我國決戰，這樣對我國還是有危險的。」

到了九月，越王又焦急地問范蠡說：「俗語道：『一桌豐盛的酒席不及一盤熟食來得解飢。』今年時間又晚了，你打算怎麼辦？」范蠡答道：「沒有君王的催問，我也早就想來請示了。我聽說抓住時機，就像救火、追捕逃犯，應當快步奔跑，唯恐不及。」停了一下，范蠡又悄悄地對勾踐說：「我聽說吳王將北上會諸侯，精兵都跟著吳王出走了，國中空虛，太子留守，所剩的都是老弱殘兵。要是我們現在就出兵去攻吳，吳兵方出境不遠，聽說越國襲其後，調過頭來殺個回馬槍還是不難的。不如等到明年春天再出去。」

西元前四八二年春天，夫差率主力北上，只留下老弱殘兵和太子友守衛。消息傳到越國，范蠡對勾踐說：「滅吳的時機到了。」

於是，越國以受過短暫訓練的流放罪人兩千名作為敢死隊，以經過長期訓練的軍隊四萬人為主力攻打吳國。吳國留守的老兵弱卒碰到了越國的精銳部隊，當然不堪一擊。勾踐一戰之下，把太子友也殺了。

夫差正在黃池（今河南省封丘縣西南）與諸侯會盟，接到甚急密報，卻不敢聲張，為了防止消息洩露，影響結盟當主，夫差把知情的七個信使全殺了。以陳兵叫陣威脅手段逼晉、魯、衛三君在盟約上籤字，尊其為盟主。之後，夫差匆匆忙忙班師從江淮水路而回。沿途不斷傳來姑蘇城破，萬人被斬的消息，軍士心膽俱碎，丟盔棄甲，狼狽歸國。但經過長途跋涉，士兵遠行疲敝，皆無鬥志，且糧草匱乏，天涼無衣，無法再戰。夫差只好派伯嚭帶著厚禮向勾踐求和。范蠡對勾踐說：「吳國現在實力尚存，主力部隊休整兩天就可以迎戰，而我們又不能在兩天內消滅他們，停戰講和為上策。」雙方議和條款是：越吳永為平等之國，越不再臣吳；吳歸還越從闔閭以來所占土地、百姓；歸還越貢送的寶物；吳每年向越送犒軍之禮，數目如越往昔送吳數量。於是，勾踐便退兵回國了。

黃池之會後，夫差得了一個霸主的虛名，但部隊元氣大傷，士氣低落，加上幾次伐齊，國力越來越弱。夫差灰了心，天天陪著西施飲酒解悶，索性連政事也不管了。而越國經過十年生聚，十年教訓，人口增加，生產發展，國力大增，軍事實力也越來越雄厚。

西元前四七七年春，勾踐、范蠡、文種帶領五萬大軍偷襲吳國。兩國在笠澤（今上海松江區）交戰，吳軍大敗。然後，越軍乘勝追擊，節節勝利。夫差出城迎戰時的六萬大軍，入城時只剩下萬餘。可嘆伍子胥精心訓練出打遍中原無敵手的精銳之師，朝夕之間便毀於昏君之手。

西元前四七五年，越軍攻到姑蘇城，將吳軍團團圍住。夫差打發王孫雄上越國兵營求和，情願當個屬國。王孫雄來回跑了六、七趟，勾踐堅決不答應。到西元前四七三年，吳軍兵疲糧絕，夫差沒有法了，只好叫伯嚭守著城，自己帶著王孫雄逃到陽山（今江蘇省吳縣市西北）。范蠡、文種的兵馬接連不斷地攻打。伯嚭抵擋不住，先投降了。越國的兵馬追上夫差，把他圍困起來。

夫差到了山窮水盡的地步，於是他使出了離間越國君臣關係的一招。他讓衛士扯下一塊布，然後親筆寫了一封信，繫在箭上，射向越軍大營。越兵拾到這支箭趕快送到了范蠡和文種那裡。打開布條一看，只見上面歪歪斜斜寫道：「常言道：『狡兔死，良犬烹；敵國滅，謀臣亡。』兩位楚人，何不存吳一線，以留後路。」范蠡和文種在關鍵時刻當然不會猶豫徬徨，接受這種挑撥。他們寫了一封回信，也用箭射了出去。夫差拿來一看，上面寫著：「你殺害忠臣，聽信小人，專憑武力，侵犯鄰國；越國殺了你的父親，你不知報仇，反倒放走了敵人……，你犯了這麼些罪過，怎麼能不死呢？二十二年前，老天爺把越國送給你，你不要；如今老天爺把吳國送給越王，越王怎能違背天命！」夫差唸著，心如箭穿，流著眼淚道：「孤不誅勾踐，忘先王之仇，為不孝之子，此之所以棄吳也。」

王孫雄勸道：「臣請再見越王而哀懇。」夫差想想說：「孤不願復國，只求為附庸，世世事越，子去說吧。」王孫雄裸衣跪行到勾踐面前，懇求道：「孤臣夫差，當年在會稽山得罪大王，當時夫差不敢違背天命，使大王得以復國。如今大王大駕光臨討伐孤臣，孤臣惟命是從……，但孤臣私下的心願是希望也能像會稽山赦免越王一樣，請越王赦免孤臣的罪。」勾踐不忍心看著王孫雄那副可憐的樣子，準備答應他的請求，范蠡忙勸阻說：「當年在會稽，是上天把越國賜給吳國，吳國不肯接受；現在上天把吳國賜給越國，大王難道可以違逆天意嗎？謀劃了二十二年，而在一朝就將計畫拋棄，這是上天也不會同意的。如果上天賜給的，你反而不取，一定會受到報應，就像樹木一樣，這次被斧頭砍伐的樹幹，下次就變成伐樹的斧柄了……。」

勾踐說：「你說得很對，但我實在可憐吳國的使者。這樣吧，孤心不忍加誅，告吳王，孤封他到甬東的島上去（今浙江省舟山群島），給他五百家侍人，終養天年，以報他未殺孤之德。」王孫雄只好將此意轉告給夫差。夫差苦笑著說：「要是不廢去吳國的宗廟，讓吳國當個屬國也就罷了，想不到要把我遷走，我已經上了年紀，何必再受這份罪！」瞬間又仰天大笑道：「滅吳者，非越，實寡人也！願天下諸侯以我為鑑！願越王善待吳國臣民，莫以夫差為伍！」王孫雄等人哭勸夫差不要自決，到甬東再圖。夫差到了國破家亡之境地，死心已定，對王孫雄說：「悔不聽子胥之言，破敗如此。吾無顏和子胥黃泉相見。吾死後，將軍用衣巾掩吾臉面。嗚呼！孤去也！」說罷，拔劍自刎。王孫雄揮淚脫下自己的衣裳，將夫差的臉面蓋上，叩了三個頭，自刎在夫差身邊。剩下的幾十名衛士，也都拔劍自刎，頃刻之間，血流成河，一代霸主就這樣長眠在陽山之上。可悲耶？可嘆耶！

勾踐攻進姑蘇城後，坐在吳王夫差的朝堂上，接受文武百官的朝賀，吳國相國伯嚭得意地站在那兒，等著受封。勾踐對他說：「你是吳國的太宰，我哪兒敢收你做臣下哪？如今你的國君在陽山，你怎麼不去呀！」伯嚭只好垂頭喪氣地退出去。勾踐派人追上去，把他殺了。

五、功成身退

勾踐滅吳之後，北上經營，爭奪中原，很快就使許多諸侯國都來朝服他。周天子命他為諸侯之長，軍隊橫行於江淮之間，聲名大盛。《呂氏春秋》載，勾踐「殘吳二年而霸」。在短短的時間內取得這樣大的成功，使勾踐逐漸驕橫起來。范蠡看出了這個苗頭。自西元前四九六年左右，也就是勾踐剛即位時，范蠡從楚國來到越國，一直輔佐越王勾踐，「苦身戮力，與勾踐深謀二十餘年」，為興越滅吳立下了汗馬功勞。現在，勾踐稱霸中原，又加命范蠡為「上將軍」。但范蠡是一個諳於世故的人，他懂得功成身退的道理，「大名之下，難以久居」。如果繼續留在越國，對他將是不利的。同時，他從二十年的經驗中看出，勾踐這個人為爭國土，不惜群臣之死；而今如願以償，便不想歸功臣下。可以與他一起共度憂患，難以與他一起同享安樂。在憂患的日子裡，他能禮賢下士，共商復國大計；在安逸的日子裡，他會變得粗暴，猜疑臣下，以致做出意想不到的事。因此，既然功成事遂，不如趁早急流勇退。於是他想伺機離開越國，到別處去謀生。

西元前四七〇年前後，當范蠡與越王勾踐出征北方回國以後，范蠡給勾踐寫了一封信，信中寫道：「臣聞『主憂臣勞，主辱臣死』。昔者，大王辱於會稽，恥於石室，臣所以相隨不死者，欲隱忍興越。今吳已滅，中原諸國已尊王為霸，天子加封大王為伯。懇請大王免臣之罪，乞無用骸骨，老於江湖。祝大王萬壽萬福，越國繁榮昌盛。」勾踐讀罷信，淚濕衣裳，就召范蠡來，對他說：「國中的士大夫讚揚你，國中的人民稱頌你，寡人賴將軍之勞，才有今日；越國百姓賴相國之功，始人旺穀豐；寡人正欲圖報，將軍為何棄寡人而去呢？大將軍收回奏簡吧！」范蠡懇求其願。勾踐說：「孤私下有句話告訴你，你如能留下來不走，孤將與你分國共享；你如決意要走，我將殺掉你的老婆孩子。」政治頭腦十分清醒的范蠡一眼看出，「共分越國」，純係虛語，便一語雙關地說：「君行其法，我行其意，大王，妻何罪？死生由王，臣不顧矣！」

事後不久，范蠡怕夜長夢多，匆匆不辭而別，帶領家屬奴僕，駕扁舟，泛東海，離開了風塵瀰漫的越國。

范蠡出走後，勾踐把離都城十八里的苦竹城封給范蠡的兒子。在此之前，勾踐已經把離都城十二里的麻林山下的田地封給了功臣們。為了表示不忘功臣，勾踐又叫手藝高超的工匠鑄了一個范蠡的銅像在宮廷中，每天以禮相待，與之共商國家大事。每隔十天，即令大夫們向他朝拜。

在范蠡即將離開越國的時候，曾對好友文種說：「你也和我一塊走吧，越王將會殺你的。」文種自認為有功於越王，對范蠡的話不以為然。范蠡走後，又託人帶給文種一封信，信中寫道：「少伯致子禽，我聽說天有四季：春天生長，冬天殺伐。人有興盛和衰亡的時候，發達到了極點必然會走向反面。知道進退存亡的道理而能立於不敗之地，才是賢人啊！蠡雖不才，但還知道何時可進，何時該退。所謂『狡兔死，走狗烹；飛鳥盡，良弓藏；敵國破，謀臣亡』。伴君如伴虎，功成需抽身。勾踐為人，長頸鳥嘴，眼睛像鷹，走步似狼，嫉賢妒功。可與之共患難，不可共安樂。子今不去，禍必不免！」文種讀完，將竹簡扔進火爐，仍然將信將疑，並沒有立刻離開越國。為了安全著想，只是稱病不再上朝。不久，就有人在勾踐面前講文種不朝是蓄意謀亂，勾踐以此為藉口，準備除掉才智出眾的文種。

一天，勾踐以探視病情為由來到文種家裡，臨走時，對文種說：「你教給寡人伐吳的七個好計策，今只用其四已破強吳，其餘的三個計策，你帶著去為孤的前王用於地下，再謀取吳的先人吧！」勾踐走後，文種發現勾踐在他坐過的椅子旁留下了一把屬鏤之劍，仔細觀看，正是當年夫差賜伍子胥自殺之劍。文種這時才後悔沒有聽從范蠡之言，捧劍嘆道：「走狗不走，只好讓主人烹了。我沒有聽從范蠡的話，真是該死！」忽又笑著說：「這把寶劍殺了伍子胥，又殺了我。它把我們結成了『刎頸之交』，我還有什麼不滿意的？百世之後，忠臣必定會以我為鑑的。」說完即伏劍而死。文種死後被葬於越國國都西面的西山上，後人稱之為「種山」，即今浙江紹興市內的臥龍山。

范蠡出走後的下落，是一個眾說紛紜的歷史懸案。有人說他追尋伍子胥沉江而死，似不可信。也有人說，范蠡載西施共泛太湖，這也不過是一廂情願的英雄救美人式的民間傳說。比較可信的說法是改名經商。

范蠡從越國出走後，來到了齊國定居。他唯恐樹大招風，引來不測，便隱姓埋名，更名為鴟夷（一種皮革制的小酒囊）子皮。把自己比成盛酒的革囊，可大可小，舒捲自如，能屈能伸。

定居齊國後，范蠡舉家同心協力，躬耕於海濱，開墾荒地，從事漁牧生產。他整日與農夫、商賈滾在一起，高談養魚養畜經，闊論市場行情，十分忙碌，十分愉快。他會醫術，飼養五畜，無一死亡。幾年間，積累了數十萬家產。齊國宰相陳成子聽說鴟夷子皮很賢明能幹，便請他做官。范蠡感嘆道：「我當官到卿相，種地得千金，這是布衣出身的最高境界了。如果長久受尊名，這是不明智的。」於是，他送回齊國的官印，又把財產散給親友鄉鄰，悄悄地離開了海邊。

他聽說齊國西南接近宋、衛兩國的陶（今山東省定陶縣）是當時天下的中心，四通八達，人口密集，三國交界，需求旺盛，是經濟和貿易的會聚點，也是經商的好地方，便帶了部分財產在陶邑城外五里處的陶山定居下來，以經商為業，並再次變易姓名，自稱朱公。因住在陶地，人稱陶朱公。他平時經營農牧生產，但主要通過買賤賣貴、囤積居奇等方法，與時逐利，積累了大量資金，成為天下首富。十九年間，范蠡又三擲千金，把財產分出許多以接濟貧困的朋友和同鄉，真所謂「富而好行其德者也」。范蠡還總結出諸多致富的成功經驗，如：「夫糶，二十病農，九十病末，末病則財不出，農病則草不辟矣。上不過八十，下不減三十，則農末俱利，平糶齊物，關市不乏，治國之道也。」其意是說，穀賤傷農，穀貴損商。損商，則財政匱乏；傷農，則農業蕭條。農商俱利，各盡其能，物價平穩。因此，范蠡主張用「平糴」、「平糶」的辦法，調節市場，即在穀賤時由官府收購，穀貴時平價售出。只有這樣，才能穩定物價，繁榮市場。同時，他提出經商活動中，也要有備無患，如：「水則資本，旱則資舟。」即洪水期準備天旱商品，天旱時籌劃防澇物資。他還提出「積蓄之理」的經商原則，即經營的物品要完好，商品不要長期積壓，易腐敗之物不要囤積居奇。要掌握好「貴上極則反賤，賤下極則反貴」的原理，順其自然，待時而動，乘時出擊，從而加速資金周轉，生財獲利。

范蠡不但經商有術，還樂於助貧，向農民百姓傳播生財之道。西元前四六〇年，他總結民間養魚經驗，結合自己的養魚實踐，寫下了《養魚經》，向百姓推廣「鑿池養魚」之法。賈思勰在其《齊民要術》裡高度評價說：「朱公收利，未可頓求，然依法為池養魚，必大豐足，終大糜窮，斯以無貲之利也。」魯國有個猗頓，是個窮讀書人，他聞朱公致富，便前去問成功的辦法。朱公說：「子欲速富，當畜五牸。」於是，猗頓大養牛羊，後成富翁，與范蠡並稱「陶朱」、「猗頓」之富，馳名天下。

范蠡七十三歲時，在陶壽終正寢。後人把他定居的地方稱作「定陶」，即今日定陶縣名之來歷。

范蠡，是先秦時期傑出的政治家、思想家和謀略家，是中國古代罕見的智士能臣。在社會劇烈動盪的春秋時期，他大膽探求天人關係，不拘舊說，提出了陰與陽、剛與柔、興與衰等矛盾互相轉化的可貴命題。他無論是國事、家事還是天下事，樣樣精通，所以無論是從政還是經商，他總是得心應手。司馬遷在《史記》中儘管沒有為范蠡專門立傳，卻把《越王勾踐世家》的後半部留給了范蠡。「故范蠡三徙，成名於天下，非苟去而已，所止必成名。」字裡行間洋溢著由衷的讚歎，令後人歎羨不已。

本文主要資料來源：《史記》卷四一，《越王勾踐世家》；卷一二九，《貨殖列傳》；《吳越春秋》。

多謀善戰威震七國　布衣將相治國有術

吳起傳

于萌苗

吳起（西元前？年～西元前三八一年）是我國歷史上著名的謀略家和軍事家。他的一生大體可以用下面幾句話來概括：別母逃衛從曾參，殺妻得將挫齊軍。被謗離魯事魏侯，文武兼治卻強秦。變法強楚為令尹，威震四方老臣心。惜乎謀軍謀國相，未解遭忌殞命因。

春秋戰國時期是我國歷史上從奴隸制過渡到封建制的大轉變時期。封建制的生產關係逐漸形成，新興的地主階級先後登上政治舞台，他們迫切需要從各方面選拔人才，擴大勢力，進行爭霸戰爭。於是，在戰國初期出現了「禮賢下士」之風。各種有才學的士人，四處奔走，八方遊說。也就是在這個戰火紛飛的變革時代裡，吳起降生在黃河中游的衛國（今山東曹縣），那年大約是西元前四四〇年，在此後的六十年裡，吳起以超人的謀略先後成為魯、魏的大將，楚國的令尹，他率軍征戰，銳意興革，著兵法傳世，奏響了這個變革時代的強音。

一、別母逃衛從曾參，殺妻得將挫齊軍

吳起出生在衛國的一個富有家庭，青年時家中積蓄足有千金。他依靠這些積蓄外出求官沒有結果，反而弄得傾家蕩產。同鄉中有人笑話他。吳起羞憤交加，一怒之下，殺掉譭謗自己的三十多人，隨後逃離衛國。他的母親送他出衛國的東門，母子情深，依依難捨。吳起望著母親漸漸花白的雙鬢，心中非常慚愧，就在自己的胳膊上咬了一口，狠狠地發誓：「孩兒不孝，不能侍奉母親於膝下，今日離去，做不到卿相，絕不再回衛國！」說完轉身離去，始終沒有回頭。在淚眼矇矓中，吳母看著兒子倔強的背影消失在東方的地平線上，她哪裡知道，這一去竟是永訣，兒子從此走上了叱咤風雲的征途……。

戰國時代，遊說、從師是進入仕途的兩條門徑。吳起為了出人頭地，必然走上這條道路。他首先師從曾參，成為孔子的再傳弟子，研究儒學，日有所進。可是過了不久，吳起的母親去世了。噩耗傳來，吳起抑制不住內心的悲痛，淚如泉湧，恨不能立刻回到衛國。恍惚中，他彷彿又看到了生他養他的故鄉熟悉的土地，又看到了那時別母東去的悲壯情景，錚錚誓言猶在耳邊迴響。而今物是人非，自己壯志未酬，怎麼能回去呢？他日位居卿相，再榮歸故里，想來母親地下有知，定會明白這份苦心，想到這裡，吳起決定不回去奔喪，繼續攻讀。曾子知道這件事後，大為惱火，認為吳起不講孝道，不配做儒家的弟子，就和他斷絕了師生關係。吳起從此拋棄儒道，潛心研究起兵法來，做了魯君的臣下，這時的吳起，由於複雜的經歷，他的思想已經有了很大的變化。

大約西元前四一〇年，正當而立之年的吳起鬱鬱不得志之時，齊軍進犯魯國給了他施展才能的機會。魯國國相公儀休知道吳起是一個精通兵法、學識淵博的人，他對魯穆公推薦吳起，說：「要打退齊軍，一定要用吳起。」魯穆公有口無心地答應著，實際上並不打算這樣做。幾天之後，齊軍攻占了魯國的城邑，情況緊急，公儀休再一次推薦吳起，穆公才為難地說：「我並非不知吳起有將才，可以領兵退敵，但是他的妻子是齊國人，現在要派他去打齊國，很難保證他沒有二心。所以才猶豫不決。」公儀休把實情告訴了吳起。成名心切的吳起，為了打消魯君的疑慮，求得高官厚祿，不念夫妻之情，殺死了自己的妻子。魯穆公見他殺妻示誠，覺得吳起可用，於是拜吳起為將軍，率兩萬人馬，抵禦齊國的進攻。

初為大將，吳起仔細研究了齊魯兩國的軍事力量，認為齊強魯弱，而且齊軍士氣正盛，如果與他們硬拚必然傷亡慘重，所以難求速勝。只有穩住陣地，打持久戰，以待時機。於是，吳起把軍隊駐紮下來，囑咐士兵們堅守陣地，不與齊國開戰。時間一長，齊軍堅持不下去了。齊軍首領田和急於偵察魯國的兵營，於是派張邱假意說話，以探虛實。吳起得信後，覺得不如來個將計就計，就把精銳的兵馬隱藏起來，讓一些上了年紀的和瘦弱的士兵守在軍中，吳起也假裝害怕齊軍的力量，請張邱幫忙，使齊魯兩國和好。張邱果然中計，他回去後向田和報告：魯軍兵士軟弱無能，吳起膽小怕事，急於求和。於是田和放鬆了警惕，讓士兵休息幾天，再整齊兵馬進行總攻擊。可就在當天晚上，齊軍駐地周圍突然間戰鼓四起，魯軍殺了過來，個個身強體壯，鬥志高昂，嚇得田和、張邱棄軍逃命。齊軍大亂，傷亡慘重。吳起率軍隊乘勝追擊，將齊軍完全趕出了魯國國土，大大提高了魯國的威望。吳起的名聲從此在各個諸侯國中傳開了。通過這次戰爭，吳起作為一個能謀善斷的將領初露鋒芒，於危難之時力挽狂瀾，功不可沒。他的軍事謀略也開始得到了應用。這些在他後來著的兵書中也有體現。吳起初步實現了自己的諾言，成為魯國的大將，名震四方。

二、被謗離魯事魏侯，文武兼治卻強秦

正當吳起躊躇滿志的時候，魯國有人到魯穆公那裡詆謗吳起：「吳起是個猜忌而殘忍的人。年輕時一怒之下殺掉了嘲笑他的三十多人，後來母親病故也不回去奔喪，而今又殺妻求將，這種不孝不義之人，怎能在魯國這樣講求道德的國家為將呢？而且魯國是個小國，現在卻靠衛國人吳起打敗了齊國，這名聲一旦傳開，諸侯各國就要共謀對付魯國了。何況魯國和衛國都是姬姓國，是兄弟之邦，您重用吳起，那就是鄙棄衛國。」魯穆公聽了這些話，便對吳起產生了疑慮，不久就辭退了他。

吳起一夜之間由大將變為一介布衣，不禁百感交集。魯國是待不下去了，他聽說魏文侯是賢明的國君，就想前去謀個一官半職。經過長途跋涉，吳起來到了魏國。

魏國在魯國的西南方，境內有黃河支流鴻溝水流過，地處中原，土地肥沃，人口眾多，交通便利。魏文侯即位後，已建成中央集權的封建國家。文侯禮賢下士，重用李悝、樂羊、西門豹等人，

國勢較強。吳起對文侯的為人和政績早有耳聞，一心想投靠文侯。一天，文侯接見了吳起。吳起不失時機地談起了軍政大事，魏文侯故意推託，說對這個問題不感興趣。吳起就說：「我從顯現的事物可以預知隱藏的東西，從過去可以察知未來。主君您嘴上說的與心裡想的為什麼不一致呢？現在您一年四季都派人宰殺牲畜，剝取皮革，製造各種長短兵器，可不可以理解為這是您的軍事準備呢？從前承桑氏的國君，力修文德而廢弛武備，致使國家滅亡。有扈氏的國君依仗兵多好戰也使國家滅亡。英明的國君都應從中得到治國的借鑑，那就是對內要以文德治國，對外要加強戰事準備，即文武兼治。因此說面對著敵人的侵略不去迎擊，算不得義；看到被敵人殺害的戰士而哀傷，也算不上仁。」吳起侃侃而談，力倡文武兼治，與魏文侯不謀而合。魏文侯因此對他很器重，特設宴款待，並讓夫人給他敬酒，隆重地任命吳起為魏國大將。

吳起擔任大將時，與軍隊中最下層的士兵穿同樣的衣服，吃同樣的伙食。睡覺不鋪墊褥，行軍不騎馬乘車，親自擔負軍糧，與士兵同甘共苦。士兵中有一個人生了毒瘡，吳起俯下身子，用嘴幫他把膿液吸出來。這個士兵的母親聽說後，放聲大哭。有人問他：「你的兒子只是一個小兵，如今吳大將親自替他吸膿液，為什麼還要哭呢？」那位母親回答說：「往年吳將軍也替他的父親吸過膿瘡，結果他父親在戰場上勇往直前，戰死沙場。如今，將軍又同樣對待我的孩子，我不知道他又會犧牲在什麼地方了，所以我傷心落淚啊！」吳起善待士兵，使士卒樂於用命，受到兵士愛戴。西元前四〇九年，吳起帶兵討伐秦國，一舉奪取了五座城池。

西元前四〇六年，魏文侯因為吳起善於用兵，為人廉潔，待人公平，戰功卓著，就任命他做了西河地區的長官，以抗拒秦國和韓國。

魏文侯死後，魏武侯即位，吳起繼續鎮守西河。一天，武侯遊覽黃河，乘船順流而下。行至中途，武侯指著滔滔的河水，回頭對吳起說：「多麼壯麗啊！山河如此險要，這是魏國的瑰寶啊！」吳起回答說：「主君所言極是。不過臣以為要鞏固國家，關鍵在於施行德政。地勢險要只是外在的條件。從前三苗氏左邊靠洞庭湖，右邊靠彭蠡湖，可是他不修德行，不施仁義，結果被夏禹滅掉。夏桀的地方，左邊是黃河、濟水，右邊是泰山、華山，南邊是伊闕山，北邊是羊腸阪，可是他不施仁政，結果被商湯放逐。商紂的國土，左邊是孟門山，右邊是太行山，常山在它的北面，黃河從它的南面流過，可是他不修德政，結果被周武王滅掉。從這些歷史事實看來，施行德政非常重要。如果只依靠險要的地勢，不行德政，就連這些同船的人也會變成您的仇敵啊！」武侯聽了吳起的一番話，連連稱是，從此對吳起格外信任。

吳起在西河經營了二、三十年，很有聲望。在此期間，他對軍事、政治、經濟等各方面進行了許多改革，率軍與諸侯國激戰七十六次，其中六十四次全勝，其餘幾次打成平手。吳起統率三軍，使士卒樂於為國捐軀，敵國不敢打魏國的主意。吳起管理各級官吏，接近黎民百姓，使府庫充實。他鎮守西河，使秦兵不敢東進，讓韓、趙兩國親附。隨著吳起領兵多次征戰，魏國的領土也不斷向四面擴展。

在魏國國勢日強的同時，吳起的軍事思想也逐漸成熟，他總結長期帶兵作戰的經驗和在西河的治理經驗，提出了許多戰略戰術和治國大計，寫成《吳子兵法》，成為歷代軍事活動家必讀之物。《漢書．藝文志》中記載《吳子兵法》四十八篇，把吳起列入兵權謀家一類。兵權謀家「以正守國，以奇用兵，先計而後戰」，著重講求戰略戰術的運用，兼採其他各派的長處，是兵家學派中最主要的一派。《吳子》是我國軍事思想史上的寶貴遺產。現僅存六篇：「圖國」、「料敵」、「治兵」、「論將」、「應變」、「勵士」，從中可以大體看到吳起的戰略戰術和治國謀略，這是吳起作為歷史上著名的謀略家在軍事和政治上的主要思想。

吳起不僅是一個軍事家，而且是政治家、謀略家，他從政治與軍事相聯繫的角度來闡述必勝之道，進一步發揮了他曾對魏文侯所提出的文武兼治的治國方略，提出「圖國」必須「內修文德，外治武備」，政治是軍事勝利的保證，軍事是為政治服務的。

吳起指出，治理國家一定要先教化百姓，親近萬民。禮、義的教化尤為重要。在論述「四不和」時指出：「不和於國，不可以出軍；不和於軍，不可以出陣；不和於陣，不可以進戰；不和於戰，不可以決勝。」強調了治理國家與軍事的密切關係，從而進一步指出：有治國之道的君主，要使用民力，必「先和而造大事」。實現從國家到軍隊的團結。同時，要讓人民明白，君主是愛惜民力的，那麼人民在為君主謀事時，一定會奮勇向前，不怕犧牲。此外，愛惜民力也是勝利的重要因素。吳起指出，進行戰爭的國家，作戰五次，儘管都勝利了，可還是難免災禍；四次作戰都勝了，還是有許多弊端；三次作戰勝利，僅可以稱霸；兩次作戰勝利，才可以稱王；一戰決勝方可為帝王。多次作戰勝利能得天下的很少，究其原因，戰爭頻繁，國家消耗了大量的人力、物力，客觀上造成了國勢衰微。具體到教化百姓，吳起指出，必須修德，教禮、義。德分「道、義、謀、要」，修德則興，廢德則衰。以禮教民，以義勵民，使人民有羞恥之心，從而可以作戰，又可以守成。

吳起對用兵目的進行分類，從大的角度規定了對策，用兵目的有五：「爭名，爭利，積惡，內亂，因飢。」兵又有了五種名稱：「義兵，強兵，剛兵，暴兵，逆兵。」禁絕暴動、解救紛亂是義兵，依靠勢眾征伐為強兵，一怒之下興師動亂是剛兵，拋棄禮儀貪求私利為暴兵，國家混亂人民疲敝而興師動眾是逆兵。對這五種情況，有各自的應付辦法。義兵要以禮義降服，強兵一定要以謙和降服，剛兵必要用言辭說服，暴兵要用計策降服，逆兵要用權勢壓服。具體到魏國當時的情況，西部是強大的秦國，南部是楚國，北面是趙國，東面是齊國，相鄰兩國前燕後韓，儘管處在不利的情況下，但吳起逐一分析了各國軍陣，認為各軍各自有攻破之法。齊國列陣前重後輕，重而不堅，應分別攻擊進行脅迫。秦國軍陣鬆散而內部有矛盾，破秦陣要以利誘敵，設下埋伏。楚國軍陣雖然整齊但耐久力差，破楚陣要襲亂屯糧，挫其銳氣，使敵疲敝。燕國軍陣長於固守，但缺乏靈活性，破燕陣就要採用多種戰術，讓其將疑惑，讓其兵懼怕。三晉軍陣雖然有序但難以大用，因為人民疲於作戰，士兵沒有為國而死的志向，破陣的關鍵就是挫其鬥志，失其銳氣。

吳起還總結出了對敵實施攻擊的要訣，即「審其虛實而避其危」。（一）敵人從遠方剛到，行列還沒有排好時。（二）敵軍飯後，還沒有備好裝備時。（三）敵人疲於奔命時。（四）敵人尚未占據有利地勢之時。（五）敵人渡河到一半時。（六）敵人處於危險的道路、狹窄的小道上時。（七）敵人驚慌失措，旗幟混亂之時。（八）將領離開士兵，群龍無首之時。（九）列陣多次移動之時。

在治軍上，吳起堅持「以法治軍」，主張「賞罰分明」，使士兵「各得其所」，進有重賞，退有重刑，以此來鼓舞鬥志。並對死難者的家屬，每年都要派人慰問，加以撫卹。《韓非子・內儲說（上）》記載：吳起鎮守西河的時候，秦國有一個小小的烽火台壘在臨近魏國的邊境上，吳起想拔掉這個釘子，但他沒有直接下令，而是採取了間接的方法。一天，他把一根車上的橫木靠在北門外的牆根，對士卒們說，誰把它搬到南門外去，就獎給他良田美宅。人們都將信將疑，一個人想試試看，就把它搬到了南門外。吳起果然賞給他田宅。不久，吳起又把一擔豆子放在東門外，下令說：「有誰把它挑到西門外去，同樣賞賜。」這次，人們爭著去做。士卒都知道吳大將守信用，明法令，對他的命令，將士們都樂於執行。吳起看到時機成熟，就下令說：「明天我們要拿下秦國的烽火台，誰先攻上去，就讓他擔任大夫職務，並賞給田宅。」第二天，士兵們蜂擁向前，只用了一個早上的時間，就把烽火台攻下來了。

吳起在治軍上特別強調使士兵「各得其所」，這樣才能激發士兵的鬥志。吳起說：「古代賢明的帝王，一定要注意君臣之禮和上下的威儀。招募良才，以應付沒有預料到的情況。從前齊桓公招募了五萬勇士，從而稱霸諸侯；晉文公招募四萬先行軍，從而實現了自己的志向；秦繆公設了衝鋒陷陣的三萬勇士，使鄰國服從。所以明達的君主，一定要使自己的百姓各得其所。有膽識而又力大無窮的人作為一隊；忠誠勇敢、樂於衝鋒陷陣的人作為一隊；步速快、能越高牆的作為一隊。這樣分列，可以戰無不勝。」對於戰爭中的安排，吳起指出：要使個子矮的人拿矛、戟，個子高的拿弓、弩，身體強壯的舉旗幟，勇敢的擂鼓鳴金，體弱的負責雜役給養，有智謀的作謀士，這樣每人都能發揮自己的才能。

此外，吳起在治軍上一再強調「不從令者誅」，使「三軍服威，士卒用命，則戰無強敵，攻無堅陣」。《尉繚子．武儀第八》有記：魏秦兩國開戰，吳起還未下命令進攻，一個士兵就衝了過去，砍下兩個秦兵的腦袋。回來後，吳起立即把他殺了。事後，掌軍法的官吏對他說：「這個士兵是塊材料，殺掉太可惜了。」吳起堅決地說：「沒有我的命令，任意行動，這是違令行為，怎麼能不斬首呢！」

在選將用人方面，吳起也總結了何為良將的理論。吳起說：「勇敢只是將領的一個因素，作為大將，有五個方面要特別注意：一、理，治眾多的軍隊像治理人少的軍隊一樣；二、備，凡是出門就如同要遇到敵人，要做好準備。三、果，面對敵人果敢而不貪生怕死。四、戒，雖然已攻下敵城，仍要像剛開戰時一樣警惕。五、約，法令簡明而不繁雜，接受命令而不推三阻四。破敵之後才回來，這是將領的禮儀。」而且，吳起特別強調將領在戰鬥中不得猶豫。他說，戰場上兵戈相見，性命攸關，善於將兵的人，就像坐在漏船之中，身在著火的房屋之下，使智慧的人來不及仔細籌劃，讓勇敢的人來不及憤怒，就要面對敵人了。所以，一定不能猶豫。有了上面的這些還不夠，作為一個將領必須文武雙全，剛柔兼備。善於運用帶兵四機：一、氣機，鼓舞士兵的鬥志；二、地機，善於運用有利地形；三、事機，運用有利形勢，出謀劃策；四、力機，及時完善軍隊裝備，提高軍隊素質和戰鬥力。

在戰術上，吳起繼承了孫武的「知己知彼，百戰不殆」的思想，這一點在「論將」篇中尤其突出。吳起認為，除了對自己的將領要求嚴格外，戰爭中很關鍵的一點是要摸清對方將領的情況。因人而異，採取相應的對策，那就不必勞煩許多而克敵制勝。敵方將領不太精明而容易輕信，可用計誘他上當；貪婪而忽視名節，可賄賂他；敵將不靈活、少計謀，可使他疲敝困守；敵方上下不和，可派出間諜離間他們；敵將進退疑慮重重，可威嚇他們，使其不戰而逃；士兵輕視他們的將領並且思歸心切，可與他們相約，以奪取城池。

此外，吳起還認為，指導戰爭要根據當時特定的環境，審時度勢，隨時採取靈活多變的打法，出奇制勝。比如他總結出的谷戰之法、水戰之法就針對不同的環境提出相應的戰術。吳起主張「見可而進，知難而退」，既不能貽誤戰機，又不可逞匹夫之勇。

吳起著傳世兵法之外，在國家政事上也對魏武侯進行勸諫。《吳子兵法．圖國》中記：武侯曾就某事與群臣商議，大臣中沒有人能比得上武侯的，他退朝後有些沾沾自喜。吳起就進言：「從前楚莊王謀劃某事，群臣都比不上他。退朝後，楚莊公非常憂患。申公問及原因，莊王說：『我聽說：世上不是沒有聖賢，國家也不是缺少賢能。只有那些能讓他們成為自己的老師的才能為王，能成為他們朋友的方可稱霸。現在我才能有限，而群臣沒有能超過的。聖賢、賢能不知在哪裡，楚國豈不是要衰落了。』這是楚莊王憂慮的事情，但君主您卻高興。臣下我很擔心。」武侯聽了吳起這番話，感到很慚愧，從此對吳起更加器重。

吳起還參與了魏國的軍事改革，推行「武卒制」。魏國的武卒是選拔而得，武卒中試者，則免除傜役，廣其田宅。經濟上的利益刺激了魏國武卒的熱情，而這些武卒又是精選而得，剽悍強壯，所以魏國的軍事力量也因此大大增強，成為戰國初年最強盛的國家。

吳起鎮守西河，又為國君出謀劃策，很有名望。田文做魏國相國時，兩人和諧相處，共同輔佐魏武侯治理國家。但田文病故後，公叔接替了相國的職務，娶魏公主為妻。公叔妒忌吳起的才能，擔心吳起比自己強，相國之位坐不穩，就想除掉他。公叔的僕人便獻計說：「吳起是很容易除掉的。」公叔問他辦法。僕人說：「吳起這人講究骨氣，為人廉潔，喜歡名聲。您可以找機會先對大王說：『吳起是一位賢人，大王的國土不大，又同強秦齊界，我私下擔心他沒有長期留在魏國的打算。不妨用下嫁公主的辦法試探他。吳起如果有心留在魏國，就會同意娶公主；如果不願意留下，那就一定會推辭了。』然後，您就請吳起一道回家，並故意讓公主發脾氣，當眾蔑視您。吳起見公主這樣輕賤您，一定不肯再娶公主了。」公叔依計而行，吳起見公主如此跋扈，果然向武侯辭婚。這樣，武侯就生了疑慮，加上公叔等人經常散佈流言，正是所謂的「眾口鑠金」，武侯漸漸不再相信吳起。吳起受到冷遇，只能離開魏國。他在西元前三八四年來到了地處長江中下游的楚國，先做了一年宛守。

三、變法強楚為令尹，威震四方老臣心

當時的楚國內憂外患：國內「封君太眾」的積弊，國外三晉交逼，被動挨打，疆土日削。此時北方諸國大倡改革，掃除積弊，國力日盛，對楚採取了咄咄逼人的攻勢。楚國政治上落後，經濟上萎靡，軍事上虛弱，陷入了一種十分困窘的境地。吳起的到來，使楚悼王感到了楚國的希望。他早

就聽說吳起是一個賢能之士，具有治國平天下的才幹。為了改變楚國國貧兵弱的危機，楚悼王任用吳起為令尹，以治理楚國。此時的吳起已近花甲之年，坎坷的經歷使他對所處的時代有了較清楚的認識。他能感覺到時代的脈搏需要注入改革的力量，為報楚悼王的知遇之恩，儘量施展自己的才能及平生的抱負，在楚國進行了變法。

吳起以謀略家敏銳的洞察力指出，楚國的「貧國弱兵」，是由於「大臣太重，封君太重」，這些大臣、封君「上逼主而下虐民」。因此，他主張改革從打擊大貴族入手，「廢其故而易其常」，進行變法，其要點是「損其有餘而繼其不足」。

（一）均平爵祿。楚國的爵祿是世襲的，而且受爵祿的人以親以貴者居多，即先輩因功受爵祿，後代子孫雖無功，但仍然享有豐厚的爵祿。然而一些在戰爭中建立新功者，卻功大而祿薄，甚至無祿。這當然是一個極不公平的現象，極大地限制了將士的積極性。吳起於是「均楚國之爵，而平其祿，損其有餘，而繼其不足」，以此鼓勵將士。另外，吳起主張對封君的「子孫三世而收爵祿」，削減官吏的祿秩，以培養挑選來的士兵。這是戰國時期的先進思想指導下的進步政策。

（二）廢除無用、無能的官，裁汰「不急之官」，縮減無用的開支，革除世襲封君的特權，精簡了國家機構，增強了地主政權的軍事力量。

（三）春秋至戰國時期，楚用武力滅掉了許多國家，得到了廣大領土，但都未經開發。吳起就把舊貴族遷移到荒涼地區，既有力地打擊了貴族的勢力，又有利於開發荒涼地區。

（四）吳起為了整頓楚國官場的歪風，提出了幾點主張：（1）不能因個人的「私」妨害國家的「公」，不能讓壞人的「讒」掩蓋忠臣的「忠」，要求大家能夠為「公」而忘「私」，「行義」而不計毀譽，一心為國家效力；（2）「塞私門之請」，禁止私人之間的請託；（3）不准縱橫家進行遊說，選拔真正有才能的人。

（五）在經濟上，吳起獎勵「耕戰之士」，使人們安心發展農業，促進了經濟發展。

（六）在軍事上，提出「厲甲兵，以時爭於天下」，建立一支「魏武卒」那樣的軍隊，改變了楚國軍事力量不強的狀況。

（七）吳起還改革了「郢人以兩版垣（用夾板填上築牆）」的簡陋築牆方法，開始建設楚國都城郢。

吳起變法，目的在於富國強兵，以稱霸於諸侯。吳起以其非凡的才幹和過人的謀略，使變法在楚國收到了顯著的效果。

楚悼王十九年（西元前三八三年），趙國侵犯魏的屬國衛，魏國攻趙，節節取勝。趙國被迫向楚國借兵求援。楚國正值吳起變法之時，國力強盛，此時出兵，正好是向北方國家顯示武威的好機會。而且自戰國以來，魏、楚相鄰，魏國恃其強，多次侵略楚國。楚國也想乘此機會報復魏國，於是楚軍便救趙伐魏。楚在西元前三八一年與魏國「戰於州西，出於梁門，軍舍林中，馬飲於大河」。趙國也想借楚力，取魏棘浦，拔黃城。楚自楚莊王以後，又一次打到黃河岸邊，使中原國家刮目相看。

吳起北向以並陳、蔡，恢復了戰國以來被三晉占領的陳、蔡故地。楚又西面伐秦，秦不能招架。「諸侯皆患楚之強」。新法行之一年，收到了「兵震天下，威服諸侯」的效果。

吳起又以戰略家的眼光，向南擴展疆域，「吳起相悼王，南並蠻越，遂有洞庭、蒼梧」。江南正式納入楚國的版圖。江南，指的是今洞庭湖一帶，這裡主要聚居著百越各族。戰國時期，洞庭湖已被開發，豐富的自然資源和優越的地理環境成為楚人攻占的目標。吳起變法，楚國國力空前強盛，具有戰略眼光的吳起把視線移到江南。江南的蠻越之族尚處在落後的部落社會階段，自然不堪楚國一擊。吳起南平百越，使楚國占據了江南最富庶的洞庭湖平原，勢力直抵南嶺。占領江南對楚國有重要的戰略意義。首先是楚國開拓了幾十萬平方公里的疆域，其版圖大大擴展了，這無疑為楚國開闢了新的經濟資源。洞庭湖平原氣候溫和，土地肥沃，與江漢平原一樣是楚國重要的糧食生產基地。楚國毫不費力地取得了一個後方糧倉，這對楚國與中原各國的鬥爭無疑具有重要意義。吳起變法，使楚國的勢力伸入江南，促進了江南的開發。

四、惜乎謀軍謀國相，未解遭忌殞命因

吳起變法是一次打擊世襲貴族政治經濟特權的運動，是一場新舊勢力的鬥爭，遭到了大貴族的激烈反對。吳起變法主要是削弱貴族，而不是徹底削奪貴族，這樣就使貴族能夠利用其掌握的各種力量進行反撲。

楚國官員都是王室宗親，絕不允許異姓插足。吳起作為一個外諸侯國的異姓政治家，躋身於貴

族之間，依靠楚悼王的信任，採取打擊大貴族特權的措施，執法嚴肅，剛直不阿，變法所遇阻力之大，反對之烈，相對其他諸侯國來說都是空前的。同時，他還遭到了當時流行楚國的道家的攻擊，指責吳起富國強兵的主張是「陰謀逆德，好用凶器」，咒罵吳起是禍人，攻擊楚悼王「逆天道」。但是吳起沒有被反對者嚇倒，還是堅決實行變法，取得了顯著成效。然而，新法沒有深入民心。因此沒有得到廣大中下層人民的理解、支持和擁護。吳起變法著力於官制、爵祿方面，而在政治、軍事、經濟等方面未能深入地結合進行，種下了失敗的隱患。

新法實行到西元前三八一年，楚悼王死去。在悼王的靈堂上，楚國貴族發難，攻擊吳起，並要殺死他。吳起倉促之間跑到楚悼王的屍體下躲藏。這些貴族不顧楚法關於「麗兵於王屍者，盡加重罪，逮三族」的法令，射殺了吳起，但也射中了王屍。於是，凡是射中王屍者，都被判死罪，因此而被處死的有七十餘家。吳起對舊貴族的勢力沒有足夠的估計，當他們反撲時，自己沒有招架之力，他只是依靠自己的智慧，使射殺自己的人也被處死，也算死而有智。但是，變法也因楚悼王和吳起而夭折了，因為吳起死得早，變法的時間短，所取得的成效就和秦國商鞅變法不同。韓非就曾說：「楚不用吳起而削亂，秦行商君而富強。」吳起變法雖然失敗，但變法卻在楚國的貴族政治中激起了強而有力的波瀾，變法改採取的各種措施在楚國的政治生活中留下了深刻的影響。吳起變法促進了楚國貴族政治向官僚政治的轉化，為楚國以後的強盛打下了基礎。

吳起，從一個平民先後做到魯國、魏國的大將，楚國的令尹，隨著他的輾轉逃亡，所到之處，都顯示了他過人的謀略。不論是率軍征戰，治國改革，吳起都為所在國做出了重大貢獻。吳起可以為國家出謀劃策，可以制定戰略戰術克敵制勝，並著成《吳子兵法》澤被後人，而對於他自身，卻不能自保。他先逃離衛國，後遭謗先後離開魯、魏，最後在楚國被亂箭射殺。這儘管與吳起本人的個性有關：功利心重，行為過激，由於膽識過人而被妒嫉，遭暗算。但如司馬遷所說：吳起以「刻暴少恩而之其軀」，只是問題的一個方面。每當一個變革的時代，新事物的出現必然遭到舊勢力的反對。從吳起死於亂箭，商鞅死於車裂，到維新運動中慷慨就義的六君子，都使人想到恩格斯曾說過的，「歷史可以說是所有女神中最殘酷的一個，她不僅在戰爭中，而且在『和平』的經濟發展時期中，都是在堆積如山的屍體上馳驅她的凱旋車」。

本文主要資料來源：《史記》卷六五，《孫子吳起列傳》；《史記》卷四〇，《楚世家》。

臏雙膝而修兵法　助田齊終成霸業

孫臏傳

楊秋雨

孫臏是我國歷史上繼孫武以後最著名的軍事家、謀略家之一。他是戰國中期齊國人，出生在阿（今山東陽谷東北）、鄄（今山東鄄城北）之間，其生卒年月已不可詳考，大約與商鞅、孟軻同時代。原名不詳，因受臏刑，故世人稱之為孫臏。據《史記．孫子吳起列傳》記載，孫臏是孫武的後代，孫武死後一百多年而有孫臏。

一、變法大勢

孫臏所生活的戰國中期，是我國歷史上一個極不尋常的時期，正經歷著從奴隸制社會向封建制社會轉變的巨大變革。奴隸制已全面崩潰，封建制蓬勃發展。各諸侯國紛紛變法革新，富國強兵。變革之風，風靡一時。

自春秋始，「周道凌遲，王綱解紐」，社會權勢中心下移，以至「禮崩樂壞」，戰亂頻仍，社會秩序大破壞，天下陷於強凌弱、大並小的弱肉強食的混亂中。諸侯間以武力相征伐，「人欲獨行相兼」，是春秋戰國時期社會變革的突出特點。面對弱肉強食的社會現實，各國為了生存和發展，紛紛改弦更張，打破舊的傳統政治結構，創造新的文化形態，積極尋求富國強兵之道。變法成為富國強兵的唯一有效途徑。魏國是實行變法的先行者。西元前四四六年魏文侯即位，先後任用李悝、翟璜、吳起、樂羊、西門豹、卜子夏、段干木等一大批政治家、經濟家、軍事家進行一系列社會改革，廢除了奴隸主貴族的特權，加強了新興地主階級的中央集權制，推行「食有勞而祿有功」和「盡地力」、「善平糴」等政策，迅速促進了政治、經濟、軍事實力的發展。之後，趙、楚、韓等國分別任用公仲連、吳起、申不害改革本國的政治、經濟秩序，加強法制，選賢任能，先後實現了變法。西元前三五八年，齊威王以鄒忌為相，接著又重用田忌、孫臏、田嬰等人，革新政治，廣開言路，整頓吏治，明定賞罰，嚴懲了劣跡昭著的阿大夫，重獎治理有方的即墨大夫，實現了「齊國大治」。秦國商鞅的變法，是各國變法中最徹底的一次變法。「行之十年，民大悅。道不拾遺，山無盜賊，家給人足，勇於公戰，怯於私鬥，鄉邑大治。」燕、宋、鄭等國這期間也實施了一定程度的改革，完成了由奴隸制向封建制的轉變。

新興的封建地主階級充分運用「變法」這個法寶，摧垮了約束社會生產力發展的不合時宜的奴隸制經濟，建立起新型的封建地主經濟。新的經濟體制的建立，大大解放了生產力，有力地促進了生產力的發展。由於鐵器的廣泛使用，牛耕技術的普及，耕地面積不斷擴大，產量迅速提高。李悝估計，魏國百畝田，平常年景即能收粟一百五十石，如遇大豐年，可增至三百石至六百石。變法是催化劑，促進了社會制度的轉化和經濟的發展。早變早強，晚變晚強，不變滅亡。富國強兵是關係各國生死存亡的頭等大事。魏國第一個實現變法，首先強大起來，奪占了秦國的西河地區（今山西、陝西間黃河南段之西），攻破了齊國的長城（今山東汶水一帶），多次打敗楚軍，滅掉了中山國，並企圖吞併韓、趙，取得長期獨霸中原的地位。在魏國的嚴重威脅下，韓、趙竭力自救，齊、秦兩大國積極與魏抗衡，楚國則相機北進，燕國也在北方嶄露頭角，從而在戰國中期形成七雄爭立的局面。

各國有為的國君，為富國強兵，爭相禮賢下士，一些官僚貴族也招賢養士，出現了布衣卿相之局，禮賢下士之風。學術思想流派日益增多，各家都抱著「以其學易天下」的宗旨，而且他們也確是「皆有所長，時有所用」。但各國統治者為了富國強兵這個政治目的，雖對各家「兼而禮之」，卻特別依重於現實性和實用性強的兵家和法家。以仁義禮樂相標榜，提倡王化德治，面對春秋戰國戰亂危境，仍然堅持德禮精神的儒家各派，受到冷落。每個諸侯國都千方百計擴大自己的勢力，企圖以武力戰勝其他競爭者，使自己成為天下的主宰。戰爭成為解決問題最有效的手段。人們的戰爭觀念也發生了變化，迫切要求戰爭的勝利，來獲取現實的功利，那種「不鼓不成列」的迂腐做法已成為笑柄，兵家聲譽大震。各諸侯國都先後湧現出許多傑出的謀略家和著名的軍事家，而孫臏尤為出類拔萃。

二、慘遭毒手

據傳說，孫臏少年時代生活比較孤苦，放牛，種地，什麼活兒都幹過。但因是名門之後，受先祖「兵聖」孫武的影響，讀過書，有文化，又聰明好學，毅力過人，因而有較廣博的學識。孫臏少時，齊國尚未變法，國力不強，經常受魏、趙、韓等國的欺凌，一度處於「諸侯並伐，國人不治」的局面。孫臏的家鄉曾多次遭受兵戰之苦。西元前三七〇年和前三六六年，趙國兩次進攻齊國，都曾大戰於阿、鄄一帶。孫臏目睹到戰爭的勝負同國家的安危、人民的生活、個人的命運息息相關的現實，加之當時尚武之風頗盛，他下決心習武學兵，準備將來投身戎馬，為國立功。

當時有一位自號鬼谷子的人，隱居深山，精通兵法。戰國中期著名的軍事家尉繚和著名的縱橫家蘇秦、張儀，都曾作過鬼谷子的學生。孫臏聽說鬼谷子很有學問，便投在鬼谷子門下，向他學習兵法。鬼谷子把《孫子兵法》十三篇傳授給他。據說他如飢似渴，廢寢忘食，日夜苦讀。三天之後，他把全書背誦如流，回答先生提問時，還能提出自己許多深刻獨到的見解。鬼谷子驚奇地讚歎說：「孫武子真是後繼有人啊！」

龐涓是孫臏的同學，倆人一同師從鬼谷子學習兵法。但龐涓不同於孫臏，喜歡浮誇，且又自負，身在山中，心向仕途。那時，魏國國君惠王為擴大自己的力量，到處招攬人才，這給龐涓帶來了飛黃騰達的機會。他辭別師友，拜謁魏惠王，不久便做了魏惠王的將軍。龐涓幫助魏國訓練軍隊，先後出兵打敗衛國和宋國，並打退了齊國的入侵，頗受魏惠王的信任。然而，龐涓對齊國還是不放心，感到齊國是個難對付的頑強對手，更何況孫臏又是齊國人，一旦孫臏回到齊國，那齊國就如虎添翼了。龐涓自知「能不及孫臏」，便要弄心計，派人去把孫臏請到魏國，控制他不能回齊國。

孫臏滿懷抱負，以為魏國地處中原，又是當時最強大的諸侯國，並有龐涓這個好友推薦，可以大有作為，便高高興興地來到魏國。孫臏在魏國很受重用，因而又遭到龐涓的嫉妒，唯恐孫臏「賢於己」，便對自己的老同學下毒手，在魏惠王耳邊進讒言，誣陷孫臏私通齊國，借刀殺人。魏惠王聽信讒言，對孫臏施以「臏刑」，在他臉上刺字，並挖出了兩個膝蓋骨，使孫臏成了終身殘廢。

當時，奴隸制的殘餘還大量存在，受過刑的人被看作是下賤的奴隸。統治階級認為「刑人非人」，終身不許做官，走到路上沒人理睬，有身份的人不得與他們接觸、談話。孫臏初出茅廬，遭此橫禍，蒙受奇恥大辱，真是憤恨交加！但他畢竟是個意志非凡的人，不但沒有屈服，反而身殘志堅，更加發憤圖強，鑽研兵書，準備有朝一日逃離虎口，在戰場上同龐涓較量一番。為騙過龐涓的耳目，孫臏佯狂自辱，哭笑無常，默默地等待時機。

有一天，齊國的使者來到魏都大梁，孫臏聽到這個消息後，便躲開龐涓屬下對他的監視，暗地裡去會見齊使。孫臏滿腹的才學和韜略，使齊使認識到他是當今難得的奇才，於是設計，躲過了魏國的檢查，用車悄悄地把他帶到了齊國。從此，孫臏逃脫了厄運，獲得了大展才能的機會。

三、齊國獻策

孫臏回到齊國時，正趕上齊威王變法革新，以圖富國強兵，爭霸中原。當時齊國已經強大起來，政治、經濟、軍事實力蒸蒸日上。齊使把孫臏帶到齊國後，把他推薦給齊將田忌，很快得到田忌的賞識，待之以上賓之禮。

一開始，田忌想試試孫臏才能究竟如何，便向他提出了許多兵法問題。

田忌問：「權力、威勢、計謀、詭詐，這幾項是用兵最緊要的嗎？」

孫臏說：「不是。行使權力，是為了調集部隊，部署兵力。憑藉威勢，是為了使士卒英勇戰鬥。運用計謀，是為了使敵人無法防備。施展詭詐，是為了困惑敵人。這些都有助於取勝，但還不是用兵最緊要的事。」

田忌憤然不悅，說：「這四個方面，都是善戰者常用的，而你卻說不是用兵最緊要的，那什麼是用兵最緊要的因素呢？」

孫臏說：「分析敵情，審查地形，必須考慮當前的形勢和以後的發展，這是將帥所應遵循的原則。始終使自己處於攻勢，避免處於守勢，這才是用兵最緊要的。」

田忌問：「陳兵而不戰，有什麼辦法嗎？」

孫臏說：「有。憑險據守，增高壁壘，告誡士卒加強戒備，不要輕舉妄動。」

田忌問：「敵人多而兇猛，必欲戰而勝之，有辦法嗎？」

孫臏說：「有。增高壁壘，廣設旗幟，嚴明法令，約束士卒。避敵之銳氣而縱使其驕，引誘調動敵人而使疲憊。攻其無備，出其不意，同時必須做持久戰的打算。」

田忌又問：「錐形陣的作用是什麼？雁形陣的作用是什麼？挑選勇猛善戰的士卒的作用是什麼？善射的弩兵的作用是什麼？飄風車的作用是什麼？一般士卒的作用是什麼？」

孫臏一一應答。通過這次談話，田忌十分讚賞孫臏的才智，把他留在自己身邊，準備伺機向齊威王推薦。

當時齊國貴族中盛行用賽馬來進行賭博的遊戲。田忌很喜歡這種遊戲，常和齊威王及王公貴族們賽馬，但輸多贏少。田忌不服又苦於沒有取勝的辦法。比賽的規則是，把馬分為上、中、下三等，共賽三局。孫臏暗中察看雙方的馬匹，悄悄對田忌說：「你儘管下大賭注好了，我有辦法使你得勝。」比賽開始了。孫臏對田忌說：「請用您的下等馬與威王的上等馬賽，第二場用您的上等馬與威王的中等馬賽，第三場用您的中等馬與威王的下等馬賽。這樣您就穩操勝券了。」田忌依計而行，結果一負兩勝，贏得威王一千兩銀子。

田忌在賽馬中獲勝，齊威王大為驚奇，向田忌詢問取勝的奧妙，田忌乘機把孫臏推薦給威王。威王十分高興，立即召見孫臏，探討用兵之道。

作為軍事家的孫臏，其高人一籌之處在於，他不是孤立地看用兵，而是將用兵與經濟、政治結合起來。他初見威王時就指出：要想在戰爭中制服天下，「（非）素佚而致利也」。他告誡威王不能

「素佚」，除了忙於應付戰爭事務外，也要在經濟、政治、軍事上實行一系列改革，以增強國家的實力，保證用兵作戰的順利進行。

在經濟上，孫臏提出改革的目標就是「富國」。當時的齊國是遊說的文人學士薈萃之地，稷下學宮成為如何治國的百家爭鳴的場所。齊威王渴望得到「強兵」之術，曾向各派學者徵求改革的措施：有的學者教「以政教」，即實行仁政，對民教誨，這應該是儒家一派的主張；有的學者教「以散糧」，即把糧食散發給窮困的民眾以示「兼愛」，這可能是墨家一派的主張；有的學者教「以靜」，即不煩百姓，「無為而治」，這可能是道家一派的主張。而孫臏對於上述各派主張均表示異議，認為「皆非強兵之急也」。那麼，什麼是強兵之急呢？他的回答是「富國」。因為「富國」就可以有充分的財力、物力來供應戰爭的需要。他十分重視物資供應在戰爭中的作用，指出「城小而守固者，有委也」；「積弗如，勿與持久。」這裡所謂「委」、「積」，都是指禾穀、柴草等軍需物資的積累。委積充足，攻有威力，守能強固；反之，難以持久。孫臏對這個道理是很清楚的。他認為，作戰結束將士要迅速歸去，回鄉從事生產；不能濫用民力，要讓人民得到休養生息，物質才會豐盛，國家才會富強。

孫臏的前輩孫武及法家李悝治國的措施，對孫臏影響頗深。孫武曾讚揚晉國的趙氏制田寬，賦稅輕，設官少，希望國君放寬政策，減少干擾，讓人民努力生產，從而使民眾富裕，國家鞏固。孫武還敘述過黃帝在攻伐東南西北「四帝」時，都曾「休民」、「藝穀」的歷史經驗。魏文侯時，李悝「作盡地力之教」，認為「治國勤謹，則畝益三升；不勤，則損亦如之。地方百里之增減，輒為粟百人十萬石矣」，是個富國的好辦法。此後商鞅在秦國進行變法，制定了許多富國的措施，他獎勵耕織，還主張精簡官吏，減輕賦稅和徭役，以提高農民的生產積極性。他們的措施和經驗都為孫臏所接受，成為他提出「富國」主張的藍本。

在政治上，孫臏改革的目標是要「得其民之心」。所謂「得民心」、「合民心」，也就是要「人和」。他說：「間於天地之間，莫貴於人」；「天時、地利、人和三者不得，雖勝有殃。」孫臏強調要革除一切不合民心的官吏作風、經濟政策、政治制度。當時各國的政治改革，都在健全法制，懲治貪官污吏。齊國在威王執政時期，曾對禍國殃民的阿大夫處以烹刑；在鄒忌的主持下，又嚴修法律以監督奸吏。孫臏主張「敢去不善」，可以肯定他對當時整頓法紀和吏治的改革，必然抱著支持的態度。因為只有進行這樣的改革才能「得民心」，達到「人和」的目的。

孫臏以兵法奇譎而著稱，他在軍事上還提出了一系列改革主張。首先，他認為帶兵作戰，必須賞罰分明。賞，可以激勵士兵鬥志，使之捨生忘死；罰，可以壓制邪氣。賞罰都有益於戰爭取勝。他一再強調：軍隊必須「明賞」，反對「賞高罰下」的腐敗作風。其次，他認為將官和士兵，必須經過審慎選拔，選取將官要有一定的標準。再次，他認為軍隊一定要有嚴格的法制，包括軍隊的組織、紀律、訓練、財用、後勤、作戰等制度都要嚴明，這樣的軍隊才能戰無不勝。最後，他還主張對將官和士兵，都要「明爵祿」。有功者就陞遷，有過者就下降。這對提高官兵的積極性無疑是有重要作用的。當時各國都在軍事制度上進行改革，如趙國的荀欣，強調「選練舉賢」。商鞅變法規定：「有軍功者，各以率受上爵」，還制定詳細的爵級，共十二等。這些改革措施，與孫臏在軍事上的改革主張互為呼應，代表了當時的歷史趨勢。

孫臏為富國強兵而提出的種種主張，大部分都得到了實行，並收到了很大的成效。在孫臏及其以後的一段時間裡，齊國的國勢蒸蒸日上，在對外戰爭中屢獲大勝。

周顯王十三年（西元前三五六年），齊威王即位，他是田齊的第五代國君，是一個雄心勃勃並很有作為的君主。他即位後，招納賢才，整頓吏治，改革內政，發展生產，使國力迅速強盛起來，成為魏國霸主地位的最有力的競爭者。齊威王認識到，要想擊敗魏國，只有強盛的國力還不夠，還必須有一批真正懂得軍事、富有謀略、善於領兵打仗的人才。為此，他十分注意研究軍事和兵法，更注意廣收軍事人才。

齊威王除了廣泛採納孫臏經濟、政治、軍事上的改革措施之外，還經常召見孫臏，在兵法運用上進行深入探討，向孫臏提出一系列問題。

威王問：「兩軍實力相當，雙方互相對峙，陣勢都很堅固，誰也不敢先採取行動，該怎麼辦呢？」

孫臏回答：「可以先派精銳士卒，由勇猛的將官帶領，去引誘敵人，但務求敗，不得求勝，與此同時，暗設伏兵，以攻擊敵人的側翼，這樣就可以大獲全勝。」

威王問：「我強而敵弱，我眾而敵寡，該怎樣用兵？」

孫臏驚喜地起身向威王行再拜禮，說：「只有明智的君主，才會提出這樣的問題。軍隊多而強大，還問怎樣用兵，這樣做國家就能安定強盛了。在我眾敵寡的情況下，應隱我之強，示敵以弱，誘敵來戰，我便可聚而殲之了。」

威王問：「如果敵眾而我寡，敵強而我弱，又該怎樣用兵呢？」

孫臏說：「那就應當避敵之銳氣，而隱蔽好我方部隊，以便能夠順利撤退。這種戰術叫做讓威。撤退時，讓持長兵器的部隊在前，持短兵器的部隊在後，配置機動的駑兵以便危急時救應，同時密切注視敵人的動態。採取這種讓威的戰術，保存我方實力，然後伺機再與敵較量，這是在敵強我弱的情況下用兵所應注意的首要原則。」

威王問：「以一擊十，有辦法嗎？」

孫臏說：「有。攻其不備，出其不意。」

威王問：「地勢平坦，隊伍整齊，與敵交鋒卻遭失敗，是什麼原因呢？」

孫臏說：「是因為軍隊沒有精銳的前鋒。」

威王還就「攻打落敗的敵軍怎麼辦」、「和勢均力敵的敵軍作戰怎麼辦」等一共九個具體問題提問，孫臏一一回答，講得頭頭是道。齊威王非常滿意，對孫臏的才智大為讚賞：「好啊，你講的用兵之道，真是奧妙無窮！」於是拜孫臏為軍師，讓他輔佐自己治國強兵，謀求霸業。孫臏也從此開始大顯身手。

四、定勝龐涓

魏國依靠三晉聯盟取得霸主地位以後，產生了併吞韓、趙，恢復晉國一統局面的野心，引起韓、趙的警惕和不安，於是三晉聯盟破裂。周顯王十三年，趙成侯和齊威王、宋桓公在平陸（今山東汶上縣）相會，建立了聯盟。這個聯盟顯然是為了對付魏國的。周顯王十五年，趙國向衛國進攻，迫使衛國向趙屈服。衛國原是附屬於魏國的，為了保護屬國，魏惠王大舉進攻趙國，派將軍龐涓率兵八萬包圍了趙都邯鄲（今河北邯鄲西南），企圖一舉消滅趙國。魏軍來勢兇猛，趙國抵擋不住，便向齊國請求救援。

此時，齊威王正準備尋機削弱魏國，企圖打敗強敵，實現自己爭霸中原的宿願，但是魏國長期獨霸中原，虎視四鄰，秦、齊、楚等大國都受過它的欺凌。同魏交戰非同小可，齊威王一時拿不定主意，便召集眾大臣商議。齊相鄒忌首先反對救趙，認為同魏國作戰風險太大，不如專心致力於國內的治理。大臣段干朋則主張救趙，認為「不救則不義，則不利」，並建議先以一部兵力南攻魏國的襄陵（今河南睢縣西），使魏軍陷於兩面作戰的不利局面。等魏軍已攻拔邯鄲，趙國戰敗時，魏國力量也將被大大削弱，那時再大舉進攻魏國。齊威王採納了段干朋的主張。一方面答應出兵救趙，以堅定趙國抗魏決心；另一方面也積極開展外交活動，聯合宋、衛兩小國，並以部分兵力圍攻襄陵。不久，楚國也派出部分兵力，乘魏軍北擊邯鄲，後方空虛之際，向魏國的南部地區進攻。秦國也乘機東進，包圍了魏國的西河重鎮少梁（今陝西韓城西南）。魏國處於四面受敵的空前孤立地位。但是魏國滅趙的決心並不動搖，龐涓加緊對邯鄲的圍攻，企圖在解決了趙國之後再掉轉矛頭對付齊、楚等國。趙國在齊、楚的支持下，抗敵的決心也很大，魏、趙兩軍在邯鄲城下鏖戰一年之久。

周顯王十六年秋，邯鄲已岌岌可危，魏軍也已疲憊不堪。齊威王這時決定大舉出兵，威王欲以孫臏為主將，孫臏辭謝說：「刑餘之人不可為主帥。」於是威王便任命田忌為主將，而讓孫臏做軍師，坐在輜車中，為田忌出謀劃策。齊發兵八萬，擊魏救趙。

大軍出發後，田忌想引兵直奔邯鄲，進攻魏的主力，與趙軍裡應外合，同魏軍決一死戰，從而達到救趙的目的。這是最直接最簡便的辦法，也符合一般的思維習慣，但孫臏不贊成。他說，要想解開亂絲或亂麻一類的糾結，不可用蠻力硬扯；要想止住正在廝打毆鬥的人，不可插手進去幫打，而應該避實擊虛，造成一種能夠牽制對方、對其不利的形勢，這樣矛盾糾紛自然就解開了。現在魏、趙兩國相攻，魏國精銳的部隊一定都調發出來了。而讓一般的守備部隊留守國內，並且肯定也已疲乏了。如果我們率領大軍直奔魏國的都城大梁（今河南開封），占據交通要道，襲擊它空虛的後方，魏軍就必然被迫放棄邯鄲，回師自救大梁。這樣，我們就可一舉兩得，既解了邯鄲之圍，達到了救趙的目的；又能夠乘魏軍疲憊，將其消滅，實現削弱魏國的目標。這就是著名的「圍魏救趙」的作戰方針。

田忌很贊同孫臏的意見。為了實現「圍魏救趙」的目的，孫臏又進一步建議佯攻平陵。平陵介於宋、衛兩國之間，是魏國東部邊境的一個軍事重鎮，人口比較多，兵力較強，很難攻取。齊軍進攻平陵，必須途經魏國的軍事要塞市丘，糧道很容易被截斷。顯然，進攻平陵弊多而利少。正因為如此，孫臏認為，可派少量兵力佯攻平陵，並在進攻中詐敗，以此麻痺龐涓，給他造成齊軍怯弱、指揮無能的印象，滋長他驕傲輕敵的思想，使他不致及時回師自救，進一步消耗其實力。田忌按照孫臏的謀劃，特意派了齊城、高唐兩個不瞭解作戰意圖的大夫，率領部分兵力分兩路進攻平陵，結果兵敗受挫，這招棋果然很靈，龐涓不但沒有回師自救，反而加緊了對邯鄲的圍攻。

十月，龐涓費了九牛二虎之力攻下了邯鄲。孫臏建議田忌，派一部分輕車銳卒，直搗大梁，對魏國都城發起猛烈的攻擊，同時把齊軍主力悄悄集結於桂陵（今河南長垣西北），隱蔽待機，準備伏擊魏軍。與此同時，齊、宋、衛三國聯軍仍然在圍攻襄陵；楚國則乘魏國攻趙、後方空虛時，發兵進攻魏的南疆；秦國也發兵從西邊攻魏，並奪取了魏的河西重鎮少梁（今陝西韓城市南）。現在齊軍主力又進攻大梁，大梁的得失直接關係到魏國的存亡，魏惠王嚴令龐涓回師自救。龐涓留下少數兵力留守邯鄲。親率主力，丟掉輜重，日夜兼程，回救大梁。當龐涓長途跋涉到達桂陵時，齊軍早已等候多時了。由於魏軍長期在外作戰，兵力消耗較大，加上長途跋涉，士卒疲憊，而齊軍卻以逸待勞，士氣高昂，因而魏軍被打得大敗。龐涓死裡逃生，損失兩萬人馬，這就是歷史上有名的齊魏桂陵之戰。

這次戰役中，孫臏充分顯示了出色的軍事智謀和才幹。孫臏所制定的圍魏救趙的戰略，成為中國古代戰爭史上的一個著名的戰例。桂陵之戰後，魏國被迫將邯鄲歸還趙國。趙國得以收回失地。

長期以來所向無敵的魏軍，遭受嚴重挫敗，獨霸中原的局面動搖了。相反，齊國的威望日益提高。

但是，魏國畢竟是久霸中原的強國，餘威猶在，元氣並未大傷，稍加休整後，又恢復了生機。戰國初期以後的經驗表明，只要魏、趙、韓三晉聯合起來，對外戰爭就能取得勝利，如果三晉自相攻伐，對外戰爭必敗無疑。桂陵之戰後，魏惠王吸取了教訓，加緊與韓國聯合，同時借歸還邯鄲之機，與趙國和好。此後，又積極對外用兵，企圖維持其獨霸中原的地位。桂陵之戰的第二年，魏國聯合韓國打敗了圍困襄陵的齊、宋、衛聯軍。齊威王也看到，一時無力完全打敗魏國，更難以對付魏、韓聯軍，不得不與魏國講和。周顯王十九年（西元前三五〇年），魏國又向西邊的秦國發動反攻，不但收復了河東河西的大片失地，還圍攻秦國的定陽（今陝西省宜川縣西北），使得秦孝公食不甘味，寢不安席，被迫與魏講和。這場魏、齊、趙、秦之間的戰爭，前後長達五年之久，魏國雖然吃了不少虧，但終於維持了自己的強國地位。周顯王二十五年（西元前三四四年），魏惠王召集了逢澤（今河南開封市東南）之會，參加會盟的共有十二個諸侯國，會後還一同去朝見周天子。此時，魏惠王的霸業達到了頂峰。

在長達五年的戰爭中，本來韓國迫於魏國的威勢，一直是站在魏國一邊的，但這次逢澤之會，韓國卻沒有參加。根本原因是韓國怕魏國繼續強大起來，吞掉自己。韓國居然敢背叛，這當然是魏國所不能容忍的。周顯王二十七年（西元前三四二年），魏惠王派龐涓大舉進攻韓國，企圖一舉亡韓，在梁、赫（均在今河南汝州市西南）等地連敗韓軍。在魏軍的強大攻勢下，韓軍抵抗不住，於是向齊國緊急求援。

齊威王早就在等待時機，以再次進攻魏國。所以接到韓國告急後，他認為是天賜良機，決定發兵擊魏救韓。但是在發兵時間問題上，威王一時還猶豫不決，便召集群臣進行討論：是早出兵救韓還是晚出兵救韓？群臣們議論紛紛，意見頗不一致。田忌主張儘早救韓，他說：「如果不早救，韓國就將被魏國吞併了。到那時魏國更強，而韓國已不復存在了。魏國對齊國的威脅就更大。」以成侯鄒忌為首的一派，深恐田忌、孫臏等再立戰功，威脅到自己的國相地位，因而極力反對救韓。鄒忌以齊國需要加強國內治理為藉口，建議齊威王不要出兵攻魏。兩種意見爭執不下，孫臏則對兩種意見都不同意，但是並沒有參加爭論，而是等齊威王問到他時，才侃侃而談：「韓魏相攻，魏強韓弱，如果不發兵救韓，韓國被魏國吞併，這對齊國非常不利。但現在魏國剛剛向韓國發兵進攻，兩國兵力士氣正盛，我們如果現在出兵，等於代替韓國去承受魏軍的攻擊，不僅沒有取勝的把握，萬一兩敗俱傷，到頭來還得聽從韓國的擺佈。現在只有先向韓國表示全力相助，堅定其抗戰的決心，從而讓韓、魏激烈拚殺，等韓軍失敗，魏軍受到消耗，然後齊國出兵，拯救危亡的韓國，既能取得救韓的美名，又能重創魏軍。」

齊威王非常贊同孫臏的主張，當即採納。他親自接待韓國的使者，向他表示，一定出兵相救，共同對魏作戰。韓國因為得到齊威王的許諾，抗戰的決心更加堅定，全力抗擊魏國的進攻。韓、魏兩軍相持很久，由於魏強韓弱，韓國接連五次戰敗，便再次向齊國告急。孫臏看魏、韓雙方都已疲憊，出兵的時機已到，便勸齊威王大舉出兵。齊威王任命田忌為主將，孫臏為軍師，率領齊軍攻魏救韓。

周顯王二十八年（西元前三四一年），當魏國與韓軍正激戰而處於膠著狀態時，田忌、孫臏又一次採取「直走大梁」的作戰方針。魏惠王鑑於桂陵之戰的教訓，不敢讓魏軍在韓國戀戰，急忙把攻韓的魏軍全部撤回。這時齊軍已經越過魏境，向魏腹地挺進。龐涓回師企圖從後邊追擊齊軍，孫臏經過全面分析後，向田忌獻策說：「三晉的兵一向勇悍而輕視齊兵，齊兵被他們看作是怯戰之卒。善於用兵的將領，就應該因勢利導，將計就計。兵法上講，一支軍隊如果急行百里去爭利，其先頭部隊就會受挫；如果急行五十里去爭利，就會有一半人馬掉隊；戰鬥力將大為減弱。現在魏軍輕視我們，氣勢洶洶而來，急於求勝，我們可因勢利導，縱其驕狂，佯裝不敢交戰。以後幾天裡，第一天造供十萬人吃飯用的灶，第二天減為五萬，第三天減為三萬，以示齊軍怯弱，使其冒險猛追，士兵更加疲憊。然後我們再選擇有利戰場，暗設伏兵以待，一定可以大獲全勝。田忌很贊同孫臏的戰術，依計而行。為了使魏軍疲於奔命，拖垮魏軍，在孫臏的策劃下，齊軍故意避而不與魏軍接觸。當齊軍快要抵達大梁時，裝作逃避魏兵追擊，不敢進攻大梁，而從大梁城的北邊向東北方向撤去，使魏軍誤以為齊軍想逃跑回國。

龐涓在得知齊軍攻大梁時，急忙率魏軍星夜從韓國趕回。當他快到大梁時，齊軍已掉頭向東北退去。龐涓緊追不捨。追趕中，龐涓通過細心觀察，發現齊軍的灶在一天天減少，果然大喜，說：「我本來就知道齊軍怯弱，不堪一擊，僅僅進入我魏國三天，士卒就逃亡了大半！」於是，他丟掉大隊人馬，只帶領輕裝精銳之師，日夜兼程，追趕齊軍。孫臏準確地計算著龐涓的行程，判定他將於日落以後進至馬陵（今河南范縣西南）。馬陵地區山陵起伏，地勢險要，樹多林密，道路狹窄，是一個設伏殲敵的好戰場。田忌、孫臏下令齊軍停止撤退，全部埋伏在馬陵附近，又精選一萬多弓箭手埋伏在馬陵道兩側。孫臏命人把路口的一棵大樹剝下一塊皮來，在露出的白色木質上書寫八個大字：「龐涓死於此樹之下！」然後對弓箭手發出命令：「天黑以後，只要看見火光，萬箭齊發。」

果然如孫臏所料，龐涓在天黑之後追到馬陵。這時他的部隊已經人困馬乏，極度疲勞，都想停下來歇歇腳。龐涓走到路口的大樹下，隱約看到樹幹上有字，便命人點起火把來。龐涓就著火光看到八個大字，不禁大吃一驚，連說不好！一定中了孫臏的詭計！但為時已晚。齊軍埋伏的弓箭手看見火把，萬弩齊發，魏軍亂作一團。齊軍兩旁埋伏的部隊也漫山遍野，一齊殺出，擂鼓聲、喊殺聲驚天動地。龐涓忙令佈陣，已經無濟於事，疲憊不堪的魏軍死傷無數。魏軍敗局已定，龐涓走投無路，便拔劍自殺了。他所率領的魏軍全部被殲。齊軍又乘勝追擊，把魏軍的後續部隊也全部殲滅，還俘虜了魏軍統帥太子申。這就是歷史上有名的馬陵之戰。

馬陵之戰，是戰國中期齊、魏爭奪中原霸權具有決定意義的一戰。魏國從此元氣大傷，一蹶不振。自魏文侯以來的霸主地位從此完全喪失了。魏惠王不得不向齊國屈膝，到齊國去朝見齊威王。與此同時，三晉之君都到齊國去朝見，淮泗間的小諸侯國也都順從了齊國。戰國初期以來的形勢徹底改變了，齊國一躍成為中原的霸主。齊威王會諸侯，朝天子，俯視群雄。孫臏的軍事謀略為齊國稱霸起了重要作用。孫臏一生的抱負，在馬陵之戰中得到了最大實現，從此名揚天下。

五、全身隱退

在馬陵之戰中，雖然孫臏為齊國立下汗馬功勞，但他在政治上卻不甚得意。馬陵之戰前後，齊國上層統治集團內部鬥爭激烈，素來不和的齊相鄒忌和大將田忌之間的矛盾日益激化。桂陵之戰和馬陵之戰，鄒忌都反對出兵，怕田忌、孫臏獲勝後影響自己的地位。戰爭結束後，他繼續暗中策劃，伺機剷除異己。孫臏深知其中的險惡，加之曾在魏國遭受龐涓陷害，早就看穿了鄒忌的用心。在馬陵大捷後，孫臏向田忌建議：擁兵入朝，驅除鄒忌。但是田忌這次沒有採納孫臏的建議。不久，田忌果然遭到鄒忌的陷害，在齊國無法容身，被迫逃亡到楚國。孫臏也從此在政治舞台上消失了。原來，孫臏見田忌沒有採納自己的意見，便對自己的後事作了安排。馬陵之戰後，齊威王要給他加官晉爵，都被他以刑餘身殘為藉口謝絕了。孫臏還請求免除軍師的職務，從而擺脫了政治糾紛，沒有因田忌遭陷害而受到牽連。從此，他過起隱居生活，把晚年的全部精力都用在軍事理論的研究上，寫出了流傳千古的《孫臏兵法》。

《史記．孫子吳起列傳》中說，孫臏「名顯天下，也傳其兵法」；《漢書．藝文志》載，《齊孫子》八十九篇，《圖》四卷。然而，自東漢末，這部完整的《孫臏兵法》失傳了，以致後人圍繞著孫武和孫臏，《孫子兵法》和《孫臏兵法》的相互關係問題，產生過各種各樣的懷疑和猜測。日本齋滕拙堂和武內義雄甚至認為，孫武、孫臏是一人。直到一九七二年四月，在山東臨沂銀雀山的西漢前期墓葬中，同時發現《孫子兵法》和《孫臏兵法》的竹簡，才結束了這場近千年的爭論。

銀雀山漢簡整理出《孫臏兵法》三十篇，一萬一千餘字。它雖然遠遠不是原書的全貌，但保存了孫臏的許多重要論述，在很多方面繼承和發展了《孫子兵法》。在我國古代軍事思想史中，它起到了承先啟後的作用，為我國軍事理論的發展作出了不可磨滅的貢獻。

本文主要資料來源：《史記》卷六五，《孫子吳起列傳》；《史記》卷一四，《魏世家》。

蘇秦傳

苦讀書志在有為　倡合縱六國抗秦

陳瑞芳

蘇秦，字季子，河南洛陽人。他是周武王時的司寇蘇忿生之後。蘇忿生以治獄有功，被周武王封於蘇（故址在今河南溫縣），遂以蘇為姓。蘇秦兄弟五人，都是所謂「遊說之士」。蘇秦最幼，這樣的家庭環境對他的成長自然要產生很大的影響。

過去，人們將蘇秦和張儀並稱為「蘇張」。蘇秦倡「合縱」，聯合六國共同抗秦，致使強秦十五年間不敢東出函谷關一步。張儀為打破合縱，向秦王獻「連橫」之策。於是「合縱連橫」在戰國時的歷史舞台上演出了波譎雲詭的一幕。這些縱橫家們縱橫捭闔，充滿智謀，以至成為歷代人們津津樂道的話題。

一、初遊碰壁，閉門苦讀

蘇秦在年輕時曾東遊齊國，拜師求學。自春秋以來，在各諸侯國中以齊國的學風最盛，尤以稷下學派最為著名。正因如此，所以蘇秦最初便去齊國遊歷，求師訪友，頗有長進。後來，他又訪到當時著名的術士鬼谷子，跟隨他學習縱橫遊說之術。幾年後，蘇秦自恃學有所成，且有辯才，便離家出遊，想成就一番功名。當時正值戰國初期，各國在相互爭戰的同時，外交戰亦很激烈和複雜。這為蘇秦施展自己的才能提供了廣闊的舞台。

蘇秦周遊列國，向各國國君兜售自己的治國之術，希求一用。但是，他卻連連碰壁，不僅處處受冷落，有時還遭到某些人的嘲笑。在東方各國得不到重用，他便去秦國，把希望寄託在秦國國君秦惠王身上。他千里迢迢來到秦國的都城咸陽，求見秦王。秦惠王對蘇秦也略有所聞，於是就接見了他。蘇秦雖談得激昂慷慨，但大都空洞而不實用。秦惠王對他的話只是聽聽而已，並不準備採用。此後他又數次進見秦惠王，但秦惠王對他的建議仍然反應冷淡，後來就不接見他了。

蘇秦不得已，只得東歸。他去秦國時本來滿懷希望，結果卻一事無成，甚至連吃飯的錢也沒有了。因此，他對秦王特別痛恨，決心日後要嚴厲地報復秦國。當他垂頭喪氣地回到家時，家裡的人知道他在外面一事無成，因此都對他很冷淡。妻子忙著織布，根本不搭理他，嫂子也不給他做飯吃，父母更是連一句話都不願和他說。不僅如此，他們還嘲笑他說：「按照西邊人的習俗，要麼治產業，安心務農，要麼從事工商，以取大約十分之一的利潤。他這個人卻放棄本業，企圖靠嘴皮子吃飯，遭困辱不是必然的事嗎！」面對此情此景，蘇秦真是羞愧難當。同時，他也感嘆世態炎涼，人的情意冷淡到如此地步。但蘇秦並沒有因此而消沉。他經過一番深思，認為自己之所以不被重用，還是因為自己學識淺薄。他想，只要專心攻讀，總有一天能夠獲得安邦治國之術，那也就不愁不被重用了。於是他閉門不出，把自己所有幾十箱書都搬出來，信手翻弄。忽然他發現了太公呂尚所寫的《陰符》一書。這本書主要講的是一些陰秘之謀、捭闔之術。蘇秦過去雖然涉獵過，但沒有十分留意，現在一看，覺得很有用處，頗有茅塞頓開之感。於是他廢寢忘食，謝絕一切交遊，閉門苦讀，邊學習邊揣摩。當讀書欲睡時，他就用錐子扎自己的大腿，以刺激自己振作起精神。為避免睏乏時伏案睡去，就把頭髮繫在屋樑上。後世用「頭懸樑，錐刺股」來形容發奮讀書，這個典故就是因蘇秦而來的。

在家居的一年中，蘇秦主要研讀《陰符》一書，並反覆揣摩，深得其中精要。蘇秦感嘆道：「士人以讀書為本業，讀了那麼多書，卻不能求尊榮，讀書多又有什麼用呢！」因而潛心於《陰符》所講的縱橫之術。皇天不負苦心人，蘇秦終於領會了《陰符》一書的要旨，並能融會貫通。他深信，靠新學到的這些知識一定可以求得功名。於是，他又第二次離家外出遊說。

二、再次出遊，助燕抗齊

他首先去遊說周顯王。當時，儘管周室衰微，但周顯王在名義上仍是各諸侯國共同的宗主。蘇秦向周顯王講了許多振興周王室之道。但是，周顯王身邊的人都知道蘇秦，認為他好為大言，所說都不切實用，因而對他很輕視，話語還帶有嘲笑的味道。周顯王對他的話也不相信，蘇秦只好掃興而去。但是蘇秦並未灰心，他接著便去燕國遊說。這一次他總結了以前失敗的教訓，先對當時列國的形勢進行分析，認為在北邊的燕國，自己最有可能受到重用。當時的燕國內憂外患，形勢非常危急。西元前三一四年，燕王噲臨死時，將君位禪讓給了子之，遭到國內貴族的反對，結果發生內亂。齊宣王借此機會乘虛而入，向燕國大舉進攻，幾乎使燕國覆滅。周赧王四年（西元前三一一年）蘇秦受到燕昭王的召見。蘇秦對燕王說：「如果我像曾子那樣孝順，像尾生那樣恪守信用，像伯夷那樣廉潔，即使有人很討厭我，我可以感到問心無愧，是嗎！」燕王回答道：「當然。」蘇秦接著說：「我以孝、信、廉三者來奉大王，可以嗎？」燕王求之不得，趕忙說：「可以。」不料蘇秦突然把話鋒一轉，說：「大王以此為滿足，我就不打算侍奉您了。」燕王問「那為什麼呢？」蘇秦回答說：「因為像曾參那樣孝順，就不會離開自己的親人，當然也不會有益於國家；像伯夷那樣廉潔，雖不會幹偷竊的事，但白白餓死，自然對國家也不會有什麼好處。我認為行為孝順、守信用並不是每個人都能做到的，講道義並不是每個君主都具備的。如果一個人把孝、信、廉三者作為資本，與不孝、不信、不廉的人交往，他必定要吃虧！治理國家也是如此。」

燕王覺得蘇秦很有謀略，是個難得的人才，於是就任用他作為自己的謀臣。從此以後，蘇秦得以躋身於戰國的風雲人物之列，活躍在列國紛爭的舞台上。為了報答燕昭王的知遇之恩，他決心幫助燕昭王振興國家，擺脫危難。他奔波遊說，出謀劃策，憑著他的戰略眼光和能言善辯的三寸不爛之舌，成為戰國時縱橫家代表人物。

齊國對燕國覬覦已久，燕王噲禪讓君位給子之所導致的燕國內亂，正好給強鄰齊國造成可乘之機。西元前三一四年，齊國對燕國大舉進攻。燕國是個小國，本來就不是強齊的對手，加上內部的混亂，所以齊國軍隊一路上勢如破竹，僅僅五十天時間就把燕國的國都（在北京市西南）攻占了。後來由於燕國軍民的頑強反抗，迫使齊國把軍隊撤了回去，但是燕國兵力已幾乎喪失殆盡。如果這種狀況不能很快得到改變，燕國早晚會被齊國吞併。燕昭王即位後，為挽救危局，他廣攬人才，改革政治，緩和國內矛盾，發展社會經濟，以等待時機。蘇秦正是在這種情況下來到燕國的。

有一天，議論完國事後，蘇秦有意識地引出話題，對燕王說齊強燕弱，用武力與齊國一爭高下，無異以卵擊石，因此不能硬拚，只能智取。如果能使齊國「西勞於宋，南罷（疲）於楚」，就完全可以打敗齊國，奪回被占的河間（今河北獻縣地區）一帶。隨後，蘇秦又提出實現這一目標的做法。他認為要達到上述目的，最上之策莫過於誘使齊國自己上鉤，也就是說，必須對齊國施行反間計。接著蘇秦便自告奮勇，表示願意親自到齊國去完成這個任務。燕昭王聽後，欣然同意，就派蘇秦帶上禮物到齊國去活動。當時，蘇秦和燕國的一個后妃私通，他擔心事情暴露後會遭殺身之禍，就對燕昭王說：「臣在燕國不能使燕國很快強大，臣到齊國可以為燕國做更多的事。」燕昭王自認為和蘇秦相知甚深，就同意蘇秦這樣做。因此，蘇秦以後的歲月大都是在齊國度過的。

蘇秦來到齊國，這時齊宣王已死，齊湣王繼位，任用孟嘗君為相。孟嘗君不斷挑起對楚的戰爭，還動用大量兵力攻打秦國、韓國和魏國。齊國的這種局面很有利於蘇秦開展活動，實現預定的計謀。可惜的是，燕昭王報仇心切，當他聽到齊國連年征戰，四處樹敵的消息後，便認為時機已到，在田伐等人的鼓動下，於周赧王十九年（西元前二九六年）對齊國發動了一次進攻。但由於時機尚不成熟，不僅燕國遭到了慘敗，而且使蘇秦在齊國的五年心血付諸東流。蘇秦覺得這樣下去，自己的計謀是無法實現的，唯有回燕國規勸燕昭王不能性急，配合自己的行動，才能達到目的，因此他便在當年回到了燕國。

戰國的歷史舞台風雲變幻。正在這個時候，趙國由於改革而獲得了迅速發展。本來趙國東面有東胡，西邊有林胡、樓煩，史稱「三胡」。「三胡」都是我國北方的遊牧民族，善於騎馬射箭。趙國在與三胡的衝突中，由於笨重的戰車無法迎擊輕捷的騎兵，處處被動挨打。趙武靈王為了對付「三胡」，拋棄了傳統的車戰，實行「胡服騎射」，即鼓勵穿胡服，練習騎馬射箭，以建立強大的騎兵部隊。趙國從此迅速強大起來，成為繼秦、齊之後又一個強大的諸侯國。在這樣的形勢下，齊國要想攻打秦國，實現稱霸的目的，就必須聯合趙國。與此相應，燕國想要攻討齊國，也必須破壞齊、趙的關係。孟嘗君在齊為相期間，曾竭力籠絡趙國。正在蘇秦苦於無法破壞齊、趙聯盟的時候，卻出現了一個機會：孟嘗君因指使一個叫田甲的貴族謀害齊湣王，結果陰謀敗露，被迫逃離齊國。湣王親自執政後，他因憎恨孟嘗君而厭惡其對外政策，便背棄趙國，而改親秦國。這時的秦國，商鞅已死多年，以穰侯魏冉為首的貴族集團執政。秦昭王的親信韓聶於此時相齊。西元前二八八年，魏冉從秦國來到齊國之後，煽動齊湣王與秦同時稱帝，秦為西帝，齊為東帝。蘇秦覺得這正是再次施行反間計的大好時機。他便建議燕昭王裝出謙卑的姿態，向得意忘形的齊湣王表示尊重和服從。為了進一步麻痺齊國，他還建議燕昭王派自己的弟弟襄安君到齊國去做「質子」。當時，各國為了向對方表示履行某一協定，往往派遣王子或他人作人質，稱為「質子」。蘇秦同時表示，願意陪同襄安君到齊國，繼續施行反間計。

蘇秦在去齊之前，先給齊湣王寫了一封信，信中除陳述自己願意急赴齊國為齊王解決困難以外，還隱約透露三晉想聯燕謀齊的消息，並表示自己能夠勸阻燕王，使燕王靠攏齊國，甚至表示，即使為此得罪燕王也在所不惜。信的末尾還說，之所以馬上給齊王寫信，是唯恐齊國得到這個消息太晚，沒有時間準備。蘇秦的這一招，果然使齊湣王中計，他把蘇秦當成了自己的心腹。特別是蘇秦平時自比管仲，稱讚齊湣王之賢過於齊桓公，更使昏庸的湣王忘乎所以，認為蘇秦是忠於自己的。這樣，蘇秦一到齊國，就得到了齊湣王的信任。

蘇秦想，要弱齊強燕，必須消耗齊國的實力，而最好的辦法是煽動齊國發動對外戰爭。於是他就竭力慫恿齊湣王攻打宋國。因為宋國位於齊國南邊，燕國地處齊國北面，如果齊國攻打宋國，必定會把北邊用來對付和防備燕國的軍隊調到南邊，這樣燕國就可以減輕防禦負擔。再說齊國與南面的楚國長期交戰，只要齊國出兵攻宋，楚國必然不會坐視不問，而很可能會助宋抗齊。還有與宋為鄰的魏國，如果齊國出兵，他不會坐視宋國的滅亡。因為宋國滅亡之後，下一步齊國勢必會像對宋國一樣對待自己。這樣，只要齊國攻打宋國，就會引起連鎖反應，楚國和魏國勢必要和齊發生矛盾。地處西陲的秦國也不願齊國過於強大，它會竭力保護齊國四周的小國不被齊國滅掉，以便讓這些小國作為齊國對外擴張的緩衝地帶。因此，齊國攻宋之日，也就是秦國捲入衝突之時。這樣一來，無形中把齊國放到了一個四面樹敵的孤立地位。儘管從秦國跑來擔任齊國相的韓聶竭力反對齊國攻打宋國，但見小利而忘大義的齊湣王已經不能自制了，他把韓聶的相國職務也免掉了。齊國打算攻打宋國的消息一傳開，秦國立即派御史前來勸阻，但頭腦發昏的齊湣王不聽。周赧王二十八年，齊國發動了滅亡宋國的戰爭。

齊湣王伐宋，迫使宋國割淮北之地與齊講和。齊國雖然獲得了一些土地，但齊、秦關係卻因此惡化，從而迫使齊國把主要精力都集中到對付秦國上，暫時放鬆了對燕國的注意，這就為燕國創造了一個有利的環境。特別是蘇秦一連串成功的計謀，左右了齊湣王，為日後燕國報仇雪恥準備了條件。

三、力倡合縱，共抗強秦

隨著時間的推移，在戰國七雄中秦國成為最強者。尤其是自商鞅變法後，鼓勵農戰，秦國的國力迅速增強。它首先向西擴展，「稱霸西戎」，疆域越來越大。此後，秦國便把攻掠的矛頭指向東方六國。在這種大背景下，蘇秦極力倡言「合縱」，即六國聯合起來共同抵抗秦國。蘇秦看到齊、秦關係已經惡化，齊湣王的野心也越來越大，於是便火上加油，鼓動齊湣王聯合燕與三晉共同伐秦，並自告奮勇以齊國使臣的身份出外活動。蘇秦之所以在這時竭力造成合縱攻秦的局面，是由於秦國的日益強大嚴重地威脅著其他諸侯國的生存，齊國在東方六國中力量最強。這時的齊湣王正意驕志滿，儼然以東方六國的首領自居，也有意與秦一爭高下，以顯示齊國的力量和在各諸侯國中的號召力。所以，蘇秦的建議正中齊湣王的下懷，同時齊湣王還想趁機滅掉宋國。

為了組織伐秦聯軍，蘇秦赴各國遊說。出發之前，他怕齊王對燕不放心，便向齊王寫了封措辭十分懇切的信，一再為燕國擔保，然後便首先到了燕國。正當蘇秦和燕昭王共商計謀，制定未來行動策略時，齊湣王採取了一個對燕國試探性的舉動：把燕王派到齊國去的一個將軍無緣無故地殺了。齊國的這種無禮的挑釁性行動，激起了燕昭王的怒火，打算興師問罪。蘇秦則認為燕、齊相安無事的關係來之不易，和齊國公開決裂的時機還不成熟，便勸阻昭王忍辱抑怒，甚至勸他反過來向齊王道歉，主動提出自己派往齊國的將軍不稱職。與此同時，蘇秦又害怕燕昭王誤以為自己投靠了齊國，於是又再三向燕王表白，自己這些年的所作所為都是為了「弱齊強燕」，報答燕王的知遇之恩。燕王終於認識到蘇秦對燕國的一片忠心，對自己的一片忠誠。對齊王要組織六國聯軍攻秦的事，燕昭王也要表面上支持，答應屆時出兵二萬。在燕國的一切事情商量停當以後，蘇秦便由燕國南下，遊說三晉。

蘇秦首先來到魏國。此時魏國的相國是從齊國逃出來的孟嘗君。孟嘗君一直懷恨湣王，想伺機報復，只是魏弱齊強，無可奈何。蘇秦利用這種矛盾，鼓動魏昭王說：「魏國地方千里，人口眾多，並不比楚國弱，然而卻一再向貪得無厭的秦國屈服，屢屢受到秦國的欺凌。像大王這樣賢明的君主，早就不該事秦國了，我真為大王卑躬屈膝的行為感到羞愧！越王勾踐在只有三千士兵的情況下，還打敗了吳國，殺掉了夫差；周武王也只有三千人，卻在牧野打敗了商紂王。可見稱雄天下並不一定需要眾多的兵士，關鍵是有沒有信心。目前魏國有武士二十萬，蒼頭二十萬，奮擊之士二十萬，搖旗吶喊的十萬，戰車六百輛，戰馬六千匹，士卒和軍械之數大大超過了勾踐和周武王。然而大王同勾踐、周武王相比，看來是差遠了！事秦國，必須不時割讓土地才能滿足其貪慾，長此下去，國家必亡，我真為大王擔心！」聽到這裡，魏昭王早已羞愧萬分，趕忙問蘇秦下一步該怎麼辦。蘇秦見自己的激將法已經奏效，於是向魏王建議，在秦國已經十分強大的情況下，只有與其他諸侯國聯合起來共同抗秦，才是上策。魏王覺得蘇秦的話很有道理，就滿口應承。

在魏國取得成功之後，蘇秦便馬不停蹄地趕到了趙國。此時輔佐趙執政的是奉陽君李兌，其次是韓徐為。李兌向來奉行不得罪鄰國的政策，而韓徐為早有取代李兌獨攬大權的野心。針對李、韓二人的矛盾，蘇秦到趙後先與韓徐為見面。對李兌，蘇秦則許以伐秦聯軍統帥，誘使其放棄原來的政策，贊同合縱抗秦。在疏通了這些外圍關節之後，蘇秦這才面見趙惠文王，分析形勢，痛陳利弊。他說：「我聽說普天下的人都認為大王是賢明的君主，都願意聽從您的吩咐。而您主要是想求得國家太平無事，百姓安居樂業。要做到這點，關鍵在於處理好各種關係。從趙國的角度來說，大齊國和秦國都是敵人。無論是聯秦攻齊，還是聯齊攻秦，老百姓都會不安。不過，眼下看來，大王若投靠秦國的話，秦國必定要削弱韓國和魏國，若投靠齊國，齊國也必定會削弱楚國和魏國。魏國削弱了，必定割讓河外的土地；韓國削弱了，也會把宜陽送給秦國。河外（今河南黃河以南地區）、宜陽一送，上郡（今陝西綏德）也就跟著完了，趙國本來四通八達的交通就會阻塞。到那時，趙國想向楚國及其他鄰國尋求援助也不可能了。這種局面，我不知大王想過沒有？如果秦國從軹道（今陝西咸陽東北）出兵，南陽就危險了。南陽若被秦國占領，趙國就會與秦為鄰，這等於置身虎口。再假如秦國占領了衛（今河南濮陽），攻取了卷（今河南原陽縣西北），那麼齊國只有俯首稱臣了。秦國的欲望是一定要吞併東方各國的，趙國自然也在其中，只不過是早晚的問題。就目前的情況看，東面最強大的就數趙國了：地方千里，軍隊數十萬，戰車上千輛，戰馬近萬匹，糧食也足夠支持幾年的。秦國所擔憂的其實只有趙國。秦國之所以沒有攻打趙國，只是害怕韓國和魏國到時會援助趙國罷了。可是，和趙國唇齒相依的韓國和魏國力量衰微，無險可據，正一天天被秦國蠶食，終有一天會被秦完全吞併的。韓、魏滅亡後，隨之而遭亡國厄運的難道不是趙國嗎？我聽說堯、舜、禹、商湯、周武王奪取天下，所憑藉的力量都很弱小，只是他們都能清醒地看到對手的強弱。估計到自己的實力。而今東方六國的土地要比秦國大五倍，士卒多十倍，若能聯合起來，秦國敢輕舉妄動嗎？那些主張割地給秦國的人，只不過是想保住個人的高官厚祿，從中撈些好處罷了，根本不是從整個國家的利益出發。因此，當務之急是趙國與韓、魏、齊、楚、燕聯合起來，共同對付秦國。可讓各國互派質子，訂立盟約。只要秦國侵略東方任何一國，其他各國就出兵支援。果能這樣，秦國豈敢越出函谷關一步？」趙惠文王聽完蘇秦這番深入淺出的分析，連連點頭稱是，不僅滿口答應聯盟，而且還送給蘇秦車子百輛，黃金千鎰，白璧百雙，錦繡千疋，請他去繼續聯絡其他各國。

蘇秦接著又到了韓國，對韓嫠王說：「韓國地形險要，地方九百餘里，帶甲之士數十萬，天下的強弓勁弩都出自韓國。憑韓國軍隊的勇猛和大王的賢明，卻西面事秦國，實在為天下人笑話！不知大王意識到沒有？大王事奉強秦，而秦是虎狼之國，秦國肯定要求得到宜陽、成皋（今河南滎陽市西北）。今天滿足了他的要求，明天他又會提出新的要求。恐怕一直要到韓國無地可割時才會罷休。常言道，寧為雞首，不為牛後，恕我直言，大王恐怕與牛後沒有什麼差別了！」這席話激起了韓嫠王對秦的憤恨，發誓再也不事秦國了，表示要與東方各國聯合一起，共抗強秦。

蘇秦又來到南邊的楚國，向楚威王遊說道：「楚是天下的強國，王是天下的賢王。楚地域遼闊，有地五千餘里，兵甲百萬，車千乘，戰馬萬匹，糧食可供十年之需。這實在是稱霸天下的資本啊！以楚之強和王之賢，天下任何一個國家都不是敵手。可是大王卻要西面事秦，那麼，普天下的諸侯恐怕都要朝拜於章台（秦王宮名）之下了。」蘇秦又進一步勸道：「秦最怕的就是楚國，楚強則秦弱，秦強則楚弱，兩國勢不兩立。為大王計，不如參加合縱以孤立秦國。大王如能採用我的計謀，其他各國能歌善舞的美女都會充實到您的後宮，北邊的駱駝和良馬都會養在您的外廄中。現在您放棄霸王之業，卻有事人之名，臣以為不是上策。」經蘇秦反覆勸說，楚威王深以為是，認為合縱是楚國免於被秦攻滅的好辦法。於是，楚威王慨然表示，贊成合縱，願舉國聽從蘇秦的安排。

在蘇秦的遊說下，齊國聯合了韓、趙、魏、楚、燕五國，就形成了六國合縱抗秦的局面。因為蘇秦在合縱過程中勞苦功高，被六國任命為合縱長，趙國還封他為武安君。同時，他「相六國」，即同時為六國的丞相。

六國合縱抗秦聯盟雖然建立，但各國卻是同床異夢，各打各的小算盤。加上秦國竭力對之分化瓦解，所以合縱攻秦只是一種聲勢而已。當以齊國為首的聯軍伐秦時，楚國就未出兵。五國聯軍也一直滯留在滎陽、成皋一帶，並未對秦發起真正的進攻。儘管如此，秦國的擴張活動也不得不因此而有所收斂。秦昭王甚至還「廢帝請服」，廢掉王號，把以前蠶食的魏地歸還給了魏國，把所奪占的趙地還給了趙國。此後十五年間，秦國不敢出兵函谷關，從而使東方各國獲得了一段安寧。

鑑於東方六國誰也無力單獨抗禦強秦，所以實行合縱自然是明智之舉。但是，由於各種複雜的原因，六國並不能做到精誠團結，而是不斷有破壞合縱的小動作。在秦國壓力強大時，這種聯盟還顯得較為穩固。在這種壓力暫時減弱時，六國間的積怨和各種各樣的矛盾便又暴露出來。尤其是在張儀任秦相以後，行連橫之策，極力挑撥六國間的關係，使六國間的矛盾更加激化。他首先瓦解了齊國和楚國的聯盟，繼而使合縱之盟土崩瓦解。

四、合縱瓦解，同室操戈

在蘇秦內心，對燕國最為忠誠。在聯絡各國的過程中，他以齊臣的身份出現，這似乎擴大了齊國的影響，抬高了齊國的地位。但實際上，蘇秦也借此機會為燕國聯合了反齊力量。在蘇秦看來，齊、燕疆域相連，齊是燕國最直接的威脅。當秦的威脅暫時消除之後，齊的威脅就突顯了出來。特別是齊湣王參加聯盟後，不積極抗秦，而順道攻打宋國，這使三晉和燕國進一步看清了齊國的野心，並感到受到了齊國的擺布和玩弄，因而對齊更為不滿。這時，魏國的孟嘗君和趙國的韓徐為便通過蘇秦與燕昭王暗中聯繫，要趁齊國攻宋之機，聯合攻齊。不料燕昭王謀事不密，風聲傳到了齊王耳中，齊王便於周赧王二十八年（西元前二八七年）下令從宋撤兵。蘇秦為此著急萬分，立即給燕昭王寫了封密信，奉勸昭王一定要注意保密，並告訴他攻齊的時機尚不成熟，千萬不可操之過急，魯莽行事。

蘇秦立即與孟嘗君和韓徐為商討。因為當時聯合抗秦的形式還存在，孟嘗君認為應設法讓齊國先背叛三晉，這樣才能激怒趙國。蘇秦認為孟嘗君的看法很有道理，於是就故意使人告訴齊王，說魏、趙等國攻秦不成，將要背齊與秦講和。齊湣王不知是計，十分惱火，決定搶先與秦和解，而且還把這個想法告訴了正在魏國的蘇秦。蘇秦得到這一消息後，立即密告燕昭王，請他進一步做好與趙國和魏國的聯繫，暗中加緊反齊的準備。蘇秦還特別提醒燕昭王，燕國不要充當反齊的急先鋒，應設法讓趙、魏首先向齊發難，燕國才好坐收漁人之利。

為了鼓動趙、魏首先向齊發難，蘇秦從魏國來到了趙國。一到趙國，他便立即給齊王寫了封信，除匯報伐秦聯軍目前的情況外，還故意指出趙國已懷疑齊國將與秦講和，對齊深為不滿，而燕國對齊一直是忠誠的，等等。齊王收到此信，也立即給蘇秦寫了封回信，仍把蘇秦視為心腹。信中直言不諱地談了準備與秦講和的想法，並說這完全是因為魏國已暗中與秦通和，所以齊國才不得已這樣做。正當蘇秦為自己的目的即將實現而高興的時候，趙國的奉陽君李兌對蘇秦的圖謀已有所覺察，因而斷然扣留了蘇秦，甚至還想派士兵把他看押起來。風雲突變，蘇秦趕忙託人捎信給燕昭王，請他務必設法幫他逃出趙國。燕昭王得信後，立即命使者趕赴趙國，提出抗議，調解此事，使得蘇秦的處境有所改善。接著，燕昭王又親自出面，向趙國施加壓力，終於迫使趙國釋放了蘇秦，於是蘇秦便從趙國又回到了齊國。

到齊國後，蘇秦請齊湣王取消原先答應封給趙國奉陽君李兌的蒙邑（今山東蒙陰）。李兌自然對齊湣王的食言極為不滿，齊、趙關係也因此而惡化起來。恰在這時，燕昭王對蘇秦產生了懷疑，揚言要另外派人代替蘇秦的職務。蘇秦聞訊，感到十分委屈，立即給昭王寫了封很長的信。信中說，齊國一直是燕國的仇敵，自己在齊國長期從事外交活動，招致非議和懷疑本不足怪。自己蒙大王知遇之恩，這些年嘔心瀝血，不避艱險，就是為了幫助燕國。若能繼續仕宦於齊，至少可以使齊國不圖謀燕國，並使齊國與趙、魏等國的關係惡化，為燕國創造有利之機。燕王不應輕信讒言，貽誤大事。燕王收到此信之後，便不再懷疑蘇秦了。這場風波平息了，蘇秦便向齊王建議出兵滅宋。這是他策劃的最終激怒三晉與秦國的關鍵步驟。齊湣王聽從了他的建議，傾全國之兵把宋國滅掉了。這樣一來，三晉與秦、楚等國反齊的浪潮也隨之而起，齊國陷入了完全孤立的境地。這種形勢為燕國攻齊提供了條件。

宋國雖小，但卻是個中原古國。齊湣王滅宋以後，各國反齊情緒高漲。第二年，秦國首先派蒙驁率軍越過韓、魏，向齊國的河東地區發動了猛烈進攻，吞併了齊國的九座城市。三晉的韓、趙、魏見秦國輕而易舉地從齊國獲利，也紛紛躍躍欲試，但又怕各自力量單薄，難以對付強齊。蘇秦認為燕國報仇雪恥的時機已到，只要燕國出面，包括秦在內的各國都會聯合起來攻齊。於是他便同燕國的上將軍樂毅一起向燕昭王建議，抓住這個時機，聯合秦、韓、趙、魏四國向齊進攻。燕昭王採納了他的建議。於是蘇秦便匆匆從齊國趕到趙國，拜見趙惠文王，制定了五國攻齊的策略。

一切準備就緒之後，蘇秦本可逃離齊國，但他考慮到聯合攻齊的戰爭還沒有打響，齊湣王仍把自己視為心腹，自己繼續留在齊國仍很安全。他抱定「士為知己者死」的決心，決定仍留在齊國。

周赧王三十一年（西元前二八四年），燕國公開「絕交於齊」，派樂毅統率燕、秦、韓、趙、魏五國聯軍向齊大舉進攻。齊國毫無準備，倉促應戰，結果在濟西遭到慘敗。

蘇秦在齊王面前如此受寵，許多齊國舊臣對蘇秦十分嫉妒和痛恨。於是，有人便在一天夜裡刺殺蘇秦。但是，蘇秦雖被刺為重傷，卻並未立即死去。當齊湣王來看望他時，他對齊湣王說：「我很快就要死了，您可將我車裂於市，就說我是燕國的奸細，一直做危害齊國的事，這樣就可以抓到殺我的兇手了。」車裂是一種極為殘酷的刑罰，是將雙手、雙腿和頭顱裂為五處。蘇秦死去，齊湣王果然按照蘇秦的話去做，而刺殺蘇秦的兇手自以為殺此人無罪，果然站了出來。於是，齊湣王立即又將此人處死。燕國的一些人便感嘆道：「蘇先生是個有智謀的人啊！他臨死還能讓齊王為自己報仇。」

樂毅率領燕軍長驅直入，直搗齊國的國都臨淄（今山東淄博市）。齊湣王倉皇出逃，不久被殺。接著，樂毅在六個月之內攻占了齊國七十多城。泱泱大國的齊僅剩下莒和即墨兩城。正當燕軍攻齊全勝在即之時，燕昭王死了。繼位的燕惠王聽信讒言，把樂毅逼出燕國，而改用帶兵無方的騎劫統兵，從而使齊國趁機收回了大片土地，緩和了岌岌可危的局勢。但齊國從此元氣大傷，一蹶不振。後來，蘇秦暗中幫助燕國的事終於暴露，齊國君臣對蘇秦十分痛恨，認為將他車裂是罪有應得。燕國為此事也很害怕，燕王便派遣一子到齊國為質子，兩國的關係這才得到緩和。

戰國時代風雲變幻莫測，鬥爭激烈複雜，由於秦國和齊國最強，故對其他各國的威脅最大。蘇秦憑藉對大局的透徹瞭解和傑出的智謀，搖動三寸不爛之舌，相繼說服東方六國，共抗強秦，從而暫時遏止了秦的擴張。此後，齊國的野心日益暴露，他又促成五國聯合伐齊，從而在一個時期內恢復了力量均勢。由於諸國之間的各種利害矛盾，這種聯合並不鞏固。再加上秦國按張儀之計推行連横，終於使合縱陷於瓦解。但是，蘇秦在其間表現出來的智謀和辯才卻是十分傑出的。

本文主要資料來源：《史記》卷六九，《蘇秦列傳》；《戰國策》。

倡連橫縱橫捭闔　破合縱六國稱臣

張儀傳

張照東／王榛華

戰國時期，風雲變幻，群雄逐鹿，逐漸形成秦、齊、楚、趙、魏、韓、燕七國爭霸的局面。由於歷史條件限制，七國之中，即便是國力最強盛的秦國或齊國，要想單憑本國力量吞併六國，也絕非易事。在這種情況下，著名謀士蘇秦提出六國合縱抗秦的計畫，並曾一度付諸實施。然而沒過多久，蘇秦的合縱方案即遭到秦國連橫戰略的毀滅性打擊，很快便陷入土崩瓦解狀態。那麼，是誰為處於危難之際的秦國制定了這一興邦強國方略呢？他就是歷史上著名的謀略家張儀。

一、初遊受挫，一怒投秦

張儀（西元前？年～西元前三一〇年）為魏國人，出身於一個沒落貴族家庭。小時候，因家庭貧窮、地位低下，常受別人欺侮。艱苦的生活環境，並沒有使張儀消沉，相反更激發他追求功名的野心。為實現出人頭地的抱負，張儀在二十多歲時開始尋師訪友，探究治國平天下之道。他千里迢迢來到號稱文化之都的齊國求學，師從著名謀略大師鬼谷子，學習辯術、謀略和其他方面的技能。當時與張儀在一起攻讀術業的，還有被後人稱為「傾危」之士的大謀略家蘇秦。不過，蘇秦一直認為其學業、才能均無法與張儀相比。名師指點，高手雲集，張儀如魚得水。他日夜攻讀，勤思好問，很快便成為一名出色的說客，深得鬼谷子器重。

術業學成之後，張儀經過一段時間準備，便踏上遊說諸侯的征程。初遊之始，由於經驗不足，他四處碰壁。最令人難堪的要算他在楚國的遭遇了。一次，他應楚國宰相邀請赴宴喝酒。酒過三巡，楚相拿出一件稀世玉璧給客人觀賞。沒想到，晚宴剛畢，這塊寶玉突然遭竊。宰相手下客卿看張儀衣衫破爛，懷疑是他竊走玉璧，於是便未加調查，就把張儀抓來嚴刑拷問。後因未找到張儀偷玉的確鑿把柄，只好將他釋放。張儀氣急敗壞地回到家中，妻子見他被人毒打，忍不住含淚責備道：「當初你如果聽我勸告，居家安分守己地過日子，何至於落到今天這步田地？」張儀不以為然地說：「別說這些沒用的，快來看看我的舌頭沒事吧？」妻子仔細看了一下他的舌頭，笑道：「舌頭倒還完整無損。」張儀說：「留得舌頭在，不愁將來沒有出頭之日！」

不久，一個偶然的機會改變了張儀的命運，與他同出一門的學友蘇秦遊說大獲成功，已成為燕趙寵臣，官運亨通。當時，蘇秦正為其合縱抗秦方案奔波，他急需選派一名得力幹將打入秦國，以制止秦國對合縱聯盟的軍事行動。於是他暗中派人找到張儀說：「蘇秦在趙國做了大官，聲名顯赫，你與他私交甚厚，若投靠他肯定有晉陞的機遇。」張儀聞聽大喜，立即動身趕赴趙國。然而當他來到蘇秦府上時，蘇秦卻表現出出人意料的冷淡，不但讓他吃粗劣飯菜，還當面責罵污辱他：「你白讀那麼多年書，真沒想到竟混得如此狼狽。本來我可以提拔你，共享榮華富貴，但看你現在這個樣子，實在不值得我舉薦。」這一頓斥責挖苦，令張儀羞愧難當，怒火中燒。他發誓要混出個人樣來，以雪恥辱。回顧出道以來，遍走諸國，歷盡艱辛，卻屢遭失敗，報國無門。看來東方諸國沒有一個願收留重用他，倒不如西投強秦。他當即決定，立刻起程投奔秦國。一路上，張儀得到一位富商照顧，車馬住宿費用均替他償付。到秦後，這位富商又用金錢開路，打通關節，張儀很快便飛黃騰達，漸為秦惠王重用，官至客卿。那位幫助他打入秦國上層社會的富商見張儀已功成名就，便前來辭行。張儀大惑不解：「沒有您鼎力相助，哪有我今日的顯赫地位。懇請先生留在秦國，我要好好地報答您的知遇之恩。」那位富商神秘地一笑，道出事情原委：「我不過是蘇秦的門客，受蘇先生指派，假扮富商暗中助您渡過難關，真正知遇幫助您的是蘇秦先生。蘇先生擔心您念及一時利益而失去建功立業的時機，故用此計激您入秦擔當重任，現在事已成功，我的任務已經完成，恕不久留。」張儀這才如夢方醒，慨然說道：「錯怪蘇先生了，這些原本是我所學術業中的謀略內容，只因一時疏忽而未能識破。蘇先生的才智確比我略勝一籌。請轉告蘇先生，謝謝他的厚意，我初登官位，哪敢無端對趙國動武。再者，只要蘇先生居世，我張儀即便有攻趙的膽量，也沒有這個能耐呀！」

事情發展的結果表明，張儀為報答蘇秦的知遇之恩，他果然沒有食言。在他執掌秦國軍政大權期間，秦國遲遲未對趙國採取軍事行動。但作為傑出政治謀士的張儀，對東方諸國一直懷有很強的仇視心理，這大概與他早年遊說諸國受侮有關。一旦時機成熟，他便撕下情誼的面紗，對東方六國進行毀滅性的打擊。這也算是身不由己、各為其主吧。數年之後，蘇秦苦心經營多年的合縱抗秦聯盟，竟斷送在這位昔日同窗好友之手。

二、時來運轉，官運亨通

西元前三二九年至西元前三一二年，是張儀一生中最輝煌的階段。在此期間，他仕途暢達，春風得意，連連晉陞。幾年工夫，張儀從一介窮酸書生登上秦國宰相的寶座，成為權傾一時的名相。

張儀到秦不久，即向惠王獻連橫之計謀，拆散六國聯盟，使歸順秦國（連橫向秦）。此計正中惠王下懷，可謂英雄所見略同。張儀以一位謀略大師的敏銳目光，首先選擇秦國近鄰魏國作為連橫目標，他採取恩威並用策略，迫使魏國就範。為震懾諸侯，挫傷魏軍銳氣。秦惠王十年（西元前三二八年），張儀與公子華率秦軍大舉伐魏。秦軍以迅雷不及掩耳之勢相繼攻陷魏國蒲陽等城，魏軍措手不及，節節敗退，黃河以西魏地大部分被秦軍占領。張儀見對魏行動的第一招棋已奏效，便下令秦軍鳴金收兵，速派使者與魏國講和。為表誠意，繼續拉攏魏國加入連橫和秦聯盟。張儀又設計提出，把秦軍所占蒲陽等城歸還魏國，並力勸秦惠王忍痛割愛，將公子繇送到魏國做人質。這一招果然很靈，魏王大為感動，對張儀更是言從計聽。張儀藉機出使魏國，賣弄三寸不爛之舌，勸說魏王：「秦國寬容大量，所占魏地完整歸還，魏該有所表示吧！」魏王中計，將上郡、少梁獻給惠王，以報答秦國厚愛。張儀大功告成，返秦後陞官加爵，晉陞宰相。

在宰相位置上，張儀政績顯著，一做就是四年。他迎合惠王改「公」稱王的野心，力主惠王尊稱為王。又策劃攻取陝州，擴大秦地盤，築上郡邊塞，鞏固邊疆防務。其後二年，活躍於外交舞台的張儀與齊、楚之相聚會齧桑，欲拆散齊楚合縱聯盟，但未如願。當時，以蘇秦為主謀，東方六國聯盟抗秦，稱為合縱。為打破合縱，張儀便為秦國制定了連橫的策略。

正當張儀在秦青雲直上之時，惠王卻突然解除了他的宰相職位，其實這是張儀為秦國利益所玩弄的又一個花招。他假意得罪秦國，投奔魏國，騙取魏王信任，當上魏國宰相，暗地裡與秦裡應外合從事策反活動，力圖拆毀合縱聯盟，迫使魏臣服秦國，充當連橫急先鋒。

張儀利用相權，開始為連橫加緊活動。他不斷向魏王陳述連橫的好處，陳說與東方合縱沒有出路。魏王對此半信半疑，唯恐再次上當，對投靠秦國背棄合縱遲遲未置可否。張儀密報與秦，秦王惱羞成怒，發兵攻魏，吞併魏曲沃、平周。惠王對張儀賞賜有加，張儀感到受之有愧，因未能完成連橫使命，故繼續在魏留任宰相長達四年之久。待魏襄王病逝，哀王即位，張儀重新勸說哀王投靠秦國。哀王仍不聽勸告，於是張儀暗中指使秦對魏動武，再度伐魏。魏秦交戰，魏大敗，次年齊國又乘機攻打魏國，於觀津一帶將魏軍圍困，魏一敗塗地，秦軍又抓住戰機大舉攻魏，首先擊敗魏韓合縱聯軍，斬首八萬，諸侯震恐。張儀藉機再次威脅魏王就範，指出：「魏地方不到千里，兵力不過三十萬，地形平坦，交通道路暢達，缺少名山大川等天然屏障，四面皆需分兵防守，僅用於邊境防守之軍就不下十萬。魏國地勢極易成為鄰國進攻的戰場。周邊關係處理稍有不當，齊趙魏楚等國即會從四面進攻，此可謂四分五裂之地。況且目前諸侯各國合縱抗秦，無非是想求得暫時安寧。當今合縱者欲天下聯合一體，諸侯各國相約互稱兄弟，雖訂有盟約，但不過是一紙空文，根本無信譽可言。即使同胞兄弟，尚有爭奪錢財之時，故蘇秦所搞合縱肯定必敗無疑。魏王若不臣服秦王，秦肯定會派軍攻取河西諸地，再劫取陽晉，截斷趙國南下和魏北上之路，兩國聯盟不攻自破，魏國想求得安寧是不可能的。此外，韓國懼怕秦威力，如秦韓結成聯盟，魏亡國只須片刻。魏王的最好辦法就是臣服秦王，這樣楚韓懼怕秦國，必不敢對魏輕舉妄動。楚韓之患消除，大王高枕而臥，還有何憂慮？」接著張儀又恐嚇說：「如現在魏不趕快臣服秦國，待秦軍打上門來，即便想臣服秦，亦晚矣。」張儀還假裝仁慈，願冒殺頭之罪去秦求和，為兩國通好穿針引線。魏王本無頭腦，又被張儀一番高論打動心弦，便撕毀與合縱國所訂盟約，轉而與秦通和。張儀連橫第一步策略已見成效，復返回秦國，重掛相印。不久，魏王發覺中了張儀計策，便背秦重回合縱聯盟，與秦抗衡。但由於合縱國各自心懷鬼胎，步調不一，以致延誤戰機，往往剛與秦交火，就被秦軍的猛烈攻勢打得潰不成軍。秦軍乘勝接連攻取魏曲沃等地。魏國懾於秦威力，不得已再次臣服秦國。

三、西定邊陲，東伐韓趙

張儀剛剛制服魏國，不料後院起火，西部、西南部邊疆戰事吃緊。先是蠻夷（西部）義渠部族叛亂，繼而西南巴蜀地區內亂又起。義渠地處秦西部邊疆。原為秦附屬國，該部族自恃兵強馬壯，反叛之心常存。秦魏交戰之際，秦無暇西顧，義渠趁機叛亂，一度攻入秦腹地，捕獲人口牛馬，嚴重影響秦國安全。故東部稍穩定，張儀便徵調大軍西征。義渠各部多為烏合之眾，在秦軍強大攻勢下，義渠一觸即潰，秦軍很快便平定了叛亂。義渠懾於秦軍威力，再次臣服秦國。

平定義渠後，張儀把目光轉向西南方的巴蜀。當時，巴蜀均已獨立，兩國皆各立國王。但兩國因事務糾紛，時常發生爭端，後衝突擴大，雙方軍隊展開激戰，一時戰火蔓延，形勢十分緊張。

秦惠王欲發兵伐蜀，又恐道險難行，恰逢韓國又來攻秦，秦王對先用兵何方猶豫未決。秦國朝中大臣也為此爭執不休。張儀力主先攻韓，理由是：「秦先親魏善楚，魏楚兩國可斷絕韓交通要道。秦軍直攻韓國，然後挾周天子以令諸侯，天下誰敢不聽！再說巴蜀兩國偏僻，與這些蠻狄作戰，勞民傷財，奪取兩國也沒很大用處。」秦將司馬錯則持相反意見，理由是：「國富必先擴大地盤，兵強需先民富。巴蜀正值內訌，攻之既可擴充秦地盤，又可獲取財物，富民強國，何樂而不為？而攻韓挾天子，則不義之名遠颺。周天子若與韓齊聯手，那麼秦國就處於十分危險境地。」惠王權衡再三，最終決定派張儀、司馬錯率軍先伐蜀國。當年十月，秦軍即攻陷蜀國。不久，巴國也被秦軍攻占。張儀將蜀王貶斥為侯，又委任陳莊為蜀相。至此，秦在巴蜀建立正式統治機構。巴蜀歸屬秦國，秦國疆土擴大，國家更加富裕強盛。

平定巴蜀後，張儀又對韓策劃了一次大的軍事行動。在此之前，韓國曾與趙魏兩國組成聯軍合縱攻秦。但聯軍缺乏統一軍事部署，各自為戰，互不接應。韓軍剛與秦軍交戰，即被秦軍打得潰不成軍，韓軍死傷大半，損失慘重，韓將申差也成為秦軍階下囚。不久，韓國又與楚合縱軍聯合，再次出兵攻秦。軍事行動伊始，楚卻按兵不動，致韓國孤軍深入，於岸門一帶被秦軍包圍。韓軍全軍覆沒，從此一蹶不振，被迫委曲求全，臣服秦國。

魏韓兩國歸順秦國後，張儀把目光盯在趙國身上。早年他雖曾信誓旦旦聲稱決不用武力攻趙。但時過境遷，政治謀略家的野心使他早已把當年承諾丟在腦後，故當師兄蘇秦剛離開趙國，張儀便迫不及待對趙國採取軍事行動。秦軍長驅直入，趙軍倉促應戰，很快就潰不成軍。不得不接受秦國條件，背棄合縱，連橫向秦。至此，魏韓趙三國均按照張儀設計的圈套，先後加入連橫陣營。消息傳來，張儀心裡猶如一塊石頭落地，顯得格外輕鬆。他的嘴角上流露出一絲得意的冷笑，腦海中又在醞釀一次更大行動。

四、兩戲楚王，威震江南

韓、魏、趙三國附秦後，合縱國盟友減半，元氣大傷。真正有實力能夠與秦國爭奪霸主的，只剩下齊、楚兩個大國了。

齊國瀕海，富漁鹽之利，頗具經濟軍事實力，是個難啃的硬骨頭。楚國實力比齊國稍次，但因與齊國合縱聯盟，秦國一時還不好下手。張儀想出一條離間楚齊關係的計謀，報請惠王恩准，立即動身出使楚國。楚懷王久仰張儀才華，聞聽張儀到來，當日親赴他下榻賓館拜訪，謙稱「楚國偏僻落後，敬請先生指點治國良策」。張儀接過楚懷王話茬，單刀直入地說：「大王誠能聽從我的勸告，不如關閉楚齊邊境城門，撕毀合縱盟約，斷絕與齊國的外交關係，改同秦國結成盟友。那麼，秦國將把商於一帶六百里肥田沃地贈予楚王，並挑選年輕貌美的秦國姑娘送到楚王後宮，供大王享用。秦楚相互娶婦嫁女，兩國連橫，親若兄弟，可望長期保持友好鄰邦。如此，則北可削弱齊國，西則受益於秦。此乃楚國最好的治國富民方略啊！」張儀一席話說得神靈活現，愚蠢的楚王聽得心花怒放。當即決定採納他的建議。滿朝文武大臣皆賀，唯獨陳軫傷心嘆息，強烈反對。他認為，秦賜贈楚六百里土地可能是個騙局。因為楚齊結盟才引起秦國尊重，如果楚與齊斷交，失去齊國這個強大盟友，則陷入孤立無援境地，秦必輕視楚國，根本不可能賜贈楚國土地，相反還會從秦國引來禍水。故應觀望時日，再作決定。一貫獨斷專行的楚懷王，此刻頭腦發熱，哪聽得進逆耳忠言。他大聲喝斥陳軫：「快閉嘴！再敢胡言者一律以犯上罪論處。眾位愛卿，靜候寡人得地。」隨後，楚懷王以相印授張儀，並厚賞有加。接著，楚王便下令閉關掩城，與齊國斷絕關係，撕毀盟約。同時楚懷王又委派一將軍隨張儀赴秦索取土地。張儀剛返秦，便謊稱登車摔傷，從此裝病不起，楚使三個月未見張儀蹤影。楚懷王聞訊，大惑不解，猜測張儀避而不見楚使，可能是嫌楚與齊決裂還不夠堅決。故派勇士至齊國大罵齊王。齊王大怒，一氣之下，轉而背楚向秦，與秦正式簽訂連橫盟約。這時，張儀大模大樣地粉墨登場了。當楚使向他索要六百里秦地時，張儀詭辯說：「您一定是搞錯了，我要送給楚王的土地是奉邑六里，何來商於六百里之說？」楚使大驚失色，趕快回國還報楚王。楚懷王聞聽，氣得渾身發抖，大罵張儀無賴流氓，言而無信！當即下令發兵攻秦。張儀早有準備，他暗中串通齊國，組織秦齊聯軍直攻楚國。秦齊大軍一路勢如破竹，所向披靡，楚軍防不勝防，大敗而歸。此戰楚國損兵八萬，名將屈匄中箭身亡，秦軍接連攻取丹陽、漢中諸地。楚王孤注一擲，再次增兵偷襲秦國。不料，楚軍在藍田一帶中了秦軍埋伏，幾乎全軍覆沒。楚王迫於無奈，不得已而割讓兩城，與秦簽訂屈辱和約。

連戰告捷，秦國野心更加膨脹。秦惠王看中楚國黔中一帶的肥田沃地，欲據為己有，便同楚王提出要用武關外秦地與黔中楚地交換。否則將以武力奪取。糊塗的楚王為報私仇，竟荒謬提出，只要秦將張儀送到楚國，黔中將無償奉獻。秦惠王求地心切，恨不得馬上把張儀送去換回楚地，但礙於情面，一直不好意思明說。這一切當然瞞不過張儀，他自告奮勇，請求出使楚國。秦惠王擔憂地說：「上次你負約戲弄楚王，他早就懷恨在心。現在去楚實在太危險了。」張儀哈哈一笑，鎮定自若地說道：「秦國強威揚，我作為秦國特使訪楚，楚王一時還不敢把我怎麼樣。況且，我與楚王寵臣靳尚私交甚厚，靳尚深得楚王夫人鄭袖喜愛，而楚王平時又最懼怕鄭袖。有這樣一層關係，到時候必會化險為夷。假如楚王真的動怒誅殺我，而換取黔中之地，臣死而無憾！」秦惠王大為感動，遂委派張儀再次出使楚國。剛到楚地，張儀就被楚王手下逮捕入獄，欲處極刑。這時，張儀預先用重金賄賂楚臣之舉開始奏效。靳尚為營救張儀上躥下跳，四處活動，他故作神秘地煽動楚王夫人鄭袖說：「聽說楚王最近另有新歡，您將面臨被拋棄的危險。」鄭袖忙問：「愛卿何出此言？」靳尚趁機進言：「張儀為秦王寵臣，秦王絕不會看著他白白送死而坐視不救。今秦將以上庸之地六縣賄楚，以美人聘楚，以宮中歌妓陪嫁楚王。楚王必喜歡秦國美女，而冷落夫人。如果事情真是那樣的話，夫人遲早有一天要遭楚王拋棄了。現在唯一的辦法，就是恢復張儀自由。只有這樣，才能確保夫人免遭廢黜，永享榮華富貴。」靳尚一番話擊中鄭袖要害，她頓時心煩意亂，對秦國美女又嫉又恨，生怕她們奪其王后位置。於是，鄭袖便使出渾身招數，百般風流柔情，向楚王進言道：「人臣各為其主，今楚地尚未獻秦，秦王即派張儀出使楚國，可見秦王對此事之重視，大王若無禮而殺張儀，秦王必大怒而攻楚。請求大王恩准臣妾與皇子先遷居江南，以免為秦兵所害。」楚懷王本無主見，囚禁張儀僅為嚥不下這口窩囊氣。聽夫人這麼一說，嚇得魂飛魄散，後悔不迭，忙下令放出張儀，並對他優禮有加，敬若貴賓。

張儀以其臨危不懼的膽略和過人的智慧，再次化險為夷。他不辱使命，與楚懷王達成諒解。秦楚言歸於好，掃除了秦連橫活動中的一大障礙，從而構成了張儀政治外交生涯中最精彩的一個片斷。

五、連齊協燕，摧垮合縱

就在張儀即將啟程從楚國返秦之時，從東方齊國傳來蘇秦被車裂而死的消息。張儀馬上決定改變行程，抓住這天賜良機，加快連橫步伐，徹底摧垮合縱。於是，張儀調頭重還楚國，鼓動楚王徹底脫離合縱，與秦結成更親密的關係。張儀先用威脅口氣力陳秦國強大，認為「秦地廣大幾占天下土地之半，雄兵百萬可敵四方進攻。秦軍一向以英勇善戰著稱，攻無不克，戰無不勝。秦若攻楚，三個月可使楚陷入困境。而合縱各國要救楚國，至少要用半年以上。楚與秦爭鬥多次，結果是每戰必敗。合縱各國根本不是秦國對手，如果哪個國家膽敢與秦為敵，必亡無疑。蘇秦為合縱奔波一生，到頭來卻落得身敗名裂的下場，這足以說明合縱策略不切實際，是根本行不通的。」繼而又拉攏楚王說：「今楚秦邊境接壤，兩國形同手足。大王如能按我剛才說的去做，秦國願放棄黔中。秦楚互換人質，兩國結盟，世代友好相處，互不攻伐。這才是楚國生存下去的最好策略啊！」楚懷王懼怕秦國淫威，便不顧大夫屈原的強烈反對，答應了張儀的條件，徹底背離合縱聯盟，完全臣服秦國，與秦結為親近的連橫盟友。

楚國與秦國重結盟約後，張儀馬不停蹄直奔韓國。他採用同樣手段，勸說韓王：「韓國地險山多，資源短缺，民窮國弱，兵力不及秦國一半，根本無法與秦抗衡。若韓國不臣服秦國，秦軍則直驅宜陽、上黨，東取成皋、滎陽，斷絕韓軍退路，則韓國就不復存在了。故先臣服秦則安，不事秦國則危，不如臣服秦國。秦國最大願望為弱楚強秦。而能弱楚者非韓莫屬，此由地勢所決定。今若韓國事秦國以攻楚，秦王必喜。攻楚而使韓國獲其地，轉禍而悅秦，這確實是拯救韓國的最好計策啊！」韓王被張儀的話擊中要害，心甘情願地接受了張儀的計策，脫離合縱，改歸連橫，韓國由此成為秦國連橫組織的第三位成員。張儀返秦稟報秦王，秦惠王大喜過望，厚賞張儀肥地五邑，封號「武信君」。

張儀來不及喘息，又風塵僕僕，東赴齊國遊說。他勸說齊湣王道：「齊國目前雖貌似強大，實則潛伏著亡國的隱患。大王聽從合縱者操縱，不明天下大事及古今通變之理，貪眼前小利而忽略國家長遠大計。現在秦已與楚、韓、魏、趙結盟連橫，若齊不臣服秦國，秦即驅韓魏攻齊之南部，指派趙國渡清河直指博關、臨淄、即墨，齊國也就離覆亡不遠了。那時，齊國想臣服秦國，恐悔之晚矣。」齊王思索片刻，覺得張儀的話不無道理，便採納其策略。當即宣布停止合縱活動，改換門庭，與秦通好，正式結成連橫盟友。昔日合縱中堅大國的齊國，彷彿做了場惡夢，一夜之間淪為秦國的盟國。一切來得這樣突然，一切又似乎順理成章。殘酷的現實猶如一場毀滅性的大地震，摧垮了其他合縱小國的最後一道心理防線，使其不得不重新考慮自己的歸宿。

張儀乘勝進擊，再到趙國。他換了一副面孔勸說趙王：「大王多年來率天下合縱諸國與秦抗衡，給秦國帶來很大麻煩，秦王一直耿耿於懷。現在楚、韓、魏、齊四國均已俯首稱臣，易幟加盟連橫。趙國失去合縱國援助，形單影孤。今秦若組織韓、魏、齊等國攻趙，滅趙易如反掌。趙亡國後將四分其地，因此奉勸大王盡快擇日與秦王相約，最好在澠池晤面簽約。雙方承諾互不攻伐。這樣才能幫助趙國消除亡國隱患，確保長治久安。」趙王聽後嚇出一身冷汗，忙拱手謝罪道：「過去趙國與秦國作對，完全是先王所為。本王年幼無知，繼位初始，對一些軍國大計心存疑慮，感到合縱抗秦得不償失，絕非長久之計。寡人正要動身向秦王割地賠罪，沒想到在這裡聆聽先生明教。」於是，趙王誠惶誠恐地接受張儀所獻計策，完全放棄合縱，對秦國割地請罪，永結連橫聯盟。張儀又奔走燕國遊說。他利用燕國與趙國矛盾，極力挑撥勸說燕王道：「大王一貫親近趙國，用聯姻方式與趙國結盟，但事與願違，兩國一直明爭暗鬥，交戰不止。燕國曾兩度被趙國擊敗，忍受割地賠罪之辱。現在趙王已於澠池拜見秦王，正式對秦割地稱臣，若大王不臣服秦國，則秦必助趙攻燕，貴國雲中、九原、易水、長城一帶，也就皆非燕土了。今趙國猶如秦國的一個郡縣而已，沒有秦王命令，絕不敢輕舉妄動攻伐燕國。燕王若臣服秦國，秦王必喜，趙國必不敢對燕動武。燕國西有強秦做後盾，南無齊、趙進攻之擾，請大王仔細考慮何去何從吧！」燕王聞聽此言，嚇得說話聲調都變樣了：「寡人久居深宮，孤陋寡聞。雖名為一國君主，處事卻如同嬰兒，多年來勉力支撐國度，一直苦無治國良策，今幸遇先生教誨。燕願臣服秦國，敬獻恆山五城，略表誠意。」這樣，合縱聯盟的最後一位盟友，也被張儀連唬帶嚇地拉入連橫盟約中。

張儀遊說連獲成功，他以三寸不爛之舌，採取威脅恫嚇、拉攏引誘及挑撥離間等手段，利用合縱各國內部矛盾，逐一擊破，分化瓦解。最後終於摧垮了合縱聯盟，形成諸侯各國連橫向秦、秦國一攬天下的新格局。

六、大功告成，退隱魏國

張儀順利實現了多年為之奮鬥的連橫夢想，他得意洋洋地踏上回秦路程。誰知剛至咸陽，就得到秦惠王去世、武王繼位的消息。這消息如當頭一棒，把張儀剛才的高興打到九霄雲外。這些年來，他扶搖青雲，步步高陞，全仗惠王恩寵重用。現在惠王一命嗚呼，張儀失去靠山。新繼位的武王一向厭惡他的油嘴滑舌，做太子時就曾當眾給他難堪。大臣中與張儀政見不和者，也開始群起而攻之。紛紛指責張儀言而無信，有辱秦國威名。連橫諸侯各國探得張儀與武王結怨甚深，均背棄連橫，重操合縱舊業。秦武王元年（西元前三一一年），秦國朝中群臣日夜誹謗張儀，妄圖取而代之。張儀處境十分險惡，隨時都有掉腦袋的危險。這時，他想起「狡兔死，良狗烹」的古訓，決定馬上設計逃離這是非之地。於是，張儀便向武王進言道：「從秦國長遠利益考慮，需搞亂東方諸國，使其大變，秦國可多得割地。今聞齊王甚痛恨我，我所在之地，齊必興兵討伐。因此，我請求赴魏國，齊國必興師伐魏。魏齊交戰，無暇他顧。大王可乘機興兵伐韓，攻入三川。出兵函谷關，直取東周國，挾周天子以令諸侯，則霸業可成。」秦武王沉默片刻，感到此計甚妙。乃命備車三十乘，護送張儀入魏。

果不出張儀所料，他剛到魏國，齊國即興師伐魏。魏哀王驚恐萬分，不知如何是好。張儀狡黠一笑，胸有成竹地說：「大王不必驚慌，我願為大王略施小計，智破齊軍。」張儀乃使其舍人馮喜到楚，借楚國使者的名義使齊，對齊王說：「我知道您對張儀恨之入骨，才發兵攻魏。但這樣做適得其反，正好幫了他的忙。因張儀曾與秦武王設計搞亂東方，秦國乘虛而入。今張儀入魏，您果然中計伐魏。內耗國力，外失盟友，四面樹敵，而使秦國坐享其成。這樣做只能使秦王對張儀消除不滿，深信無疑。」齊王恍然大悟，當即下令停止攻魏，齊軍打道回齊。

魏王見狀喜不自勝，對張儀佩服得五體投地。當即授其相印，委以宰相重任。正當張儀躊躇滿志，準備在魏國大幹一番事業的時候，一場疾病奪去了這位謀略家的生命。他帶著對權力地位的眷戀和遺憾，匆匆地離開了人世。

張儀雖逝，但他創建的連橫戰略卻最終拆散了合縱聯盟，奠定了秦國在諸侯六國中的霸主地位，為秦掃平六國、一統天下鋪平了道路。作為一代謀略大師，張儀雄辯的口才，足智多謀的方略，運籌帷幄的大將風度，臨危不懼的膽略及矢志不移的奮鬥精神，在波瀾壯闊的歷史畫面上寫下了光輝的一筆。他的某些戰略思想和傳奇故事，千百年來一直在我國民間廣為流傳。

本文主要資料來源：《史記》卷七十《張儀列傳》；《戰國策》。

固幹削枝號令一統　遠交近攻連滅強鄰

范雎傳

朱漢明

在秦統一中國的歷史過程中，有一位名相功不可沒。他出身寒微，歷經坎坷，後來官至秦相，權傾一時；他分析天下大勢，為秦國制定了「遠交近攻」的戰略，打破了秦、齊對峙的局面；他幫助秦昭王清除內患，加強中央集權，使秦國的力量日益強大。他就是秦國赫赫有名的一代佐相——范雎。

一、出身寒微，歷經磨難

范雎（西元前？年～西元前二五五年），字叔，戰國末期魏國人。年輕時家境貧寒，但他通過刻苦讀書掌握了很多知識，包括歷代帝王事蹟和當時的百家學說。戰國時期，世官世祿制已被官僚制所取代，做官不再講究貴族身份，很多學識淵博或有一技之長的士人，通過遊說諸侯取得國君的賞識和信任，成為名重一時的政治家、軍事家或謀略家。受這種社會風氣的影響，范雎很早就樹立了成就一番事業的志向。為了謀求更高的政治地位，他先到魏國中大夫須賈的家中當了一名門客。

范雎苦苦等待了一年多，終於有了一次出使齊國的機會。在這之前，齊湣王昏庸無道，燕將樂毅聯合了秦、韓、趙和魏五國之兵，攻下了齊國的七十多座城池。齊襄王繼位後，勵精圖治，發憤圖強，齊國逐漸強大起來。魏王害怕齊國為報仇攻打魏國，就同相國魏齊商量，決定派須賈為使者，到齊國求和修好。須賈受命後，帶著范雎同行。他們經過幾天的奔波來到齊國。齊襄王對魏國參加攻打齊國之事仍念念不忘，拒不接見魏國使者。須賈和范雎在齊國活動了幾個月，毫無結果。齊襄王是一個愛才之人，聽說須賈的助手范雎學識淵博，很有才華，就產生了把他留下來的想法。於是，他派人給范雎送去了許多禮物——黃金、牛肉和美酒。范雎怕惹出麻煩，堅決不肯接受，沒想到這件事還是被須賈知道了。他認為範雎一定把魏國的機密告訴了齊王，否則，齊王為什麼不賞賜他這位魏國使者卻如此看重使者的屬臣呢？他強令范雎收下牛肉和美酒，退回黃金。返回魏國後，須賈怒氣未消，又把這件事向魏國相國魏齊作了匯報。魏齊聽後，不辨真假，當即派人把范雎抓來，笞擊一頓，打斷了他的肋骨和牙齒。被打得血肉模糊的范雎急中生智，假裝死去。魏齊讓家臣用蓆子把他捲起來，扔到廁所裡，隨後便與眾賓客飲酒作樂去了。為了懲罰洩露國家機密的行為，魏齊又讓賓客輪流對著范雎的「屍體」小便，范雎只得默默忍受這種非人的折磨和污辱。趁著魏齊等人不再注意，范雎在蓆子裡用微弱的聲音央求看守者：「如能救我一命，我一定加倍報答你。」看守者同情范雎的遭遇，就問魏齊是否可以把席中死人扔掉。已經喝得醉醺醺的魏齊答應了。這樣，范雎才得以逃脫魏齊的魔掌。為避人耳目，此後范雎化名「張祿」，在民間過著一種東躲西藏的生活。

戰國時期，諸侯國之間的互訪非常頻繁。秦昭王三十六年（西元前二七一年），昭王派謁者王稽出使魏國。范雎的朋友鄭安平化裝成士卒，侍奉王稽。王稽問：「魏國有沒有能去秦國建功立業的人才？」鄭安平說：「我們村裡有位張祿先生，正想與您談天下大事。但他有仇人，不敢白天來見。」王稽此次出使魏國，本來就負有暗中蒐羅人才的使命，他當然不願放棄這種機會，於是約好夜裡會見「張祿」。當天晚上，范雎來訪王稽。經過簡短的交談，王稽就知道范雎不是平庸之輩，答應把他帶到秦國。這是范雎政治生涯中一次重大轉折，隱姓埋名的伏匿生活從此結束，蒸蒸日上的秦國將為這位飽經憂患的謀略家提供施展才華的廣闊天地。

二、智投明主，毛遂自薦

王稽完成出使任務後，就攜范雎西行入秦。他們剛剛進入秦國境內，就看到前方出現一隊人馬。范雎問來者為誰，王稽回答說：「那是相國穰侯來東部巡視縣邑。」穰侯名叫魏冉，他是宣太后（秦惠王的夫人，秦昭王的生母）的同胞兄弟。魏冉依仗宣太后的支持，專擅朝政，飛揚跋扈，嫉賢妒能。范雎在魏國時已對魏冉的為人略有所聞，就對王稽說：「我聽說穰侯為了專權，最恨別國的賢才進入秦國。我若讓他見到，恐要受辱，還是躲避一下為好。」於是，范雎就在車中藏匿起來。時間不長，穰侯的車隊就來到了。穰侯問過了關東局勢後，接著就問：「王君這次出使返國是不是引進了別國的說客謀士？我看那樣做是毫無益處的，只會把秦國搞亂。」王稽連稱：「不敢。」穰侯離去後，范雎對王稽說：「我聽說穰侯足智多疑，見他兩眼盯著車廂，懷疑車廂內有人，只是沒想搜查罷了。過一會兒他想起這事，肯定還要派人來搜查的。」為躲過穰侯的盤查，范雎下車徒步行走，走了十多里地，穰侯果然派騎兵回來搜查。騎兵們仔細看過車廂，發現裡面無人，這才打馬回去。向穰侯報告。經過這番波折後，范雎與王稽重新上車，直向秦都咸陽進發。范雎暗中與魏冉鬥智並取得勝利，充分顯示了他過人的預見力和洞察力。魏冉遇上這樣一位厲害的對手，在後來的政治鬥爭中注定會慘遭失敗。

王稽回到咸陽，向秦昭王報告了出使魏國的情況，並說請來了一個名叫張祿的賢士。這時的秦國正處於軍事上迅猛發展的時期：秦國向南已經攻下楚國的國都郢，楚懷王被幽禁而死；秦國又向東攻打齊國，迫使齊王去掉帝號；派兵包圍過韓、趙、魏，也取得了不同程度的勝利。王稽向昭王報告說：「我帶來的天下辯士張祿先生，聲稱秦國局勢危如累卵，只有他才能使秦轉危為安。」昭王認為這完全是危言聳聽，大言欺人，所以他讓左右的人把范雎簡單地安排在客館裡，一年多沒有召見。

其實，在秦國強盛的外表下的確隱藏著危機。當時秦國內政比較混亂，最大的問題是政出多門。除上面提到的穰侯外，還有華陽君、涇陽君、高陵君。穰侯、華昭君是昭王母親宣太后的兩個兄弟，涇陽君、高陵君是昭王的兩個兄弟。他們都依仗宣太后為非作歹，抗命昭王，特別是穰侯更是飛揚跋扈，不把昭王放在眼裡。他為了個人的私利，準備越過鄰近的韓國、魏國去攻打齊國，來擴大自己的陶邑。這種捨近求遠、違背軍事原則的做法，對秦國極為不利。當范雎得知後，奮筆疾書，上書秦王，指出弊害，懇請秦昭王接見自己一次。秦昭王讀了范雎的上書，頗受感動，當即命令差役去請「張祿」先生。

差役們很快去客館把范雎請來。范雎下了車，佯裝不知宮中規矩，直闖王廷。宮內宦官氣憤地喊道：「大王來了，還不迴避！」范雎卻大聲說：「秦哪有什麼大王？我只聽說秦國有太后、穰侯！」他想用這番激烈的言辭激怒昭王，引起昭王的注意。昭王見有人和宦官吵鬧，詢問後知道那正是自己要請的客人，於是就請范雎進來，又不斷道歉說：「寡人早該當面聆聽先生的指教，只是因為最近忙著攻打義渠（少數民族國家），早晚都要就軍務請示太后，無暇抽出身來。現在義渠方面的事情已經結束了，寡人總算找到機會會見先生。寡人不敏，願以賓主大禮相待。」當范雎在宮中口出狂言並與宦官爭吵的時候，宮內群臣都被范雎的大膽舉動嚇得變了臉色。他們猜想這個狂徒不被處死也要受刑，沒想到昭王對他如此禮遇。從此，朝廷內外沒有不知道「張祿」大名的，范雎在群臣面前威信陡增。范雎終於把握了有利時機，通過自薦打通了與秦王的聯繫，為他施展才能創造了條件。

三、縱論天下，遠交近攻

范雎雖有機會見到秦王，但還要靠卓越的謀略和辯才方能得到昭王的賞識。范雎坐定後，昭王讓范雎談談自己的看法。昭王連續請求了兩次，他都沒有開口，直到昭王第三次請求之後，他才緩緩地說：「大王連問我兩次而我不答，是因為我不知大王是否真有誠意。從前姜子牙在渭水垂釣時，文王對他不理解，派人召見他；後來瞭解了他，就親自去見他，並用自己的車子把他帶回；再到後來，文王對姜子牙的感情加深了，就拜他為太師，委以軍國大事。如果文王對姜子牙瞭解不深，他就不會如此禮遇；而如果沒有姜子牙，文王可能就失去做天子的福分，也就無法成就帝王之業。現在我是一個流浪之人，和您沒有多少交往，而我所說的又是軍國大事和您家族的事情，我又怎敢擅自妄加評論呢？這就是您三問我，而我不開口的原因。其實，我並不是害怕朝說夕死，身首異處。怕的是我的死無益於秦國。伍子胥跋山涉水，風餐露宿，置生死不顧而到達吳國，目的是使吳國復興。箕子雖為小官，卻關心國家大事，不被紂王理解而披髮佯狂。假如我能像姜子牙等人那樣對聖君有所幫助，這是我莫大的榮耀，我又有什麼可怕的呢！我所擔心的是，我因忠心耿耿而死，不被天下人理解，他們就不會來投靠您，不再向您進獻忠言。大王，您上畏懼太后，下被奸臣迷惑，深宮簡出，終日不離阿諛奉承之人，不辨黑白。輕者，您變成了真正的孤家寡人；嚴重時，則社稷傾覆，這才是我擔憂的，至於生死榮辱之事，我並不害怕，我死，秦國能大治，我也心甘情願。」秦王為其真情所感動，同時也被他尖刻的語言說得窘迫，他紅著臉說：「先生，您怎麼這麼說呢！秦國雖小，地處偏遠，也到不了您說的那種程度啊！您能光臨我處，這是上天的恩賜，寡人有了您，就如同文王有了子牙。事情不論大小，上至太后，下至大臣，您都可以指點。望您不吝賜教，請勿疑慮。」

范雎聽了昭王的這番話後，知道昭王為其打動，就接著說：「秦國雖小，但地勢險要，四面堅固，北有甘泉、谷口，南有涇、渭二水，右有隴、蜀，左有關、阪，雄師百萬，戰車千乘，能守能攻，這是統一天下的風水寶地。這是地利。秦國自商君變法後，百姓能棄私為公，為國而戰，這是您成就霸業的根本。這是人和。」秦王一聽，心裡美滋滋的，但范雎話鋒一轉說：「然而您現在還沒有成就霸業，原因是什麼呢？是穰侯不忠於國，大王計策有所偏失！」秦王似乎被他的分析所打動，往范雎跟前靠近了一點，說：「寡人願聞失在何處？」

范雎正要講下去，發現有人偷聽，不再言語。秦王會意，讓左右的人退下。范雎說：「聽說穰侯最近要派兵越過韓國、魏國去攻齊國，這犯了兵家大忌。秦國西處邊陲，離齊國很遠，秦國出兵少了，不足以對齊造成威脅；出兵多了，國內空虛，又須防備著韓、魏。即使打敗了齊國，占領了一些土地，秦也無法統治。這樣的例子不勝枚舉。從前，齊湣王向南攻打楚國，破軍殺敵，闢地千里，然而齊國沒有得到一寸土地，這是什麼原因呢？就是因為楚國離齊國太遠，無法統治。諸侯國見齊國連年作戰，國弱民貧，君臣不和，於是就聯合起來，大舉進攻齊國，結果把齊國打得一敗塗地，齊國伐楚占領的土地又被韓、魏奪去，勞民傷財卻沒有得到一點好處，可謂『借賊兵而齎盜糧』。現在穰侯重蹈其轍，實乃下下之策。從前趙國進攻並占有了中山國，疆域擴大，勢力大增。其他諸侯國雖不情願，但也無可奈何，因為中山國緊靠趙國。所以，大王您不如和遠處的國家修好，進攻近處的國家，這樣得到一寸土地，就是您的一寸土地，得到一尺，就是您的一尺土地。近處的韓魏兩國，經濟較弱，又處在中原的戰略要地。大王，您如果想稱霸中原，一定要首先占領這兩個國家。」秦王面帶笑容，忙問：「那麼，怎樣才能達到遠交近攻的目的呢？」范雎接著說：「楚國與趙國，可謂水火不相容，楚強則趙附，趙強則楚附，如果他們都和我們友好了，那麼齊國就會卑辭重幣和我們修好，這是『遠交』。遠處的國家與我們修好了，那麼我們就可以集中大量兵力進攻韓、魏。韓、魏勢弱又無援，只有束手待斃。」昭王說：「寡人進攻魏國的想法已經很久了，只是苦於沒有藉口，如何是好？」范雎說：「這很容易，我們先禮後兵，多送錢財給他們；如果不行的話，我們再割塊土地給他，否則，我們就舉兵進攻。」昭王聽了非常高興，當即就策封范雎為客卿，專門負責軍事。不久，昭王就派五大夫綰攻打魏國，占領了一些地方。

范雎勸說昭王實行「遠交近攻」的策略和進攻魏國之後，又把軍事進攻的矛頭指向了韓國。韓國原屬於晉國，西元前四〇三年年韓、趙、魏三家分晉時，韓國獨立出來，版圖上與秦國相連。一次范雎對昭王說：「韓國與秦國，地勢相連，犬牙交錯，秦之有韓，譬如木之有蠹，人之有心病，韓國早晚是秦國的對頭，天下不亂則可，亂時對秦國威脅最大的就是韓國。不滅韓國，無以成就霸業。」昭王說：「寡人早就想收拾韓國了，只是韓國不聽從寡人的，我又有什麼辦法呢？」范雎說：「怎麼沒有辦法呢！您派一支軍隊攻打韓國的滎陽，截斷鞏地與成臯之間的道路；再派一支軍隊向北截斷通往太行山的道路，那麼上黨的韓軍就成了甕中之鱉。您再進攻滎陽，那麼韓國就會一分為三。韓國滅亡在即，哪裡有不聽話的道理！」昭王深以為是，不久就發兵攻韓。

由於軍事上的連連勝利，范雎和昭王的關係更加密切。過了一段時間，范雎感到秦國政治弊端太多，王權不固，想使昭王加強中央集權。於是他找了一個機會對昭王說：「大王，不瞞您說，我在魏國時，常常聽說齊國田文的大名，而很少聽到齊王的名字。常常聽說太后、穰侯等人的大名，而很少聽說秦王的名字。古人說有三種人物可以稱得上為王：一是專政之人可以為王；二是能左右利害之人可以為王；三是掌握生殺大權之人可以為王。現在穰侯秉掌出使大權，出使之事不向大王覆命；華陽、涇陽二人擅自用兵，危及國家。這些人不是王而勝似王。那麼，您還有多少權力呢？王權不固而使國家穩定的事從來就沒有聽說過。善於治國的聖君要內固其威，外固其權。穰侯掌握出使大權，在諸侯的心目中處於極高的地位。他老奸巨猾，利用自己的勢力，進攻齊國。如果勝利了，就獨吞戰果；如果失敗了，就會結怨於天下百姓，禍及您的江山，歷史上這樣的例子很多。崔杼、淖齒專政齊國，最後殺死齊王，奪取王位；李兌等人專政趙國，最後餓死趙王。現在的太后、穰侯就是崔杼、李兌這樣的人物，現在朝廷上下，裡裡外外，形成了他們的關係網，沒有一個不是他們的人。我私下裡為您擔憂，幾世之後，秦國是否還是您嬴姓的江山。」秦昭王聽了范雎的話非常擔心，決定廢黜太后等人。

不久，昭王便找了一個藉口，下令收回穰侯的相印，讓他回封地去養老。穰侯雖不甘心，但也無可奈何。穰侯這些年來搜刮的金銀財寶，裝了許多大車，有許多貴重的東西，有些連國庫都沒有。接著昭王又剝奪華陽君、高陵君、涇陽君的大權，送他們到外地做官，國王不召見，不許進朝。隨後就逼著太后退位養老，不讓她再干預朝政。一年以後，宣太后薨。昭王拜范雎為相國，封為應侯。這是昭王四十一年（西元前二六六年）的事，這時范雎已入秦六年，經過范雎的勸說，昭王採取了遠交近攻的策略，加強了中央集權。范雎作為一介平民，也登上了權力頂峰。

四、巧除宿仇，知恩必報

范雎童年艱苦的生活養成了他的堅強性格，曲折複雜的經歷造就了他成就一番大事業的信心。他對仇人耿耿於懷，念念不忘；同時對幫助過他的人施以恩德，報以湧泉。在范雎的人生觀中形成了「一飲必償，睚眥必報」的思想。范雎當上秦相後，採取了「遠交近攻」的戰略，把軍事進攻的矛頭指向了魏國。魏國非常害怕，君臣議定，決定派須賈出使秦國，目的是取悅秦相和昭王，讓他們放棄進攻魏國的計劃。

范雎聽說須賈出使秦國，住在離相府不遠的客館中，就喬裝打扮，衣衫襤褸，步行到須賈的住處。須賈開門，見是范雎，大吃一驚，說：「范公子，你不是被打死了嗎？」范雎說：「可不是麼！要不是我命大，豈能在這裡見到您！」須賈又說：「你現在幹什麼呢？」范雎說他只是為別人做事罷了，當時須賈非常同情他，留他吃飯並送給他一件大衣。須賈說：「我聽說『張相國』很得秦王器重，一些軍國大事由他說了算，我這次來的目的，就是想找到他，請他疏通秦王，放棄進攻我國的計畫。不知您能否助我一臂之力。」范睢說：「這好辦，我的主人和他關係很好，我可以幫助您。」須賈又說：「連日奔波，我的馬病了，車也壞了，您能不能為我借輛馬車，比較體面地去見相國？」范睢說：「沒問題，我會解決的。」范睢又同他聊了一會兒，這才離開。

范睢回到相府後，第二天就帶來了一輛豪華馬車。須賈非常高興，也沒細問就跳上了大車。范睢趕著車子從大街上駛過，街上的人見是相國趕車，都很驚訝，恭恭敬敬地站在兩邊。須賈很高興，以為人們是對他恭敬。他們很快就到了相府前，范睢跳下車對須賈說：「先生，你在此略等片刻，待我為您通報一聲。」言畢，便進入相府。須賈在府前等了很長一會兒，仍不見范睢出來，很是納悶，就問看門人說：「范睢怎麼還不出來？」看門人很驚訝，說：「誰是范睢？」須賈說：「就是剛才進去的那人。」看門人說：「那是我們的張相國。」須賈大驚失色，才知范睢已更名為張祿，「張相國」實際上就是范相國。自己不知深淺，冒犯了范睢。現在他只好負荊請罪，跪著進入相府，請求相國寬宥。范睢端坐正堂，說：「你有三大罪行。我出身魏國，忠貞不貳，你卻在魏齊面前誣告我投靠齊國，害得我流離失所，這是其一；魏齊讓人辱我於廁中，你卻不制止，這是其二；不僅如此，而且你還親自朝我身上小便，這是其三。不過，你到秦國後，贈我舊袍，不失故人之誼，所以今日姑且饒你不死。」從此，人們知道相國並不叫張祿，他原來是曾被魏齊打得半死的范睢。

須賈辦完事，準備回國，范睢在相府為他「宴行」。那天許多大臣都到了，堂上擺上了許多山珍海味，而須賈卻被安排在堂下。他面前擺放的是馬吃的草料，還有兩個刑徒夾在左右逼著他像馬那樣進食。范雎又呵叱道：「你告訴魏王，讓他趕快獻上魏齊的頭顱，否則我要血洗大梁！」須賈回國後，把這次奇遇告知魏齊，魏齊非常害怕，連夜逃到趙國平原君趙勝的家中藏匿起來，不敢再回魏國。

深知范雎復仇情切的秦昭王修書一封，派人送給趙勝，信的大意是說，我秦昭王素聞您的大名，希望能和您結為金蘭之好，願某某日到我處共赴宴會。趙勝一是害怕秦國，二是沒有理由拒絕秦王，就到秦國去了。秦昭王與趙勝同吃同玩，一連過了好幾天。一天，他見趙勝高興，就說：「從前周文王因得姜子牙而建立周朝，齊桓公有了管仲，齊國復興。現在我有了范君，秦國的事業蒸蒸日上。范君的仇人就在您的家中，希望您能把他交出來。」趙勝一聽，才知上了昭王的當。但是趙勝是戰國時四公子之一，素以忠於朋友出名。他正色地說：「交友貴在真誠，我不會做出背信棄義的事；況且魏齊現在又不在我處。」秦昭王一看不能逼迫趙勝交出魏齊，又修書一封給趙國的國君趙孝成王。其大意是說，你弟弟趙勝已在我手裡，如不抓緊獻上魏齊的人頭，你就見不上他了，而且我還要發兵攻打趙國。趙孝成王深知秦有虎狼之心，不敢因小小的魏齊而得罪秦王，他只好照做。他派兵包圍了趙勝的家，準備捉拿魏齊。魏齊一看大事不妙，深更半夜越牆逃到趙相虞卿的家中。虞卿以前曾得到過魏齊的幫助。他聽了魏齊的訴說後，也無計可施，只好棄官不做，與魏齊一起出逃。路上，想到別無他國可以抵擋秦國，只好回到魏國，投奔戰國時期四公子之一的信陵君，信陵君聽到魏齊前來投奔的消息後，面有難色。這時，一個家臣說：「世道變化複雜，人固不易知，知人亦不易，您以養士而出名，還是見見為好，這樣才不為天下士人所寒心。」信陵君只好派人駕車去迎接。魏齊得知信陵君當初不願見他，只是在別人的勸說下才接納他的，他感到非常羞慚，無地自容。於是說：「我魏齊曾權傾一時，沒想到被范雎逼到如此地步，我還有什麼臉面活在世上。」說畢，拔劍自刎。趙孝成王聽說後，派人取得魏齊的人頭，獻給昭王。昭王這才放出趙勝。這樣，范雎報了深仇大恨。

范雎對有恩於自己的人則千方百計地予以報答。

范雎之所以大難不死，官至秦相，這與鄭安平、王稽等人的幫助密不可分。在他當上秦相後，就想方設法提拔、重用他們。一次，君臣閒聊，范雎說：「士為知己者死。沒有大王您的賞識，我不會有今日的榮耀。當初，要是沒有鄭安平、王稽等人的幫助，我也不會投靠在您的門下。現在我身居相位，享盡榮華富貴，然而我的恩人卻賤若平民，我心實在過意不去。」昭王深知范雎心意，不久就召見了王稽，讓他當上了河東太守，三年不向王國納貢；又任鄭安平為將軍。范雎乾脆散盡家中錢財，救濟天下百姓。後來司馬遷評論他說：「一飯之德必償，睚眥之怒必報。」對范雎的概括可謂一針見血。

五、功成名就，物盛必衰

范雎相秦，為秦國提出了符合實際情況的「遠交近攻」策略，加強了中央集權，從而在軍事上打破了十多年來處處防守的格局，取得了一系列的勝利。在范雎的指導下，秦昭王四十一年，昭王派五大夫綰進攻魏國，攻下懷地，兩年後，又攻下了邢丘。四十二年，向東攻下了韓國的少曲、高平等地。四十三年又攻下了韓國的汾陘等地。四十五年，昭王派兵包圍了趙國，開始了戰國時期最大的戰役——長平之戰。長平是趙國的軍事重地，戰略地位非常重要。趙國派軍事經驗豐富的廉頗堅守陣地。廉頗是趙國老將，他採取了堅守戰術，拒不出擊，秦軍十七個月沒有攻下長平。范雎分析情況後，決定使用反間計。他派人帶千金到趙國，買通對廉頗不滿的大臣，並對他們說：「秦國並不害怕廉頗，因為廉頗只善守而不善攻，秦國最怕的人是趙括。」趙王不知是計，加上他本來對廉頗不主動出擊就有意見，便改變了主意，派只會「紙上談兵」的趙括接替廉頗。趙括上任後，一反廉頗堅守不出的戰略，主動出擊，結果被武安君白起兩面夾擊，一舉攻破。趙括戰死，四十餘萬將士被活埋，只留下兩百四十人回去報信。昭王四十七年九月，秦國取得了長平之戰的勝利。

物極必反，物盛必衰，伴隨事業上的成功，范雎的權勢欲望和爭權奪利的私心逐漸膨脹起來，特別是長平之戰後，他與具體負責指揮的武安君白起產生了矛盾。昭王四十八年，秦昭王準備乘勝進攻趙國的首都邯鄲，決定由白起負責。白起分析當時的形勢，認為秦國還沒有足夠的力量滅掉趙國，堅決不肯出征。秦昭王非常生氣，罷免了白起的「武安君」稱號，把他趕出首都。范雎對秦昭王說：「白起是天下有名的武將，現在不肯為秦國效勞，他走以後，恐怕對秦國不利。」這時，白起已經離開咸陽十多里地，秦昭王派人送劍給他，賜他一死。白起此時已是老人，在戰場上拚殺了四十多年，叱咤風雲，戰功卓著。他接過劍，仰天長嘯：「蒼天！我有何罪？如果說我有罪的話，我不該打勝長平之戰，不該坑殺如此多的趙兵。」

范雎威逼白起自殺的目的雖然達到了，但他也逐漸失去了昭王的信任。因為他權傾朝野，惹得眾人不滿。更重要的是，范雎權勢欲望一旦滿足，戰國時期士人那種放蕩不羈的性格便表現了出來，常常使昭王不滿。一次，秦國失去了汝南，秦昭王心情很憂鬱，問范雎：「將來有一天，我亡國了，你會很憂傷吧！」范雎卻面帶微笑地說：「我不會憂傷的。」當時昭王非常生氣，拂袖而去。後來儘管范雎又作了許多解釋，昭王仍無動於衷，對范雎懷有成見。從那以後，范雎每每說起對韓國的用兵，秦昭王往往不聽。范雎不僅因言獲罪，而且他的好友王稽因治兵不善，昭王也遷怒於他。僅以上這些，還不足以使范雎遭禍，更為重要的是范雎的另一個朋友鄭安平帶兵出了問題。

西元前二五八年，鄭安平奉昭王之命，帶兵進攻趙國首都邯鄲。鄭安平在趙軍、魏軍、楚軍的夾擊和圍困下，帶著兩萬人馬投降了趙國，被封為武陽君。按照當時秦律，凡是推薦不善的人，應該和不善的人同罪。鄭安平是由范雎推薦的，他投降趙國，范雎應該罪收三族。范雎多次請罪，昭王開恩，沒有治他的罪。沒想到，兩年之後，范雎所薦的另一個人河東太守王稽與諸侯勾結，觸犯秦律。昭王勃然大怒，想殺掉范雎。燕人蔡澤聽到後，趁機遊說范雎說：「日中則移，月滿則虧；物盛必衰，天地之常數；成功之下，不可久處。」勸范雎讓出相位。范雎雖留戀權位，被迫無奈，也只好將相位讓出。

對於范雎的死年，史書沒有記載，兩千多年來一直是個謎。一九七六年初，考古工作者在湖北省雲夢縣睡虎地發掘了大批秦代竹簡。其中一條竹簡上寫道：「五十二年，王稽、張祿死。」「五十二年」是指秦昭王五十二年，即西元前二五五年，可見，在昭王處死王稽的那年，范雎也死了。

范雎是病死的還是被處死的，不得而知，他和被處死的王稽並列，相信被處死的可能性大。

范雎自秦昭王三十六年入秦，四十一年拜相，五十二年卒，入秦十六年，相秦十一年。他所經歷的是秦國歷史上最長的昭王時期（西元前三〇六年～西元前二五一年）。他為秦國制定了「遠交近攻」的戰略方針，間接地指揮了長平之戰，打破了戰國時期天下勢力均衡的局面，實際上開始了秦的統一戰爭。他「一飯必償，睚眥必報」的思想影響了一代士人。由逼死名將白起一事可以看出，范雎智謀有餘，但心胸不夠博大，這是他致禍的一個重要原因。但從總體上看，他不愧是中國歷史上一個著名的政治家和謀略家。

本文主要資料來源：《史記》卷五，《秦本紀》；《史記》卷七九，《范雎蔡澤列傳》；《戰國策》卷五，《秦三》；楊寬：《戰國史》。

乘時立功　急流勇退

樂毅傳

岳宗福／張欽恭

陳壽《三國志》記載：蜀漢名相諸葛亮青年時代，「每自比於管仲、樂毅」。管仲和樂毅都是春秋戰國時代的著名謀士。

樂毅，戰國時代趙國靈壽（今河北靈壽縣西北）人，生卒年月不詳，是魏國軍事家樂羊的後代。西元前四〇八年，魏文侯（魏國第一個國君，西元前四四五年～西元前三九六年在位）派樂羊率領軍隊去攻打中山國（今河北中部偏西，活動中心在今定縣），戰事持續了三年，終於滅掉了中山國。為了嘉獎樂羊的戰功，魏文侯把樂羊封在靈壽，樂羊死後便葬在這裡，樂羊的後代也定居在這裡。由於魏國和中山國之間還有趙國，所以魏國難以長期控制中山國。約在西元前三八〇年前後，中山國復國，並把國都設在靈壽，西元前三〇〇年，趙武靈王（西元前三二六年～西元前二九九年在位）派軍進攻中山國，五年後，中山國再次被滅掉。這樣，樂毅便成了趙國人。樂毅有文武之才，深諳兵法。趙武靈王時被推舉為官。西元前二九九年，趙國發生內亂，趙武靈王被圍困在沙丘（今河北鉅鹿東南）宮，活活餓死。樂毅乘機離開趙國，跑到了魏國的國都大梁（今河南開封）。

一、樂毅銜命使燕國

戰國時代，齊、楚、燕、韓、趙、魏、秦，號稱「戰國七雄」。燕國原是其中比較弱小的一個，它的疆域在今河北北部、遼寧西南部以及山西東北部，南臨大海，跟齊國接界，國都在薊（今北京市西南）。當時，七國在互相爭戰的同時，都進行了不同程度的社會改革。燕國也發生了一場「禪讓」君位的鬧劇。

西元前三一八年，燕王噲把君位禪讓給相國子之，並把三百石俸祿以上的官吏們的大印全部收回，交給子之另行任命。當時，燕王噲年事已高，不再過問政事，一切都由子之一人決定。這件事引起了燕國貴族的不滿，三年以後，終於爆發了內亂。

西元前三一五年，燕太子平和將軍市被暗中謀劃攻打子之。消息傳到齊國，齊國的謀士們勸齊宣王說：「如果趁此機會進攻燕國，就一定能把它滅掉。」於是，齊王派人到燕國對太子平表示，齊願幫助太子奪位。太子平便結黨聚眾，反對子之；將軍市被也帶兵包圍了宮殿。子之率眾反擊，戰鬥持續了好幾個月，死傷數萬人。

齊國早就對燕國懷有野心，西元前三三三年，燕文公去世，齊國便趁燕國國喪之機攻占了燕國十座城池。此時，太子平和子之發生內爭，為齊國的干涉提供了機會和藉口，齊宣王派匡章統率齊兵，大舉伐燕。燕國士兵無心抵抗，連城門都不關閉。齊軍只用了五十天時間，就攻下了燕國的國都薊，並活捉了子之，把他剁成肉醬。接著燕王噲也在戰亂中死去。齊軍的殘暴和燒殺搶掠，招致了燕國百姓的不滿；同時，其他諸侯國也準備派兵救燕。於是，齊軍被迫撤退。西元前三一一年，燕人擁立太子平即位，這就是燕昭王。

燕昭王即位時，燕國國內一片混亂，田地荒蕪，房屋倒塌，到處是一片廢墟。燕昭王決心振興燕國，雪亡國之恥。他知道，治理國家千頭萬緒，最要緊的是要有人才。有了人才，才能雪恥興邦。

燕昭王思考著如何招攬人才，食不甘味，寢不安席，為了這件事焦慮得面容憔悴。

有一天，燕昭王對他的謀士郭隗說：「齊國趁我們發生內亂，一舉攻破燕國，我們國小力單，無力報仇。如果能找到賢傑跟我共同治理國家，以洗雪國破家亡之恥，那才是我的心願。你有沒有發現這樣的人才呢？」郭隗說：「只要您誠心誠意，禮賢下士，尊重有才能的人，學習他們的人品和才幹，那麼天下的人才就會聚集到燕國。他們聽說您禮賢下士，還親自登門求教，自然會為您出謀劃策。」昭王又問：「我該向誰求教呢？」於是，郭隗繪聲繪色地給他講了一個「重金買馬骨」的故事。

從前，有一個國君，想得到一匹千里馬，就派一名親信，帶著黃金千兩四處去買千里馬。有一天，這個人走在半路上，看到許多人圍著一匹死馬嘖嘖稱嘆。他走上前去打聽，得知這匹死馬，原來是千里馬。他忽然靈機一動，立刻拿出五百兩黃金，買下了這匹千里馬的骨頭。這個親信把馬骨帶回去，恭恭敬敬地獻給國君。國君看他帶回來的是馬骨，大怒說：「你這個傻瓜，馬骨有什麼用呢？還花去這麼多金子！」這個人胸有成竹地說：「大王息怒，天下人知道您連千里馬的骨頭都肯出重金收買，便知您求千里馬心切，千里馬很快就會送上門來！」果然，不到一年的工夫，這位國君就得到了千里馬。

昭王聽完故事，說：「你的意思我已經明白了，可是招賢人這件事，具體該怎麼辦呢？」

郭隗站起身，深深地向燕昭王施禮之後，說：「臣下不才，請大王把我看作『死馬骨』供奉起來，活的『千里馬』一定會送上門來。」

燕昭王接受了郭隗的建議，拜郭隗為師，經常像學生一樣去請教，並在國都武陽（昭王時遷都武陽，在今河北易縣南）給郭隗修建了一座豪華的宮殿。為了爭取民心，他悼念死者，慰問孤寒，跟百姓同甘共苦。為了廣招人才，他在易水河畔築起一座高台，在台上舉行莊重的接見儀式，接待各地前來投奔的賢士；台上堆放著許多黃金，作為網羅賢能的經費，取名「黃金台」。只要有善於用兵的賢才，有志滅齊的勇士，以及對齊國險阻關塞、君臣內幕比較瞭解的人，昭王便不惜金錢，想方設法把他們聘請到燕國。

這件事不脛而走，很快傳遍天下。各國有才能的人，絡繹不絕地來到燕國。武將劇辛從趙國來，謀士鄒衍從齊國來，屈庸從衛國來，蘇代從洛陽來。一時間，四方豪傑之士雲集燕國。

燕昭王真心實意禮遇賢能的消息很快傳到魏國，在魏國做官的樂毅一直不受魏王的重用。早有離魏之心，只是苦於沒有好的去處而遲遲未動。恰在這時，傳來燕昭王高築黃金台、禮賢下士的消息，便萌生了投奔燕王的念頭。也就在這個時候，魏王命樂毅出使燕國，樂毅真是求之不得，便欣然前往。

燕昭王久聞樂毅大名，聽說樂毅要來燕國，真是喜從天降。昭王以接待貴賓的禮節隆重接見了樂毅。昭王說：「先生在趙國出生，在魏國做官，在燕國當為貴賓。」樂毅說：「臣在魏做官，只不過是為躲避戰亂。大王如果不嫌棄的話，請委任我為燕國大臣。」燕昭王十分高興，封樂毅為亞卿（僅次於上卿的高官），「立之群臣之上」。這為樂毅施展才能提供了用武之地。

二、樂毅伐齊

到燕國之後，樂毅一方面幫助燕國訓練軍隊，一方面積極進行政治改革。燕國經過二十餘年的休養生息，國家殷富，士兵樂戰，為進攻齊國準備了條件。

當時，齊國正是齊湣王當政，號稱東方強國。齊國土地肥沃，蓄積豐富，國勢強盛，它南敗宋楚，西摧三晉。又與韓、魏聯合攻秦，兵進函谷關，迫使秦國求和。齊湣王的狂妄驕橫，使韓、趙、魏、秦等國深感不安，於是各大國之間活動頻繁，謀劃合縱伐齊。同時，由於連年征戰，齊國國力日益削弱，內部矛盾日益尖銳，特別是齊湣王把齊國名士孟嘗君逐出國外，更引起了齊國百姓的不滿。

燕昭王看到「雪先王之恥」的時機已經成熟，便跟樂毅商量攻打齊國的大計。昭王說：「寡人已含恨二十八年了，常擔心某一天會突然死去，而不能插利刃於齊王之腹，以雪國恥。現在齊湣王驕橫殘暴，目空一切，中外離心，這是天要亡齊。我準備動員全國軍隊，與齊國決一死戰，先生有何高見？」樂毅答道：「齊國地大人多，士兵善戰，如果僅憑燕國的力量，單獨攻齊，很難取勝，大王果真要討伐齊國，必須與其他國家相聯合，現今燕的鄰國當中，趙國與燕關係最密切，大王應該首先與趙國聯合，這樣韓國必定會響應。而被齊王驅逐的孟嘗君，正在魏國做相，痛恨齊國，肯定樂意出兵伐齊。這樣，打敗齊國，指日可待。」昭王聽後，很是高興，於是派樂毅到趙國遊說。趙國名士平原君趙勝向趙惠文王陳述了伐齊的好處，趙王很痛快地答應了。恰好秦國的使者滯留在趙國，樂毅便趁機遊說。秦使者回國向秦王報告了伐齊的事。秦王早就忌恨齊國的強盛，害怕諸侯各國背秦而事齊，於是趕忙派使者再到趙國，表示願意共同討伐齊國。與此同時，劇辛也銜燕昭王之命前往魏國，勸說魏王出兵。孟嘗君聽說後，表示大力支持。經過多次外交活動，燕、秦、趙、韓、魏五國約定共同伐齊。西元前二八四年，燕昭王動員全國兵力，拜樂毅為上將軍，趙惠文王也把相國印綬給樂毅。於是，樂毅統帥五國大軍，浩浩蕩蕩殺奔齊國。

三、攻齊國樂毅分兵，圍即墨燕王中計

齊湣王聽說五國大軍前來進犯，便任命觸子為將，親自調集全國兵眾，沿濟水設置防線，進行抵抗。他唯恐齊國戰敗，對觸子下命令說，只許打勝，不許打敗；敗了，就要掘你的祖墳，齊湣王

這種昏聵殘暴的做法，不但不能鼓舞軍隊鬥志，反而渙散了軍心。不久，雙方大軍在濟水以西展開激戰。

樂毅身先士卒，五國兵將無不奮勇殺敵，殺得齊兵屍橫遍野，血流成河。諸軍乘勝追擊，齊湣王大敗，逃回國都臨淄（今山東淄博），一面組織城內軍民堅守都城，一面連夜派人求救於楚國，許諾盡割淮北之地給楚國。

樂毅在打敗了齊軍的主力之後，便遣還了秦、韓兩國的軍隊，讓魏軍去攻取宋國的故地（今江蘇銅山、河南商丘、山東曲阜之間的地區），讓趙軍去攻占河間，自己準備統帥燕軍，長驅直入，直搗齊都臨淄。這時，劇辛對樂毅說，齊國是個大國，燕國是個小國，這次能打敗齊國，主要靠其他國家的援助。從長遠考慮，應該及時占領齊國邊境的城池，不應該貿然深入。樂毅不同意劇辛的看法。認為齊湣王早已不得人心，如果燕軍乘勝前進，就會使齊國離心離德，爆發內亂，燕軍正好征服齊國；如果貽誤戰機，齊王就會重整隊伍，捲土再來，那就很難征服齊國了。於是，樂毅率燕軍繼續追擊，勢如破竹，齊軍守將都望風而逃，燕國大軍直逼臨淄。齊湣王十分恐懼，於是協同文武官員數十人，偷偷打開臨淄北門，潛逃到外地。樂毅很快就攻破了臨淄城，「盡取齊寶物祭器輸之燕」。過去齊國從燕國掠去的寶鼎等物，又重新陳列在燕國的宮室之中。燕昭王大喜，親自到前線慰勞軍隊。樂毅以其顯赫戰功，被封於昌國（今山東淄博市東南），號昌國君。

再說齊湣王從臨淄逃出以後，先是跑到衛國的國都濮陽（今河南濮陽西南）。衛國是小國，衛君起初對齊湣王還很恭敬，但齊湣王仍以大國國君身份自居，傲慢不遜，衛國君臣對他漸起反感。

齊湣王看形勢不妙，又先後奔到鄒國、魯國，兩國都不接納。最後，他東逃西奔，到處碰壁，只得回到齊國莒城。

卻說楚國見齊國使者前來求救，就派大將淖齒率兵二十萬，以救齊為名，開赴齊國。行前，楚王對淖齒說：「齊王遇難，向我們求救，你到齊國後可以相機行事，只要對楚國有利的事，你盡可以放手做。」淖齒遵命而行。

齊湣王走投無路之際，淖齒率楚軍到達了莒城。齊湣王飢不擇食，把淖齒當成了「救星」，並拜他為相國，一切大權都由他掌握。但淖齒看到燕國攻勢凌厲，恐怕救齊難以成功，反而得罪燕齊兩國，於是暗中派使者通告樂毅，準備殺掉齊湣王，與燕國共同瓜分齊國，並自立為王。樂毅感到這是一個機會。楚殺掉齊湣王，既起了削弱齊國的作用，又會使楚齊分裂，對燕軍有利。於是，樂毅對來使說：「將軍誅殺無道的昏君以立功留名，與齊桓公、晉文公的功業相比，也毫不遜色。」淖齒聽說後，十分高興，便以請齊湣王閱兵為名，乘機殺掉了他。

再說樂毅攻克了臨淄後，燕軍威武雄壯，士氣高昂，為了控制並占領齊國全境，樂毅兵分五路：左軍東渡膠水，攻占膠東、東萊（今山東平度、萊陽、乳山一帶）；右軍沿黃河和濟水，向西攻占阿城（今山東東阿）、鄄城（今山東鄄城北）跟魏軍相接應；前軍沿泰山東麓直至黃海，攻取琅琊（今山東沂南至日照一帶）；後軍沿著臨淄東北的海岸，攻占千乘（今山東高青東北）；中軍鎮守齊都臨淄。

當樂毅率兵攻到畫邑（臨淄附近）時，聽說齊國名臣王燭家在畫邑，便傳令軍隊在畫邑周圍三十里處駐紮下來，不許進犯。樂毅知道王燭是能臣，又有節操，便派使者帶金幣前往聘請王燭，準備推薦給燕王。王燭以年老多病為由，不肯來。使者說：「上將軍有令：『先生若肯去，就用作大將，給以萬戶的封邑；若不肯去，將率兵攻城！』」王燭仰天長嘆，說：「忠臣不事二君，烈女不更二夫。齊湣王不聽我的忠諫，我才退而耕田。現在國破君亡，我已痛不欲生，今以兵劫持我，我與其不義而生，不如全義而死！」說完，自殺身亡。樂毅知道後，十分惋惜，傳命厚葬了王燭，並在墓碑上寫道：「齊忠臣王燭之墓。」

由於樂毅注意約束將士，軍紀嚴明，禁止搶掠，尊重當地習俗，並且廢除了齊湣王的暴政，減輕了百姓的租賦負擔，對當地名流也待之以禮，所以，進軍十分順利，在不到半年的時間裡，就攻下了七十餘城。當時，除莒城（今山東莒縣）、即墨沒有攻占外，其他地方都被樂毅改設為郡縣。樂毅還為齊桓公和管仲修建廟宇，進行祭祀，以收攬民心。他還在齊國封了二十多個擁有燕國封邑的封君，把一百多個燕國的爵位賞賜給齊國的名士，以便長期占領齊國。

正當樂毅進軍神速、勝利在望的時候，齊國出了個謀士田單，他巧妙地利用了燕國形勢的變化，扭轉了戰局。

田單是齊國國君的遠房宗族，曾在國都臨淄做市掾（管理市政的小吏）。那時他默默無聞，沒有人賞識他的才能。他的出名是在齊國國都臨淄陷落以後。當時齊湣王外逃，臨淄一片混亂，田單也攜家帶口逃到安平（今山東淄博東）。路上，他見逃亡的人很多，車輛擁擠，常常互相碰撞；到安平以後，他估計燕軍會隨後殺來，便讓同族的人把車軸兩端露在車輪以外的部分鋸短，再用鐵皮包起來。不久，燕軍攻占安平，齊人爭相逃命，許多車輛爭先恐後，奪路而行，以至於車軸撞斷，無法行走，成了燕軍的戰利品，唯獨田單一族的車輛經過改造，車軸既牢固又不容易碰壞，順利地逃到即墨。

這時，齊國各地幾乎被燕軍占領，只有莒城、即墨兩地尚未攻下，樂毅便把右軍和前軍調來，圍攻莒城，把左軍和後軍調來圍攻即墨。即墨大夫率眾出戰，不幸身亡；即墨守軍群龍無首，形勢十分危急。在此緊急關頭，即墨人想到了改良車軸、安全撤退的田單，認為他足智多謀，必能維護即墨的安全，於是共同推舉田單為將，堅守即墨，抗拒燕兵，以觀時變。

一年過去了，莒城、即墨二城依然堅守如故。三年過去了，兩座城池仍舊固若金湯，這時燕國國內卻出現了變故。

騎劫是燕國大夫，勇武有力，喜好紙上談兵，與燕太子樂資關係很好。他眼見樂毅立下戰功，早就想謀取兵權，現在看到樂毅遲遲駐軍不動，認為奪權的機會到了。他對燕太子說：「齊湣王已被處死，齊國僅存莒城和即墨兩城未被攻下。樂毅在半年時間裡攻下七十餘座城池，難道三年時間裡就攻不下區區兩座小城嗎？他之所以不肯即刻攻城，是因為齊人尚未心服。樂毅不過是想恩威並施，贏得齊國百姓的信賴。不久，就要自己作齊王了。」燕太子把騎劫的話轉告給燕昭王，想讓騎劫代替樂毅到前線指揮燕軍。燕昭王聽後大怒，說：「我們先王的深仇，如果不是昌國君樂毅，恐怕到現在也不能報。即使樂毅真想自立為齊王，與他的赫赫戰功相比較，不也是理所應當的嗎？」於是，把太子鞭打一頓，並派使者到臨淄前線，封樂毅為齊王。樂毅對此自然感激涕零，但他心裡很清楚，其中也隱藏著很大的危險。自己功高震主，已引起了別人的猜忌。如真的當了齊王，那就恰好驗證了政敵的猜忌是對的，自己的處境就更危險了。因此，他發誓死也不肯受命。昭王聞訊後說：「我本來就知道樂毅的真心，絕不會背叛我的。」但從此以後，燕太子很是忌恨樂毅。

不幸的是，西元前二七九年，燕昭王突然去世，燕太子即位，這就是燕惠王。惠王即位後，對樂毅心懷疑懼。田單利用燕惠王的弱點，乘機進行離間，派間諜到燕國宣傳說：「樂毅早就想在齊國稱王，只因秉受燕昭王的厚恩，才不忍心背棄他，因此，暫緩進攻兩城以待時變。現在燕惠王剛剛即位，樂毅就要與即墨講和。當今，齊國人最擔心的是，燕國派別人來代替樂毅督戰，那樣的話，即墨城就指日可破了。」燕惠王早就忌恨樂毅，現在又聽信流言，與騎劫的話不謀而合，便信以為真，立即派騎劫去代替樂毅。樂毅知道燕惠王用心不善，便從齊國逃到趙國。燕軍聽說樂毅被撤換，個個憤怒不平，軍心日益渙散。

四、田單巧設火牛陣，樂毅智上燕王書

樂毅是戰國時代的著名謀略家，不僅善於用兵，而且嚴於治軍，實行了一些爭取民心，穩定時局的政策。當他圍困莒城和即墨一年以後，便命令燕軍解圍，後退到距城九里的地方修築防線，並傳令說，城內居民外出時，不許任意俘獲；居民有困難的，還要設法賑濟。騎劫則一反樂毅的政策，不注意約束部下，又求勝心切，一到齊國就拚命攻城。

田單足智多謀，不跟騎劫正面交戰。他傳令城中居民每次吃飯時，都要把供品擺在院子裡祭祀祖先，結果引來許多飛鳥。古人把飛鳥群集看作吉祥的徵兆，燕軍見即墨上空飛鳥成群，便覺得奇怪。田單乘機散佈謠言說：「老天爺給我派了一名『神師』，教我用兵。」有一個小卒明白了田單的用意，對田單說：「我可以當『神師』嗎？」田單果然給他換了衣帽，拜為「神師」，對他恭恭敬敬，每次下令，或操練，都要打出「神師」的旗號。田單正是利用當時的迷信心理，達到了欺騙燕軍，約束齊軍的目的，齊軍人人對他唯命是從。

不久，田單又散佈流言說：「昌國君樂毅過於仁慈，抓到齊國人不忍心殺死。因此，城裡人都不怕他。如果燕軍割掉齊兵的鼻子，讓他們衝在前面，即墨人就會因怕死而出降。」騎劫聽說後，信以為真，果然照辦。守城的齊軍一看，被俘虜去的齊國士兵全部被割掉了鼻子，便義憤填膺，把城池防守得更加牢固，唯恐被燕軍抓去。

幾天以後，田單又傳言說，我們的祖墳都在城外，如果被燕軍掘掉，那真讓人目不忍睹。騎劫聽說後，即派士卒掘墳燒屍。城上的守軍見城外火光衝天，臭氣難聞，對燕軍的暴行更加痛恨，許多人泣不成聲，紛紛摩拳擦掌，要與燕軍決一死戰，為祖宗報仇雪恥。

田單見守城軍民求戰心切，士氣高昂，便拿起工具，跟士兵們一起修築工事，並把自己的妻妾編入隊伍，把自己的家財散發給士卒。城防加固以後，田單又把齊軍壯士撤到城裡，埋伏起來，派老弱殘兵和婦女、小孩登上城頭，日夜巡邏守衛。同時，派遣使者，找到燕國將領，請求投降。消息傳開以後，早已疲憊厭戰的燕國士兵個個歡呼雀躍，高喊萬歲。接著，田單又收集了一批黃金，讓即墨富翁送給騎劫，並對騎劫說：「我們就要投降了。你們進城以後，千萬不要搶我們的家財！」騎劫眉開眼笑，連聲許諾。這樣，燕軍的鬥志更加懈怠，他們上上下下，只等著齊軍出降，早把攻城的事拋到九霄雲外了。

經過一系列的攻心戰和輿論準備之後，田單又制定了奇襲燕軍的作戰方案，他找來了一千多頭牛，製作了一批花花綠綠、奇形怪狀的衣服，把每一頭牛都打扮一番。牛角上綁上兩把尖刀，牛尾綁上蘆葦，上面灌上油脂。然後，又把城牆挖開幾十個洞，同時，田單又從齊軍中精選出五千名身強力壯的士卒，人人塗得青面獠牙，凶神惡煞一般。

一天夜裡，天色漆黑，寂靜異常。燕軍剛剛進入夢鄉。突然，即墨城上鑼鼓喧天，聲震天地，殺聲、喊聲、牛叫聲夾雜在一起，震耳欲聾；城下硝煙滾滾，火光衝天。燕軍暈頭轉向，立即亂作一團，只見一群兇猛的怪物，頭上舉著明晃晃的利刃，後面帶著一團團火焰，風馳電掣般地衝來。五千名士卒又隨後掩殺過來。燕軍逃的逃，傷的傷，死的死，很快潰不成軍，主將騎劫也被亂軍殺死。田單乘勝追擊，一直打到現在的滄州、德州一帶。齊軍所向披靡，勢如破竹。

即墨一戰是齊燕戰爭的轉折點。齊國各地的燕軍聽說即墨戰敗，主將陣亡，便紛紛敗退。齊軍在追擊途中，越戰越強，隊伍不斷壯大，先前失去的七十餘座城池，陸續收復。樂毅三年的苦心經營，被騎劫毀於一旦。

田單打敗燕軍，收復失地後，把齊湣王的兒子法章迎接到國都臨淄，正式繼位，他就是齊襄王。齊襄王封田單為安平君，並任命他為相國，以後又把掖邑（今山東萊州市）的一萬戶封賞給田單。

再說樂毅逃到趙國以後，受到熱情款待。趙惠文王一向敬重樂毅，賞識他的軍事才能。當時，秦國正想兼併趙國，趙國有名將廉頗和賢相藺相如同心協力，輔佐趙王，秦國不敢貿然侵犯。現在樂毅歸趙，又可以抬高趙國的身價，使齊、燕等國不敢小視。於是，趙惠文王把樂毅封在觀津（今河北武邑東），號望諸君。

燕惠王輕信讒言，猜忌大將，結果誤國誤軍，使勝利在望的伐齊戰爭功虧一簣。當樂毅逃到趙國的時候，他還暗自慶幸；當燕軍一敗塗地時，他才如夢初醒，頓足捶胸，後悔莫及。他既怨恨樂毅投奔趙國，又擔憂趙國會派樂毅乘機攻燕。他思前想後，忐忑不安。在這種矛盾心理的支配下，燕惠王便差人送信去勸說樂毅，要他重返燕國，還羞羞答答地向樂毅承認自己的失誤。另一方面又責以君臣大義，說樂毅不該背燕去趙。

樂毅讀了燕惠王的信，感慨萬端。為了表白自己的心跡，樂毅以幽憤、委婉的筆觸，給燕惠王寫了一封長長的回信，這就是著名的《報燕惠王書》。

樂毅的信打消了燕惠王的顧慮，遂封樂毅的兒子樂間為昌國君。樂毅從此也經常到燕國去。燕趙兩國都以樂毅為客卿。但樂毅始終沒有再返歸燕國做官，最終老死於趙國，被葬在趙國的國都邯鄲城西。

樂毅死後，燕王想攻打趙國。樂毅的兒子極力勸阻，認為趙國多次跟四方敵人作戰，其民習兵，伐之不可。燕王不聽，結果被廉頗打敗。樂間的族人樂乘在這次戰爭中被俘，便留在趙國，被封為武襄君。樂間也到趙國居住。漢初，劉邦經過趙地時，還沒有忘記樂毅，詢問他有沒有後代，並把樂毅的孫子樂叔封為華成君。唐代還把樂毅作為古代名將進行祭祀。可見樂毅在古人心目中的影響。

樂毅儘管沒有像孫武那樣給後世留下一部軍事理論巨著，但他指揮五國大軍，連克強齊七十餘城的非凡業績，證明他不愧是智勇雙全的統帥，是傑出的軍事家和謀略家。在聯趙抗齊的活動中，他縱論列國利害關係，頭頭是道。他身銜王命，遊說他國，證明他有著敏銳的政治眼光。他乘時立功、急流勇退的才識，經常被後人所稱頌；他與燕昭王在興燕破齊事業中所建立的君臣情誼，更為封建社會的智謀之士所嚮往。

本文主要資料來源：《史記》卷八〇，《樂毅列傳》；《史記》卷三四，《燕召公世家》；《戰國策・燕策》。

天下麒麟榜：那些年的那些謀士們
（商周・春秋・戰國篇）

作　　者　晁中辰

發 行 人　林敬彬
主　　編　楊安瑜
副 主 編　黃谷光
助理編輯　杜紜希
內頁編排　詹雅卉（帛格有限公司）
封面設計　陳膺正（膺正設計工作室）
編輯協力　陳于雯、曾國堯

出　　版　大旗出版社
發　　行　大都會文化事業有限公司
11051台北市信義區基隆路一段432號4樓之9
讀者服務專線：(02)27235216
讀者服務傳真：(02)27235220
電子郵件信箱：metro@ms21.hinet.net
網　　址：www.metrobook.com.tw

郵政劃撥　14050529 大都會文化事業有限公司
出版日期　2016年10月初版一刷
定　　價　280元
ISBN　978-986-93450-6-4
書　　號　History-81

◎本書由遼寧人民出版社授權繁體字版之出版發行。
◎本書如有缺頁、破損、裝訂錯誤，請寄回本公司更換。

Cover Photography: iStock / 84867093, 62673634

大都會文化 METROPOLITAN CULTURE
大都會文化

國家圖書館出版品預行編目（CIP）資料

天下麒麟榜：那些年的那些謀士們（商周・春秋・戰國篇）/ 晁中辰主編. -- 初版. -- 臺北市：大旗出版，大都會文化，2016.10
256面；17×23公分
ISBN 978-986-93450-6-4 (平裝)

1.傳記 2.中國

782.21　　105017590

98-04-43-04

郵政劃撥儲金存款單

收款帳號	1	4	0	5	0	5	2	9

金額 新台幣（小寫）	億	仟萬	佰萬	拾萬	萬	仟	佰	拾	元

收款戶名：大都會文化事業有限公司

寄款人 □他人存款 □本戶存款

姓名

地址 □□□—□□

電話

主管：

經辦局收款戳

虛線內備供機器印錄用請勿填寫

通訊欄（限與本次存款有關事項）

我要購買以下書籍

書名	單價	數量	合計

購書金額未滿600元，另加收60元國內掛號郵資或貨運專送運費。

總計數量及金額：共＿＿＿本，合計＿＿＿＿＿元

◎寄款人請注意背面說明

◎本收據由電腦印錄請勿填寫

郵政劃撥儲金存款收據

收款帳號戶名

存款金額

電腦紀錄

經辦局收款戳

郵政劃撥存款收據
注意事項

一、本收據請妥為保管，以便日後查考。

二、如欲查詢存款入帳詳情時，請檢附本收據及已填妥之查詢函向任一郵局辦理

三、本收據各項金額、數字係機器印製，如非機器列印或經塗改或無收款郵局收訖章者無效。

大都會文化、大旗出版社讀者請注意

一、帳號、戶名及寄款人姓名地址各欄請詳細填明，以免誤寄；抵付票據之存款，務請於交換前一天存入。

二、本存款單金額之幣別為新台幣，每筆存款至少須在新台幣十五元以上，且限填至元位為止。

三、倘金額塗改時請更換存款單重新填寫。

四、本存款單不得黏貼或附寄任何文件。

五、本存款金額業經電腦登帳後，不得申請撤回。

六、本存款單備供電腦影像處理，請以正楷工整書寫並請勿摺疊。帳戶如需自印存款單，各欄文字及規格必須與本單完全相符；如有不符，各局應婉請寄款人更換郵局印製之存款單填寫，以利處理。

七、本存款單帳號與金額欄請以阿拉伯數字書寫。

八、帳戶本人在「付款局」所在直轄市或縣(市)以外之行政區域存款，需由帳戶內扣收手續費。

如果您在存款上有任何問題，歡迎您來電洽詢
讀者服務專線：(02)2723-5216(代表線)
為您服務時間：09：00～18：00(週一至週五)

大都會文化事業有限公司　　讀者服務部

交易代號：0501、0502 現金存款　0503票據存款　2212 劃撥票據託收

大都會文化

大都會文化　讀者服務卡

書名：**天下麒麟榜：那些年的那些謀士們（商周・春秋・戰國篇）**

謝謝您選擇了這本書！期待您的支持與建議，讓我們能有更多聯繫與互動的機會。

A. 您在何時購得本書：______年______月______日

B. 您在何處購得本書：____________書店，位於____________(市、縣)

C. 您從哪裡得知本書的消息：

1.□書店　2.□報章雜誌　3.□電台活動　4.□網路資訊

5.□書籤宣傳品等　6.□親友介紹　7.□書評　8.□其他

D. 您購買本書的動機：（可複選）

1.□對主題或內容感興趣　2.□工作需要　3.□生活需要

4.□自我進修　5.□內容為流行熱門話題　6.□其他

E. 您最喜歡本書的：（可複選）

1.□內容題材　2.□字體大小　3.□翻譯文筆　4.□封面　5.□編排方式　6.□其他

F. 您認為本書的封面：1.□非常出色　2.□普通　3.□毫不起眼　4.□其他

G. 您認為本書的編排：1.□非常出色　2.□普通　3.□毫不起眼　4.□其他

H. 您通常以哪些方式購書：(可複選)

1.□逛書店　2.□書展　3.□劃撥郵購　4.□團體訂購　5.□網路購書　6.□其他

I. 您希望我們出版哪類書籍：（可複選）

1.□旅遊　2.□流行文化　3.□生活休閒　4.□美容保養　5.□散文小品

6.□科學新知　7.□藝術音樂　8.□致富理財　9.□工商企管　10.□科幻推理

11.□史地類　12.□勵志傳記　13.□電影小說　14.□語言學習（_____語）

15.□幽默諧趣　16.□其他

J. 您對本書(系)的建議：

____

K. 您對本出版社的建議：

____

讀者小檔案

姓名：______________ 性別：□男 □女　生日：____年____月____日

年齡：□20歲以下 □21～30歲 □31～40歲 □41～50歲 □51歲以上

職業：1.□學生 2.□軍公教 3.□大眾傳播 4.□服務業 5.□金融業 6.□製造業

7.□資訊業 8.□自由業 9.□家管 10.□退休 11.□其他

學歷：□國小或以下 □國中 □高中／高職 □大學／大專 □研究所以上

通訊地址：______________________________

電話：（H）______________（O）______________ 傳真：______________

行動電話：______________ E-Mail：______________

◎謝謝您購買本書，歡迎您上大都會文化網站（www.metrobook.com.tw）登錄會員，或至Facebook（www.facebook.com/metrobook2）為我們按個讚，您將不定期收到最新的圖書訊息與電子報。

北區郵政管理局
登記證北台字第9125號
免貼郵票

大都會文化事業有限公司
讀者服務部　收

11051台北市基隆路一段432號4樓之9

寄回這張服務卡〔免貼郵票〕
您可以：
◎不定期收到最新出版訊息
◎參加各項回饋優惠活動